Joaquín Arderíus
José Díaz Fernández

Vida de Fermín Galán

biografía política

Prólogo y notas
Víctor Fuentes

- STOCKCERO -

1st. Stockcero edition: 2024

ISBN: 978-1-949938-19-7
Library of Congress Control Number: 2024933974

Set in Linotype Granjon font family typeface
Printed in the United States of America on acid-free paper.

Published by Stockcero, Inc.
3785 N.W. 82nd Avenue
Doral, FL 33166
USA
stockcero@stockcero.com

www.stockcero.com

Joaquín Arderíus
José Díaz Fernández

Vida de Fermín Galán

biografía política

Índice

INTRODUCCIÓN

I

SOBRE AMBOS AUTORES Y LA LITERATURA DE AVANZADA

Joaquín Arderíus (1885-1969) y José Díaz Fernández (1898-1941), quienes en los años 20 y principios de los 30 jugaran un papel importante en el campo literario español, durante los largos años del régimen franquista padecieron un gran olvido[1]. Tendríamos que esperar al año 1968, cuando Eugenio de Nora en el capítulo IX, «La novela social de preguerra» , de *La Novela española contemporánea*, tomo II, se ocupara de ellos con cierta extensión; en el caso de Arderíus, dejándole muy mal parado, empero, teniéndose que alargar nueve páginas sobre su fecunda obra novelesca, una de las más únicas de las escrita en España, entre 1915 y 1934, año de su última novela, *Crimen*. En cuanto a José Díaz Fernández, aunque Nora le valora, en base a *El Blocao,* como «un gran prosista» y destaca aspectos valiosos de la novela, de tan exitosa recepción, no obstante, de ella y de su segunda y última *La Venus mecánica,* señala aspectos negativos. Define *El Blocao* de novela truncada, y, de la tan original segunda, escribía: «La vacilación e inseguridad de su ideología

1 Sobre tal olvido en las historias literarias de ellos dos y, en general, del grupo generacional del que fueron parte, contamos con un bastante reciente ensayo, en el 2019, de Luis Fernando Morillas, «El desencuentro de los narradores del nuevo romanticismo en (y con) las historias literarias». Por otra parte, y entre quienes les hemos reivindicado, a principios del siglo XXI, Blanca Bravo Cela publicaba su relevante ensayo «Actualidad del Grupo del `Nuevo Romanticismo».

y de su pensamiento estético lo llevan pronto a extraviarse en la encrucijada del 'arte nuevo' con *La Venus mecánica*». A lo que añade en nota de pie de página (458), «La posición teórica de Díaz Fernández se afirma después (tampoco con gran precisión) en *El nuevo romanticismo*...», reduciéndole a «donde se postula una literatura popular y revolucionaria de la que la propia obra precedente de Díaz Fernández no sería sino una tímida iniciación».

Fallaba a ver, Eugenio de Nora, que *El Nuevo Romanticismo,* libro tan desconocido y olvidado entonces, contenía una elaborada nueva concepción ético/estética, y una especie de manifiesto de la llamada, en el presente libro, generación de 1930, y con Fermín Galán como figura emblemática de ella[2]. Frente a *La deshumanización del arte,* expuesta por Ortega y Gasset en el libro de tal título, propugnaba una «rehumanización del arte» mediante una literatura de «avanzada» en superación dialéctica de la de vanguardia, y enraizada en la fusión de lo individual y lo colectivo, con aspiraciones revolucionarias en el arte y en la vida. Ya en la segunda mitad de los años 20, el tan agudo Rafael Cansinos-Assens, lo advertía en *La Nueva Literatura*. IV. Evolución de la novela (1917-1927), dedicando un largo ensayo a, «Joaquín Arderíus (1915-1927)» , como ejemplo de tal «nueva literatura» y señalando su «temple singular». De tal temple, cito dos pasajes en los que describe, en el primero, un hondo fondo moral redentor y, en el segundo, la aspiración que late en su mundo novelesco, muy en especial a partir de *La duquesa de Nit*, entroncado en la literatura de avanzada:

---

2 De la cual se trataban, en una de las últimas partes de *El Nuevo Romanticismo,* titulada «Objetivos de una Nueva Generación» Se publicó en 1930. Precisamente, en el mismo año, el renombrado jurista, Luis Jiménez de Asúa, dio a la estampa su libro *Al Servicio de la Nueva Generación*. dedicando sus extensos capítulos a temas de los que, asimismo, se tratan en el libro de Díaz Fernández: Juventud, Las Nuevas Mujeres, Los Estudiantes; temas tan presentes en la vida y obra de tal Generación del 30.

> **De ahí el doble** aspecto de todos sus libros: sátiras formidables y despiadadas, según la letra, son en el espíritu un himno a la vida y una caricia a las pobres criaturas. Jesús y Nietzsche son los genios titulares de este autor, que al embestir contra la vida, lo hace con el gesto ambiguo de esos odios que son grandes amores.
> **Sobre las ruinas** de lo que se destruye cuenta siempre la esperanza de un mundo nuevo y de una nueva Humanidad más generosa, más grande y más noble.

Una esperanza que late en el libro escrito con su fraternal amigo sobre la persona y obra de Fermín Galán, y tan encarnada en los ideales de éste. Uniéndole a José Díaz Fernández, Cansinos-Assens destacaba a ambos en una entrevista con César M. Arconada, en *La Gaceta Literaria,* 15 de junio de 1929, hablando de un nuevo grupo, superador del de los ultraístas, y con los que tenía una tertulia en el Café El Universal» , y, con quienes los domingos, «no antes de las dos» , de la noche, hacían un procesión de encapuchados encaminada hacia el Viaducto y añadía: «Arderíus y José Díaz Fernández. Estos son lo que llevan el pico del manto» (*El Movimiento V. P.* 269-274).

Por las fechas de la publicación del libro de Eugenio de Nora, en contraste a lo escrito por él, en tiempos de los Mayos del 68, y dentro de su espíritu contestatario, me interesé en reivindicar la olvidada obra novelesca de Arderíus y de Díaz Fernández. Tuve la fortuna de publicar dos ensayos sobre los dos, y ya cuando la censura había bajado su listón, en la tan relevante, *Papeles de Son Armadans*. Su director, Camilo José Cela, oteando el futuro democrático que llegaría pocos años después, los aceptó, sin conocerme y cuando mi firma contaba poquísimo en la crítica literaria española. El primero, «De la literatura de vanguardia a la de avanzada: en torno a José Díaz Fernández» , 1969, sobre quien, posteriormente en 1976, publiqué la tercera edición de su *El Blocao,* en Turner; la segunda fue en 1928, en el mismo año de la primera. Y el segundo ensayo, en torno al tan desconocido e ignorado Arderíus de entonces, recién fallecido en el olvido de su exilio mexicano[3], se publicó en febrero de 1971, «De la novela expresionista a la revolucionaria-proletaria: en torno a la narrativa de Joaquín Arderíus». Dicho número aparecía iniciado con unas palabras de Camilo José Cela, «Un homenaje» , a Gregorio Marañón, poco antes fallecido, y de tanta fama ya en los años 20, quien estuviera envuelto en las conspiraciones contra la Dictadura de Primo de Rivera, coincidiendo con Fermín Galán y los propios Arderíus y Díaz Fernández. Publicado cuatro años antes del final de la Dictadura franquista, cito la página que escribí sobre la segunda fase de la novelística de Arderíus, en la cual, aunque tratando del régimen de Primo de Rivera, se podría traslucir, y Cela lo dejó pasar, una alusión a la dictadura y dictador de entonces y entrando en su fase final:

> «*La duquesa de Nit*, *La espuela*, *Los Príncipes iguales*, *Justo el Evangélico*, y *El comedor de la pensión Venecia*, novelas de sátira político-social, feroz y descarnada, constituyen el más duro alegato contra el orden de la dictadura que encontrábamos en nuestras letras. El verbo demoledor del novelista murciano, descarga contra tal régimen y los pilares en los que se apoya, la aristocracia latifundista, la iglesia. y el ejército. La figura del Dictador, símbolo de la opresión y el responsable directo del clima de degradación y asfixia de estas obras, es el protagonista invisible de ellas; como tal

---

3 En México, solo publicó un libro *Don Juan de Austria (El Emperador frustrado)*, 1944 y algunos artículos en la prensa. Vivió de un modesto empleo en el Ministerio de Educación Nacional.

> nos lo describe Arderíus confundido con la negrura de la noche en un imaginativo ardid estilístico del que se vale para eludir la censura gubernamental (y a continuación se daba la descripción de la noche-tirano, la cual concluía: «La noche es un tirano rufianesco dominador de un ejército de faroles y de un pueblo de hampones y prostitutas)». *La Espuela*, 1927. 86)[4].

De Díaz Fernández, indicaré, y algo que apunta a lo que le llevaría a escribir, junto a Arderíus, la «Biografía política» de la vida de Fermín Galán, la síntesis de sus palabras en «Política y Literatura» , Una Encuesta a la Juventud Literaria de *La Gaceta Literaria,* iniciada en noviembre de 1927, cuando la generación con el nombre de tal año se declaraba por el apoliticismo: «1. ¿Debe intervenir la política en la literatura? Sí. Pero más la literatura en la política. 2. ¿Siente usted la política? Sí. 3. ¿Qué ideas considera usted fundamental para el porvenir del Estado Español? Las que preconizaría un socialista puro». y al que define como revolucionario activo; el cual ensalzarán en la figura de Fermín Galán presentada en su libro.

Afortunadamente, todo aquello que empecé a estudiar y publicar, inicialmente y bastante en solitario, a partir de la transición democrática en España en la década de los 80 y, especialmente, en el presente siglo ha sido ampliamente estudiado por la crítica. Las dos novelas de Fermín Díaz Fernández, así como *El Nuevo Romanticismo* vienen conociendo sucesivas ediciones, y la labor intelectual y la

4 De un parecido ardid es el soneto, publicado por otro de aquellos escritores de avanzada, José Antonio Balbontín, un elogio al dictador, en apariencia y con el título de «A Primo de Rivera» , en el periódico *La Nación*, órgano oficial de la dictadura, el 15 de abril de 1929, y bajo la autoría de una inventada muchacha de 15 años; soneto acróstico, e ironía de ironías, en que, juntando las palabras iniciales de cada línea, resultaba PRIMO ES BORRACHO, recogido en su *La España de mi experiencia* (Reminiscencias y esperanzas de un español en el exilio), 184.

persona de Pepín[5], como se le conocía en su tiempo, ocupan, en la actualidad, una posición sobresaliente cuando se trata de la literatura española de los años 20 y principios de los 30. El caso de Joaquín Arderíus no le es tanto, aunque se han escrito varios artículos sobre él y algunas Tesis universitarias[6]. Su obra y persona –aunque él fuera de mayor edad— gana relieve considerándole parte de aquel grupo generacional de escritores, quienes desde 1925, en sus revistas, libros y editoriales, trajeron a los lectores-as de España y de países hispanoamericanos las más destacadas obras literarias y artísticas europeas de la postguerra, la de la Primera Guerra Mundial, principalmente de la Alemania social-demócrata, de la República de Weimar y de la nueva literatura soviética de los años veinte, con las cuales se identificarán tanto los escritores de avanzada; una gran obra literaria, y artística, de índole revolucionario, artístico y social, a la que , en sus propias obras literarias, las daban su carácter hispánico[7]. En al-

5 En una visita que le hice el gran filólogo y crítico literario Don Antonio Rodríguez Moñino, cuando él enseñaba en la Universidad de Berkeley, al decirle que iba a Madrid, en el año 1968, a estudiar tal grupo, me señaló que el más sobresaliente era «Pepín» , según se le conocía a José Díaz Fernández en los círculos literarios y artísticos. A Don Antonio, pues, le debo que el primer de dichos autores que estudiara y sobre quienes publiqué fuese José Díaz Fernández. En lo que de él cuenta Cansinos Assen, siempre lo hace llamándole Pepín.

6 Tales como «Joaquín Arderíus, novelista del Nuevo Romanticismo» , Tesis de Licenciatura (Madrid Universidad Complutense, 1977), de María Francisca Vilches de Frutos, quien, posteriormente, siguió con el estudio suyo y de otros autores del mismo grupo, como se incluye en la Bibliografía. De tesis doctorales contamos con la de Coro Malaxechevarría, *Expresionismo. Su impacto en la narrativa de Joaquín Arderíus* en la UMI, 1984, y la de José Mula Acosta, *La narrativa de Joaquín Arderíus,* en la Universidad de Murcia, 1991. Entre los varios artículos, señalamos el de María Francisca Vilches de Frutos, «Joaquín Arderíus y el Nuevo Romanticismo» y otro de Ramón Jiménez Madrid, «Joaquín Arderíus: Del yo al compromiso».

7 A tono con ello en una Antología, *The Spanish Omnibus*, publicada en Londres, 1932, con obras de los más destacados actuales escritores españoles traducidas al inglés por Warre B. Welles, y presentada bajo el nombre y con la introducción de Henri Barbusse, tan buen conocedor de la literatura española, quien de entre los escritores de la nueva generación española prefiere, sobre los vanguardistas, a los de avanzada, «avancés» ,

gunas notas se irán señalando elementos de aquel movimiento literario, y la Bibliografía incluye destacados libros y ensayos en relación con él.

Brevemente, menciono que tal movimiento generacional en el que contaran, entre otros y primeros, además de los dos que vengo señalando, César Arconada, José Antonio Balbontín, Manuel Benavides, Antonio Espina y Ramón Sender, se iniciara en 1925, y en contra de la Dictadura de Primo de Ribera y de su política; la cual en los dos primeros años fuera menos cuestionada y atacada, pues, se presentara como un corto momento de transición tras la bancarrota del régimen parlamentario de la Restauración de 1875, la cual sobrevivió hasta setiembre de 1923 cuando el rey aceptó que el militar Primo de Rivera se hiciera con las riendas del Gobierno. No obstante, a partir de 1925, cuando el dictador quiso enquistarse en el Poder, imponiendo un propio régimen político, se comenzó a generalizar la oposición de señalados intelectuales, escritores y políticos. Es entonces, cuando comienza a surgir tal nuevo grupo generacional enfrentado a tal propósito, y superando y ampliando con sus publicaciones, estrechos ámbitos de la vida política-social bajo la dictadura.

Los principales órganos de expresión de lo que podemos considerar de una cierta revolución cultural de tal grupo generacional –tan ignorado por décadas por nuestras historias y diccionarios literarios–, fueron las revistas, principalmente, tres de ellas y el grupo de editoriales

---

según escribe él. Se recogen relatos de Díaz Fernández, Antonio Espina, Ramón Sender y Arderius. Barbusse añadía que la influencia les llega, no de Francia, «envejecida y paralizada como lo había estado España» (xxiii), sino de la Nueva Rusia y de la Alemania de la posguerra. En el 2013, Lynn C. Purkey, publicó en Londres, un muy valioso y detallado libro, *Spanish Reception of Russian Narratives 1905-1939,* la mayor parte de él centrado en lo que considera «El grupo del Nuevo Romanticismo» : Arderíus, Díaz Fernández, Sender, Arconada, Espina y Benavides, en el que incluye, asimismo, a Luisa Carnés (tan actualizada en nuestros días por la crítica), María Teresa León y a la peruana, entonces en España, Rosa Arciniega.

que, entre 1928 y 1932, fundaron. Dichas tres revistas, centrándonos en Madrid, son: *El Estudiante*[8], con la cual se inicia tal movimiento literario social, primero en Salamanca, e iniciada por jóvenes universitarios, en mayo de 1925 y, posteriormente, en Madrid hasta mayo de 1926, *Post-Guerra* 1927-1928[9], y *Nueva España*[10], enero de 1930 hasta junio de 1931, dirigida por el tan destacado trío de Arderíus, Díaz Fernández y Antonio Espina. Con las editoriales que conformaron, y sus más del centenar títulos de libros traducidos de los autores europeos señalados y con obras propias de autores del grupo, calaron mucho en los lectores-as españoles, y ayudaron a la creación de un movimiento político y cultural que tanto contaría en la proclamación de la República.

Damos nombres de tales editoriales, las cuales junto a otras de las establecidas editoriales de tipo liberal, contribuyeron al boom del nuevo libro izquierdista y revolucionario[11]. Tales ediciones surgieron derivadas del éxito de la primera empresa de tal grupo generacional, Ediciones

---

8 Sobre *El Estudiante*, contamos con el capítulo 10, «La Juventud rebelde frente a la Dictadura: El Estudiante entre Salamanca y Madrid 1925-1926)» , del libro de Francisco de Luis Martín, *Cincuenta años de Cultura obrera en España, 1890-1940*. 284-299.

9 Revista ocultada bajo la Dictadura franquista, y que encontré reaparecida en la Biblioteca Nacional, en 1976, y sobre la que escribí el ensayo, publicado en *Ínsula*, «*Postguerra*: una revista de vanguardia artística y política (1927-1928)».

10 Manuel Tuñón de Lara publicó el ensayo, «La revista *Nueva España:* una propuesta de intelectuales de la izquierda en vísperas de la República». Sobre *Post-Guerra* y *Nueva España*, la generación de 1930, la literatura y editoriales de avanzada, y la recepción de la literatura alemana por dichas editoriales y revistas, contamos con la excepcional tesis doctoral, escrita en catalán, de Xavier Jové, *La revista Post Guerra, la generatió de 1930 i la recepción alemanys en les editorials d'avançada,* Universidad de Barcelona 2010.

11 Juan Andrade en *La Gaceta literaria*, en octubre de 1930, escribió: «Se da el caso muy significativo de que, incluso, aparecen estas obras extranjeras, antes en España que en Francia. Varios casos podríamos citar a este respecto. Muchos de los actuales valores jóvenes alemanes, rusos y norteamericanos que todavía no conoce el público francés, son ya conocidos de los lectores españoles»...

Oriente (1928-1932), nombre que ya apunta en una dirección opuesta a la de la revista, y editorial, de Occidente, orteguiana y con su declarado fin del apoliticismo[12], y Historia Nueva. Del grupo, dividiéndose posteriormente, surgió todo un núcleo de editoriales de «avanzada» : Cenit, la de mayor continuidad (1928-1936), Ediciones Hoy (1928-1931), Ulises (1929-1932), Zeus (1930-1933), la cual publicó *El Nuevo Romanticismo*; a las cuales hay que añadir la de Javier Morata y la Editorial Castro y con su Biblioteca para el Pueblo; editoriales, todas ellas, que tanto llegaron al lector-a de la calle. y con su extensa lista de publicaciones, contribuyendo al «boom» de libro que se diera durante la República[13]; uno de los grandes logros culturales de ella.

Como ya proponía en el ensayo de 1969, «De la literatura de vanguardia a la de avanzada» , fue Díaz Fernández quien generalizara el término de «avanzada» que tanta actualidad critica ha ido ganando en los últimos años[14]; una literatura cuya originalidad consistía en conciliar las innovaciones vanguardistas en el lenguaje literarios, propias de las innovaciones tecnológicas de la a modernidad del siglo XX, con el compromiso político-social; aquéllas en función de éste. Prometía, frente a la asepsia ideológica y política del arte de vanguardia, una literatura comprometida y de exaltación de lo humano, y de la humanidad[15]. Es de notar, y entrando en el tema del presente

---

12 Como se señala en la Bibliografía, contamos con posteriores detallados libros y estudios sobre aquellas editoriales y los cientos de libros que publicaron.

13 A lo anteriormente escrito sobre el tema, en el 2003, Ana Martínez Rus dio a la estampa su enciclopédico volumen, *La política del libro durante la Segunda República: socialización de la lectura.*

14 Como obra crítica canónica de ella, se puede considerar la colección de ensayos recogidos en el volumen *Una Generación Perdida. El Tiempo de la Literatura de Avanzada (1925-1935*, editado por César de Vicente Hernando y publicado en el 2013 por Srockcero. Academia.

15 Hay que destacar que ya el capítulo IV de *El Nuevo Romanticismo*, Díaz Fernández lo dedica a «La Literatura de Avanzada» , y resaltando, en relación con ella, a los grandes y nuevos autores pacifistas de la I Guerra

libro, que ya en octubre de 1926 y desde la prisión militar en Madrid, Fermín Galán, en carta a Arderíus tras la publicación de la novela *La duquesa de Nit,* se valía del uso de una literatura de avanzada. Cito partes de la carta, puesto que apunta a algo que no se suele mencionar, el que Galán, con su novela, escritos político-sociales, y un par de obras teatrales, debe figurar entre dicho grupo generacional de jóvenes escritores abocados a la literatura de avanzada, de la cual él hiciera una de las primeras menciones:

> Se festeja al autor de la La duquesa de Nit, novela censurada por unos y y ensalzada por otros. Las opiniones se dividen hasta en la crítica, querido Arderíus, surgen los dos bandos opuestos, enfrentados, no lo extrañe son los dos bandos eternos. En la lucha de siempre entre lo antiguo y lo nuevo, entre la tradición y el progreso (...). No podía faltar entre los críticos los aferrados a lo antiguo y los amantes de lo nuevo. Por eso unos censuran La duquesa de Nit y otros la ensalzan, aunque todos le otorgan puesto en la literatura moderna y la llaman de «avanzada» (...). Permanezca usted, en el puesto de honor que le ha marcado el triunfo de La duquesa de Nit, permanezca sereno y altivo en la primera línea como centinela avanzado de la gran columna de la juventud en movimiento, que en ese puesto, también dispuesto a la lucha, siempre encontrará vd a su buen amigo que lo abraza cariñosamente, Fermín Galán (Carta que se recogió publicada en Nueva España, 25 de marzo de 1931).

Y tras sentir a Fermín Galán abrazando a Arderíus y, por extensión a Díaz Fernández, pues entonces eran inseparables, pasamos al libro que los dos amigos escribieron sobre su vida y biografía política.

Mundial, tales como Barbusse, Glaeser, Remarque y Zweig y muy especialmente a los autores de los primeros años de la revolución soviética, como Maiakovski, en poesía e Ivanov, Leonov en Pilniak en narrativa.

II

Vida de Fermín Galán (Biografía política)

Consta de 30 capítulos[16], debido al ritmo dinámico y conciso de la narración, el más extenso de los capítulos es de 21 páginas (precisamente en el que más se extienden los autores en revivir el intento de Galán de relanzar la sublevación de la Sanjuanada y desde el mismo día en que fue abortada), dos son de 18, y la mayor parte se dividen, ya en la edición original, en grupos de entre 10 y 16, por un lado y otros de 9 hasta bajar a varios de 4 o 3 páginas, y con un par de ellos, otro y el final, de solo dos páginas; expresión gráfica de la fulminante tragedia con la que concluye el libro. El tiempo de la narración es de 6 años, desde 1924, más alguna alusión al trascurrido desde su ingreso en el ejército en Marruecos en 1919, hasta el de su fusilamiento, el 14 de diciembre de 1930. La narración se enmarca en varios cronotopos de los distintos lugares y tiempos por donde atraviesa la acción: Marruecos, Madrid, Barcelona, la gran parte de tal tiempo en el Castillo-Prisión de Montjuich, y Jaca. Sobre ello, presentamos unas breves calas, que se irán a ampliando en las notas de los capítulos, situando el libro en su contexto histórico- social, cultural y literario y con breves precisiones y datos sobre personas-personajes del gran número que aparecen en el libro.

«*Biografía política*» , resalta el subtítulo y en un momento en que el escribir biografías se puso de moda en las letras españolas, impulsada por la Revista y editorial de Occidente y la Editorial Espasa-Calpe que lanzara su co-

16 Aunque en la edición original aparecen como 29 capítulos debido a la errata del que el XII se numera como un repetido XI.

lección de «Vidas Españolas e Hispanoamericanas del siglo XIX» , en fechas, en las cuales en Europa se teoriza y se incrementa la escritura de biografías. En 1929, en la *Revista de Occidente*, en el ensayo, «Nueva quimera del oro» , Benjamín Jarnés, quien tanto cultivaría el género, hizo unas reflexiones, apoyadas en dos de sus más destacados cultivadores y teóricos, el francés André Maurois, y el inglés Lytton Strachey. Siguiendo *Aspects de la biographie* del escritor galo, establecía una distinción entre la biografía antigua, vista como «ante todo un documento» , y la moderna «ante todo una obra de arte». En el prólogo de la de Fermín Galán los autores subrayan que «*El frío oficio de los historiadores está muy lejos de nuestra vocación*» y que «*Escribimos con la voluntad libérrima del artista*» , aunque añadía: «*no sin comprometernos de antemano a la veracidad de la observación y de los hechos*» , pero en ello, como señaláremos, se dan ciertas disparidades, dado que, sin abandonar lo documental, los autores se saltan un estricto celo en su uso, rebasado por el literario. También, señalaba Jarnés que la Biografía moderna «pone casi todo el énfasis en la persona del biografiado, en tomar al individuo, a la persona como centro» , lo cual se acentúa mucho en la presente con la figura central de la persona de Fermín Galán, quien devendría una figura legendaria. En ella, se nos remite al encomio y a la del héroe de la antigua tradición de las biografías y autobiografías griegas y romanas y a cronotopos de la novela de aventuras y, en un cierto plano simbólico, a la de caballería con lo que encarnan de quijotescas las aventuras/desventuras del joven Fermín Galán e inserto, todo ello, en cronotopos biográfícos. Igualmente, apuntaba, en la estela de Maurois, que la biografía tiene dos alas, la historia, «por lo que tiene de materiales» y la novela, «por lo que tiene de arquitectura». La segunda ala, con su arquitectura novelesca, es muy manifiesta en la presente *Biografía,* escrita por dos consumados novelistas, y en cuanto al uso de los cronotopos, a la recreación de personajes y situaciones, vivaz estilo narrativo, y continuo uso de los diálogos, lo cual da a la narración un carácter actualizador de lo vivido, a veces, como si se tratase de una representación teatral o una película, y en una prosa precisa y grácil, con descripciones e imágenes metafóricas de un original índole poético; todo ello dando al lenguaje de su *Biografía* una tonalidad literaria y un carácter novelesco emparentado con la novela moderna de conciencia, ya practicada por los dos autores tales como en *El blocao* y *La Venus mecánica* de Díaz Fernández y *La espuela* y otras novelas de Arderíus.

Destacando la originalidad y actualidad de su *Biografía*, nótese el adjetivo con la que se califica: «Política» , en unas fechas en que ésta ocupaba gran parte de la vida de entonces en aquel tiempo de la agonía final de la dictadura y la monarquía y el advenimiento de la República. Ya señalamos la importancia dada por Díaz Fernández no de la política en la literatura, sino de la literatura en la política, resaltándolo frente al apoliticismo abrazado por la *Revista de Occidente*, con su inaugural llamado «De espaldas a toda política» , que tanto impacto tuvo en los escritores de la llamada Generación del 27 en dichas fechas. Contrario a las biografías de Espasa-Calpe, donde se trataba de un pasado histórico, ya muy invalidado, en la presente se aborda una historia muy viva, recién pasada, y abierta al futuro. La conciencia del personaje central de la obra por un mundo mejor es compartida por los autores-narradores hasta el punto que ellos mismos se unen a él como personajes de la novelesca *Biografía*, la cual, por tal medio, adquiere un elemento de auto-ficción, reforzando y propagando (*aunque no como propaganda*) el ideario o la ideología del libro con tanto de la visión ético-estética de

El Nuevo Romanticismo, y, en general, de la cosmovisión del grupo de la «Literatura de Avanzada» , tan vinculada «a la juventud revolucionaria» , a la que se dedica el libro. Y pasamos a breves calas en las cuatro localidades en que se desarrolla la acción con fusiones de espacios y tiempos[17]. El tiempo haciéndose más sentido al materializarse en el espacio, como ocurre en los cronotopos.

I. Marruecos.

El primer capítulo tiene un tinte de novela policiaca, algo que se mantiene a lo largo de narración, pues se centra en una serie de conspiraciones dentro de un mundo de espionajes y persecuciones, tan propio del de la dictadura de Primo de Rivera y su secuela de Berenguer, en la exasperación por mantenerse en el Poder. Se inicia en el viaje en tren, en clase primera, hacia Marruecos de un personaje con tipo de comerciante burgués, que viaja llevando un disimulado maletín con proclamas clandestinas, y tropieza, en el vagón restaurante con un amigo, quien parece resultar ser un espía-delator. Lo dejamos ahí para no romper el suspenso. Tal personaje-persona, representa a un político de los que conspiraban contra la dictadura. Los nombres ficticios que se utilizan, para encubrir apariencias, aunque promueven lo novelesco de la *Biografía*,

---

17 Brevemente, señalamos de la vida anterior de Fermín Galán elidida en la» Biografía política» , lo siguiente: Nacido en 1899, en 1909, a sus diez años, muere su padre, Juan Galán Mateo, Segundo Condestable de la Armada, y la madre, María Rodríguez Castañeda e hijos se trasladan a Madrid. En 1910 – 15, Fermín estudiara en el Colegio de Huérfanos de la Guerra en Guadalajara. De 1915 a 1918, continua su formación en la Academia Militar de Toledo, donde tuvo de maestros a algunos de los altos oficiales bajo los cuales figuró en el ejército en Marruecos, en el cual permaneció de 1919 a 1925: primero en la Policía Indígena de Ceuta, donde fue ascendido a teniente el 16 de julio de 1921, hasta abril de 1924, cuando pasó a prestar servicio en el Tercio (La Legión), en el cual se le encuentra al comienzo de su *Biografía Política*...Sobre los primeros años de Fermín Galán hasta los de su vida militar en África, se extiende Fernando Martínez de Baños Carrillo en los dos primeros capítulos de su libro, *Fermín Galán Rodríguez. El capitán que sublevó Jaca* (19-51).

al no saber el lector-a quien es la persona o personalidad en cuestión, resta al contexto histórico y documental de la misma. No se ha podido averiguar nada de la persona real de Baldomero Vila, quién, según los autores, jugó un principal papel en la concientización política de Fermín Galán ya en Marruecos, y desempeñara un rol importante, junto a él, en la conspiración de la Sanjuanada del 24 de junio de 1926. Hay un cierto error o confusión de de fechas al comenzar la *Biografía*, datando el viaje a Tetuán en octubre de 1924y, a poco, el encuentro de Vila con Galán, sano y salvo, en los capítulos dos y tres, cuando, en realidad, él había sido gravemente herido el primero de octubre y trasladado al hospital de la Cruz Roja en Madrid el día 9. También, desde su primera aparición, se le trata al joven teniente Fermín Galán de capitán, no habiendo sido ascendido a tal rango hasta su julio de 1925.

Si nos atenemos a la realidad histórica, tal encuentro, de no de tratarse de una prolepsis anterior al viaje del capítulo primero, podría haber tenido lugar en los días del 16 al 19 de julio cuando Galán, luchando, incesantemente, en aquellos días del verano de 1924, en las encarnizadas batallas del repliegue de Xauen, acampó en Tetuán del 16 al 19 de julio[18]. Escribiendo el libro a bases de memorias y conversaciones, las acciones militares de Galán a las que se aluden o señalan muy resumidamente (*recordemos, respecto*

18 En su libro sobre Galán, igualmente, Fernando Martínez de Baños Carrillo dedica todo un largo capítulo, el tercero (53-109), a «Su vida militar en África» , extendiéndose, en especial en aquellas batallas en que participara luchado heroicamente en la operación militar de repliegue desde Xauen, que decretara Primo de Rivera, para evitar otro desastre como el de Anual, aunque en ella resultaron también tantos muertos y heridos entre ellos, el fallecido teniente Peire que acompañara a Galán en su paso y toma de la localidad de Xeruta, donde él mismo fuera herido. A tal hecho, se dedica un apartado «Acción del 1 de octubre. Lo que ocurrió realmente» , y según el expediente publicado en el *Diario Oficial* del Ministerio de la Guerra el 9 de setiembre de 1932» (97-102). A pesar de sus tantas páginas, el autor no se ocupa de la creciente conciencia política de Fermín Galán en su estancia africana.

a ello, y según se trata en El Blocao *y las crónicas de Díaz Fernández sobre la guerra de Marruecos, que lo que profesan los dos autores es un sentimiento antiheroico respecto a la guerra colonialista*) aparecen entremezcladas[19]. El tema central de los dos capítulos en Tetuán es, por un lado, el disconformismo que profesaban tantos de los militares africanistas, incluyendo al mismo Fermín Galán, con la política de repliegue implementada por Primo de Rivera, al que se le repudia, como igual lo hicieran otros tantos militares en la península fieles al sistema constitucional, por haberse alzado dictador y con sus impropias peculiaridades de mando y cierto comportamiento personal y verbal *(«andaluz de buen vino» , le motejaría Valle-Inclán*), expresado en sus estrambóticas «notas oficiales». Por otra parte, y en mayor medida, el tema principal es el de la serie de conversaciones en donde se va revelando la politización de la conciencia de Fermín Galán con su rechazo del colonialismo, del dictador y de casi todos los generales africanistas. El corto capítulo cuarto, sí es una descripción de uno los combates finales en que intervino el joven teniente Galán, mereciendo elogios de sus superiores y distinciones militares. Bien podría ser, aunque no se especifica el lugar, el último combate el 1 de octubre, en el paso y defensa de Xeruta, pues se termina diciendo que fue herido en una pierna, tal como ocurriría en dicho combate. De aquella cruenta y última batalla de Galán y de cómo le encontraron malherido las tropas que vinieron en su auxilio y respaldo, en el libro que venimos citando, leemos: «A

19 De una de ellas, los días 10, 11 y 12 de Mayo de 1924 para levantar el cerco de la posición de Sidi Messau, por sus acciones, Galán fue citado como distinguido en la Orden del ejército de Melilla, ensalzando su valentía y señalando que logró la liberación de la posición. La Orden venía firmada por Francisco Franco (*Fermín Galán Rodríguez. El capitán que sublevó en Jaca,* 78-79), bajo el que militara en la Legión, y quien elogiara al joven teniente en varias ocasiones, aunque en el posterior sumarísimo juicio, que le condenara a muerte en 1930, él, entonces director de la Academia Militar en Zaragoza, figurara en tal tribunal.

Galán le encontraron herido en el patio o corral de una casa; a los legionarios heridos en grupos agarrados a las ruinas del poblado». (100).

En los dos capítulos localizados en Tetuán, se nota la mano y la pluma de José Díaz Fernández, quien estuviera de soldado en Marruecos, y escribió una larga serie de crónicas, entre 1921-1922, para el *Noroeste* de Gijón[20], De hecho, tales capítulos mantienen una intertextualidad implícita con algunas de sus crónicas de Tetuán y con páginas de *El blocao*. Se señalarán varias coincidencias en las notas sobre tales capítulos.

2. Madrid, con breve inciso sobre Tarragona

Ya de niño, a los 10, con su madre y hermanos-a se mudaron a Madrid, y en sus estudios fuera de la ciudad, en vacaciones y con permisos, pasaría tiempos en la capital; igualmente, destinado a Marruecos hizo varias visitas a Madrid donde ya le encontramos, tras el día 9 de octubre, trasladado al Hospital de la Cruz Roja madrileño y luego al hospital militar de Carabanchel, del cual salió de convaleciente, estando de baja militar en el piso familiar, Avenida Menéndez Pelayo 75, hasta el el 25 de marzo, cuando vuelve al servicio militar[21]. Tras varios cortos destinos en Ceuta y en Madrid, fue destinado a Tarragona en donde se presentó el 13 de agosto de 1925.

No se trata en el libro, y poco en tanto de lo que se escribe sobre Fermín Galán, todo ello tan centrado en la sublevación de Jaca, de los largos meses que pasara en

20 Muchas de ellas recogidas en el libro, *Crónicas de la guerra Marruecos (1921-1922). Antología,* editada por José Ramón González y publicada por el Ateneo Obrero de Gijón en el 2004.

21 En aquellos meses, dado a las lecturas y a escribir, produjo el texto de su obra teatral, *Berta,* Drama Social, publicada, póstumamente en 1932, y representada en Cartagena, en marzo de aquel año y, en Madrid, el 21 de abril, en el teatro Eslava. En *Una Generación Pérdida,* Carolina Fernández Cordero publica la pieza y una aguda breve Introducción. (219-294).

Madrid en donde ya entraría en contacto con oficiales militares y jóvenes escritores opuestos a la dictadura, ni, tampoco, sobre su estancia de casi un año en Tarragona, en la cual ya se pusiera en relación con anarcosindicalistas catalanes y con el comandante de ingenieros, Alejandro Sancho, destinado en el puerto de Barcelona y tan vinculado a tales anarquistas, y con quien Galán, concertara, posteriormente, sus planes de rebelión[22]. Algo de lo que no se ocupan los dos autores tan centrados en la figura suya.

Sí resalta, entre las poquísimas referencias que se escriben de su estancia en Tarragona, el siguiente párrafo de Vicente Marco Miranda alusivo a un plan de sublevación, concebido por él, a iniciarse en los cuarteles de Tarragona, la cual no se concretizó, a pesar del apoyo que Galán encontrara de otros oficiales y de parte de la tropa, dada su simpatía y poder persuasivo:

> Meses después (*en 1926*), el capitán Galán de guarnición en Tarragona nos llamó a Bermúdez y a mí. Con él nos reunimos en el cuarto de un hotel de aquella ciudad y a poco acudieron otros tres oficiales, que fiaban ciegamente en el valor e inteligencia de su capitán. Posee éste, en realidad, admirables dotes de caudillo. Sobre una mesa, unos planos y mapas. Se trataba de un plan a desarrollar. Lo había estudiado hasta lo más mínimo...

Y lo sigue refiriendo: Galán y otros oficiales a sus órdenes sublevarían a la infantería en Tarragona, seguirían hasta Castellón para, con quienes se unieran, avanzar a Valencia. Desde allí, harían un llamamiento a las demás guarniciones de España e intimidando al Gobierno para que dejara el Poder, y, si no lo hiciera, marcha sobre Madrid

---

22 Felipe Díaz Sandino, otro de aquellos militares del cuerpo de Aviación, que participaría en tales conspiraciones, y quien salió al exilio tras la guerra civil, dedica a Alejandro Sancho Subirat, valorándole altamente, la segunda entrada de sus Memorias: *De la conspiración a la Revolución 1929*-1937. (14-33).

desde distintos puntos todos los sublevados. Añade, Marco Miranda que él, y Bermúdez de Castro[23] volvieron a Valencia y presentaron el plan a un Comité, aunque poco después se desistió de la empresa por no haber reunido suficientes elementos para realizarlo (*Las Conspiraciones contra la Dictadura* 50-51),

En Madrid, ya con fecha de 1926, tenemos noticias que Fermín Galán había estado en contacto con los escritores del grupo de la literatura de Avanzada, como revela en su citada carta a Arderíus, en octubre de tal año. Respaldándolo, Cansinos - Assens, a propósito de la tertulia que tenía en «El Universal» , en cuyo grupo sobresalían Arderíus y Díaz Fernández, escribió sin citar la fecha:

> Todos los contertulios son enemigos de la Dictadura y de la Monarquía que la ha traído, y alardean de conspirar para derribarla. Y se dicen al tanto de lo que en secreto se trata por parte de los viejos políticos liberales y ciertos elementos del Ejército. Todos son amigos de Fermín Galán, ese capitancito que anda escondido por ahí y que es un militar antimilitarista con ideología bolchevique. (*La Novela de un literato* 3. 95)

Lo que escribe, aunque debemos poner entre comillas lo de «antimilitarista» y «bolchevique» , sí coincide con lo que se desarrolla en los capítulos que van del V al XII, centrados en la preparación y propósito de relanzar la fracasada conspiración de la Sanjuanada, del 24 de junio de 1926, y, en los cuales los dos autores, encarnados en perso-

23 Luis Bermúdez de Castro y Tomás (1864-1967), entonces teniente coronel, había participado en la guerra de Cuba, muy activamente, y obteniendo distinciones, en la de Marruecos. Estuvo comprometido en las conspiraciones contra Primo de Rivera. Durante la guerra civil, se refugió en Madrid, donde estuvo oculto hasta el final. Posteriormente, fue el director del Museo del Ejército, dado sus dotes culturales y ejercidas como escritor. Entre sus varias publicaciones, resalta *Bobes o el León de Llanos,* publicada en la Colección de Biografías, Vidas Españolas e Hispanoamericanas del siglo XIX, de Espasa-Calpe, 1934.

najes con nombres ficticios, se presentan como amigos de Fermín Galán y participando con él en lo planes conspirativos. Aunque escriben de un tiempo en presente, lo hacen retrospectivamente desde los años 1930-31, cuando el «capitancito» Galán, mencionado por Rafael Cansinos - Assens refiriéndose más a su juventud, que a otras cosas que no conoce, ha devenido un heroico mártir. De ahí, el que con frecuencia, los autores del libro aludan a él no con su nombre de pila, sino con el de «El héroe» [24].

Tal grupo de capítulos en Madrid, constituye la parte última y central de la primera parte del libro. Se trata de la participación de Fermín Galán, junto a otros dos militares, el capitán Perea y el teniente Rubio, más un pequeño grupo de aliados militares y civiles, entre los que cuentan los autores-narradores, en los planes de la sonada conspiración de la Sanjuanada, llamada así por estar fijada para el día de San Juan, el 24 de junio, dirigida por un Comité Central de amplia base formada por grupos de destacados políticos liberales, como Melquíades Álvarez y Romanones, profesionales, catedráticos, doctores, como el famoso Gregorio Marañón, juristas, y altos mandos militares, y otros oficiales, y con grupos obreros, principalmente, anarquistas. Su propósito central era el de la restauración de la Constitución y el respeto a los derechos individuales; aunque el grupo de Galán se proponía, según él afirmara: «Es preciso darle un rumbo más radical al movimiento» (61). Y eso es a lo que se entrega el grupo, detenidos Perea y Rubio, y una vez fracasado el golpe inicial,

---

24 El propio Cansinos-Assens, en el mismo libro citado, pero escribiendo tras la inmediata proclamación de la República, se ve obligado a mencionar lo que ha devenido su «capitancito Galán» : «En la plaza de Isabel II, un grupo ha sustituido el nombre de la reina por el de Fermín Galán» (261) y al final de la página, y en la siguiente, menciona lo que comenta un amigo con quien conversa, el que, «en alguno sitios se han puesto altarcitos como mesas petitorias con los retratos de Fermín Galán y García Hernández y una bandeja».

en un par de días: al intento de realzarla, de nuevo, y con tal rumbo, proyecto irrealizable, a la luz de lo que acaba de suceder, y el cual concluye con Fermín Galán yendo al presidio militar madrileño de San Francisco.

Apenas está detallada por quienes escriben sobre él, tan centrados en lo de Jaca, tal participación suya y del pequeño grupo vinculado a él en la Sanjuanada, en la que ya estaba envuelto Fermín Galán sirviendo en su puesto militar en Tarragona, y ni tampoco se ocupan, o casi nada, del tema sobre el cual se extiende la *Biografía* en varios capítulos: el pretendido proyecto de levantar sobre las cenizas de la Sanjuanada, todavía humeantes, el movimiento, impulsando un «rumbo más radical» , el cual, asimismo, feneció antes de comenzar. Podríamos suponer que en las detenidas páginas que los autores se explayan sobre dicha actuación lo factual y documental tiene un marcado tinte novelesco e ideológico. En las notas de los capítulos se precisará sobre ello, pues no coincide con lo que otros autores escriben, y en diversas maneras, sobre la actuación de Galán al ser fracasada la Sanjuanada. Varios se limitan a decir que fue hecho prisionero ese mismo día del 24 de junio «nada más llegar a Madrid» , tal el caso de Martínez de Baños Carrillo (120)[25]. Otros, como en el siguiente ejemplo de quien fuera un joven escritor y político socialista, Juan-Simeón escribe en sus *Memorias* hacia el final de su vida y en el exilio mexicano, le sitúan, ese día 24, en una reunión en casa de su Venerable, pues, también era masón, con ciertos militares comprometidos en la insurrección y con quienes habían sido enlaces, en donde leemos:

> «...pero entre los comprometidos en Madrid hubo escenas desagradables. Unos a otros se echaban la culpa:

25 El tan fiable historiador Manuel Tuñón de Lara, llegó a escribir que fue detenido en Tarragona, junto a Aguilera y Balet (*La España del siglo XX*, 154), los cuales dos, sí fueron apresados en Tarragona tal día 24.

> la realidad es que todos esperaron que otros iniciasen la sublevación. Salimos juntos el capitán Galán, Graco y y yo. Galán nos dijo: «Otra vez no habrá es pretexto. Seré el primero en echarme a la calle». En 1930 pagó con la vida el cumplir su palabra»...(*No queríamos al rey* 225).

No hemos conseguido saber, con exactitud, dadas las diversas versiones de su detención, si fue al salir de esa reunión, o de las que se tratan en el libro del que nos ocupamos, cuando fuera a entregarse o fuera detenido, el día 24 o el ¿25 o el 26?, como se implica en su *Biografía*. La versión que hemos encontrado respecto a lo sucedido, y que más se acerca a lo que en el libro se trata, es la de Eduardo González Calleja en *El Mauser y el sufragio.* Tras decir que a las 2:30 del día 25, El gobierno en Madrid cortó comunicación con Valencia y Barcelona, añadía:

> Alrededor de una hora antes, el capitán Galán había logrado comunicar con Riquelme (*quien en el presente libro aparece bajo Bláquez*) y unos jefes para intentar convencerles de emprender una movilización general en Madrid.
> Prevaleció el criterio de este último de aguardar la acción de Aguilera en Valencia, que se esperaba para ese amanecer. Riquelme estaba dispuesto a salir a la calle por la mañana. (465)

Y no lo hizo, al enterarse que Aguilera no pudo sublevar a Valencia. Y González Calleja, tras de decir que Aguilera y Balet fueron detenidos en Tarragona, añadía: «Galán también fue capturado en Madrid donde había estado pulsando el grado de adhesión de las distintas guarniciones» (465), tema sobre el que se extienden los dos autores del libro en los varios capítulos señalados.

La narración procede a saltos de elipsis tempo-espaciales, Sobre tales saltos, de sus estancia en Madrid, se trata muy poco, como en casi todo lo que se escribe sobre Galán, del tiempo pasado por él en el Hospital de la Cruz Roja; con nada de cuando fue trasladado al hospital militar de Carabanchel[26], o de los largos meses desde cuando salió convaleciente del hospital, el 20 de octubre de 1924 hasta el 20 de marzo de 1925, fecha en que fue dado de alta para el servicio; meses vividos en Madrid y en donde, como se ha señalado, entraría en contacto con los jóvenes escritores de avanzada, participando en tertulias y dedicándose a las lecturas y escritura. Y se narra poquísimo sobre los más largos meses en el presidio de San Francisco, tras el fracaso de la Sanjuanada, desde fines de Junio de 1926, hasta fines de abril de 1927, cuando se dictó su condena a seis años de prisión en Montjuich. Resumiendo, lo que la *Biografía* se ocupan en tales largos meses madrileños: en el corto capítulo V, se le describe recuperándose de su herida y dialogando con Vila y Rubio, éste, ya destinado a Madrid, sobre lo que será el proyecto central de su vida, expresado en dos frases del diálogo; la primera muy citada, y emblemática de su quijotesco «Yo sé quien soy» : « pero donde esté me sublevo» , antecedida de un cierto auto-bombo, del cual se le suele criticar y el que recogen los autores-narradores, en frases como la siguiente: «Amigo Vila, del cuarto de un hospital saldrá la revolución española».

De allí, se salta en una elipsis temporal, en el capítulo VI, al 12 de junio de 1926 en una de sus visitas desde Tarragona y ya envuelto en los preparativo de la Sanjuanada, continuada en el VII. En el VIII, en otro salto espacio-tem-

---

26 No obstante, Fermín Galán si escribió, críticamente, sobre sus experiencias en el hospital de Carabanchel, vividas por su alter ego, el narrador- protagonista de su *La barbarie organizada,* en el capítulo 7, «Madrid». En tales páginas (169-172), «El rey visita el hospital» con séquito, lo cual le vale al narrador-protagonista para hacer una demoledora crítica de la monarquía tan al servicio de la clase dominante.

poral la narración vuelve a Madrid, anocheciendo el 23 de junio, cuando ya la sublevación para el día de San Juan ha quedado abortada y con la detención del capitán Perea y el teniente Rubio, y a donde Galán llega a primeras horas de la mañana del 24. Del capítulo VIII hasta el XI, en un tiempo que abarca dos días o un día y medio, se narra tal intento de Galán y su pequeño grupo de relanzar el finiquito movimiento de la Sanjuanada. Y ya en el XII, le encontramos en su celda del presidio de San Francisco; cronotopo al que se dedican dos cortos capítulos, aunque él estuviera preso allí unos diez meses, dedicado a sus lecturas, escritura y a concitar nuevos planes de insurrección. En el primero de ambos capítulos, le hallamos en conversación con el teniente Rubio, encarcelado, y el capitán artillero Luis Salinas, que viene a visitarle de abogado defensor al teniente, y planeando un nuevo propósito de sublevación desde el hospital, frustrado antes de iniciarse. El segundo capítulo, se centra en el tema de su ingreso en la Masonería, algo que se venía dando entre militares y políticos españoles desde el desde el siglo XVIII, y, más frecuente, desde inicios del siglo XX, y en los años veinte. En las notas del capitulo trataremos de ello.

***

Aunque no se menciona en la *Biografía*, pues es una novela publicada póstumamente en 1931, haremos un breve comentario sobre *La barbarie organizada. Novela del Tercio,* firmada como acabada en la Prisión de San Francisco –Madrid, 1926; y muy ligada a su propia vida, ya que el protagonista y narrador Gustavo Pedro de Nieva, es un *alter ego* del propio Fermín Galán. Sabido es que él tuvo una pronta vocación de escritor. Ya en Marruecos había publicado varios artículos en la *Revista de Tropas coloniales*. Su carta a Arderíus sobre *La duquesa de Nit* está ya escrita de novelista a novelista. *LA barbarie organizada* es la primera de la triada de novelas sobre la guerra de Marruecos de un postcolonialismo *avant la lettre*, de la literatura de avanzada española; *El blocao*, 1928, de Díaz Fernández será la segunda e *Imán*, 1930, de Ramón Sender, la tercera.

Contrario a lo que se pudiera desprender del título, y dado las atrocidades bélicas con sus razzias, y saqueos de los aduares rifeños y el uso de bombas incendiarias y de gases tóxicos a las que ya recurriera el moderno ejército español en la guerra de Marruecos, la barbarie no es la de los soldados del Tercio, en el que sirvió, compañeros del protagonista-narrador, de diversas nacionalidades, tantos de ellos muertos, o gravemente heridos, y por quienes él expresa una sentida honda, dolorosa, compasión, sino la barbarie del Sistema establecido. Dando vuelta a la tan conocida frase colonialista, «Civilización o Barbarie» , ésta, en la novela, la personifican quienes se designan impulsores de la civilización a base de bombas y metralla. De las tres novelas mencionadas, la suya es en la que los horrores de la guerra se presentan del modo más escalofriante, ya que él los vivió, en propia vida y carne, en el dantesco mundo infernal de las trincheras, con apiñados, abatidos, cuerpos, entremezclados los de ambos bandos, de carnes desgarradas en las más horrendas maneras. Varias de sus imágenes reviven, en vida y no en pintura, los *Caprichos* de Goya. Resume todo el contenido de la novela, una frase que gana tanta actualidad a la luz de lo que pasaría en España, a partir de julio de 1936, y lo que está ocurriendo cuando escribo esto a finales del 2023, en Gaza y Ucrania, con catastróficas llamas bélicas sembrando miles de cadáveres, tantísimos de niñas y niños palestinos: «La guerra es un crimen. Los que la disponen unos monstruos horribles» [27].

27 Brevemente, añadimos que en el capítulo «Madrid» , el andar del alienado protagonista, alter ego del autor, por el Madrid moderno del lujo y, también, por el de la miseria, anticipa ecos de la novela existencialista y

3 Barcelona, en el «Castillo maldito»: El presidio de Montjuich.

Y de la prisión de San Francisco, la narración salta al Castillo-presidio de Montjuich, al que fuera condenado Fermín Galán, y otros de los militares partícipes en la Sanjuanada: sus amigos el capitán Perea, el teniente Rubio, más el capitán Herrera y el coronel Segundo García. Ya en la última década del siglo XIX, tal cronotopo del castillo-presidio aparecía en las letras españolas, contagiado del sentido de lo tétrico y lo siniestro que adquirieron los castillos, vinculados al feudalismo, en la novela gótica y negra europea desde el siglo XVIII y XIX. En el de Montjuich, tan manchado de sangre, torturas y fusilamientos, tras los tres criminales atentados por individuos anarquistas en Barcelona, culminado con el de la calle de Cambios, el 7 de junio de 1896, tras el cual se dio una feroz represión, con cientos de obreros anarquistas, que muy poco o nada tuvieron que ver con los criminales atentados, encerrados, torturados y, varios, fusilados en Montjuich. Tal horror, produjo una gran conmoción y reacción, llegándose a considerar, y propagar en tanta prensa, nacional e internacional, que el castillo-prisión se había convertido en sede de una nueva terrorífica Inquisición. Sobre el tema, Federico Urales, nombre literario del escritor e intelectual orgánico del anarquismo, Juan Montseny, quien estuviera encerrado allí, nos dejó su obra teatral *El Castillo maldito*[28]

No fue ya, Montjuich, para Galán y los otros militares, y durante la «dictadura blanda» (*aunque sí volvería a serlo bastante con la dictadura franquista)*, aquella horrenda prisión de torturas y fusilamientos, aunque el malditismo seguía flotando en los misérrimos y húmedos calabozos y

hasta de la del absurdo.

28 En 1996, las distinguidas hispanistas francesas, Lucien Domergue y Marie Laffranque, publicaron su edición de la obra, con un extenso estudio preliminar, detallando lo que acabamos de mencionar.

por sus pasillos. En uno de ellos, cayó el enfermo capitán Herrera para morir vomitando sangre; el coronel Segundo García, enfermado en él, falleció a poco de salir del presidio, igualmente, que el capitán Alejandro Sancho Subirat. También, Fermín Galán recayó enfermo del paludismo que contrajera en Marruecos. No se extienden los dos autores sobre la estancia, de casi tres años, de Galán en Montjuich, limitándose a dos breves capítulos, el XIV y el XV, centrados en sus planes conspirativos. Afortunadamente, contamos con un extenso epistolario, póstumamente publicado en 1934, *Desde la prisión de Montjuich. Cartas políticas de Fermín Galán*, la mayor parte dirigidas a su amigo Antonio Leal, anarcosindicalista de Badalona, desde el 12-2-928 al 22-11-929.

Tres temas principales se tratan en las unas trece páginas de la *Biografía* sobre los dos capítulos en el Castillo-Prisión: a) Los contactos de Galán, por medio de cartas y algunas visitas (*algo que hubiera sido imposible durante la dictadura franquista y descontando el que ya le hubieran fusilado allí mismo*) de personas, y personajes con quienes coordinaba planes para una nueva posible conspiración, revolucionaria. Especialmente, se trataba de representantes del anarcosindicalismo, y a través del citado Antonio Leal, con quien, en el epistolario, dialogaba sobre la situación política española, de la cual estaba tan al tanto aún dentro de la prisión. Se echa de menos de que no se aluda a sus planes junto al tan inteligente comandante, ingeniero civil, Alejando Sancho. uno de los impulsores, desde Barcelona, de la formada Unión Militar Republicana (UMR), compuesta de jóvenes oficiales que aspiraba a un cambio revolucionario, yendo más allá del derribar a la dictadura y a la monarquía, fundada en 1929, con quienes Galán, desde Montjuich coordinaba planes revolucionarios, A nada de ello se alude en el libro, sus autores centrados en él, y exaltando su protagonismo[29]. b) El aislamiento en que estuvo en el presidio, tan separado y, fuertemente, enemistado de y con sus otrora tan amigos, y colaboradores, Rubio, Perea, y con Segundo García, con el cual también había tenido amistad, volcándose, ellos, en promover la amnistía, rechazaban por muy radicales sus planes conspirativos y en relación con los anarquistas; aislamiento mitigado por sus lecturas, cartas, y escritura de sus ensayos que compondrían el libro *Nueva Creación*; la de una nueva civilización redentora, pacífica, de justicia, amor y fraternidad, abierta a toda la Humanidad. c) Sobre tal escritura se extienden los autores en incisivas calas, aunque en ellas late la compasiva crítica al autor, viéndole como un aislado místico, y no ya como un activo militar revolucionario, tema del que tratan en los siguientes capítulos[30].

4. Madrid, de nuevo entre vueltas y «revueltas».

Contrario a lo que se esperaba según anunciara en cartas y en la frase con que termina el capítulo XVI, viéndose Barcelona al anochecer como «una efervescencia

---

29 Sobre la UMR se extiende uno de sus principales impulsores, el ya citado comandante del Arma de Aviación Felipe Díaz Sandino, en la entrada «La Unión Militar Republicana» , de sus Memorias *De la Conspiración a la Revolución 1929-1937.* También la dedican el capítulo 4, «La Unión Militar Republicana» , ya en el 2003, Julio Busquets y Juan Carlos Losada en el libro *Ruido de sables. Las conspiraciones militares en la España del siglo XX*, quienes nos dicen que Fermín Galán se pasó de la AMR (Asociación Militar Republicana), formada tras el fracaso de la Sanjuanada por militares de alto rango, a ella junto a García Hernández. Páramos y y Bayos, añadiendo: «LA UMR pronto se extendió en todos los ambientes de la joven oficialidad, sobre todo en Artillería y Aviación, y entre lo suboficiales y mecánicos» (38). Todo ello, extendido por las regiones de España, hay que considerarlo como fondo de lo que los autores del presente libro centran, tan solo, en Galán y su grupito.

30 En el 2013, el tan erudito y agudo crítico, César de Vicente Hernando, fallecido tan inesperadamente en el 2019, en plena madurez de su vida y obra crítica, tan creadoras, publicó su lúcido ensayo sobre *Nueva Creación*: «La obra de Fermín Galán: una filosofía de Avanzada» , la cual está en relación con *El Nuevo Romanticismo,* según él analiza. Igualmente, César de Vicente tiene publicadas en Stockcero, espléndidas ediciones de *La Barbarie organizada* y de *La Venus mecánica* y *El Nuevo Romanticismo*.

de luz» , y a la cual Galán consideraba la capital de la revolución española, saliendo a ella, el 18 de febrero, no se quedó muchos días viviendo allí, dedicándose a ganarse la vida escribiendo, según anticipara, aunque sí finalizó y entregó para publicarse la *Nueva Creación*. Muy pronto, recobrado su rango militar y disponible, volvió a Madrid con el pensamiento de dejar el ejército y seguir dedicado a propagar a través de sus escritos, y de un modo pacífico, la nueva civilización humana descrita en su libro[31]. Y así, nos le encontramos, dando otro salto de tiempo, en el capítulo XVII, el cual se abre en un anochecer no en Barcelona, sino en Madrid a fines de febrero de 1930, y en el callejeo del Madrid Moderno, el de la calle de Alcalá y de la Gran Vía, y en capítulo que nos remite a tal Madrid de las novelas de Arderíus y Díaz Fernández. Tropieza con uno de ellos, Arderíus, encarnado en Fernando Sierra. El capítulo, pues, se desarrolla contra el fondo del Madrid de «los felices años veinte» , socavado, por dentro, tanto en *La Venus mecánica* como en *La Espuela,* y en uno de los Cafés de tal Madrid, La Granja del Henar y con el encuentro de Galán y Fernando con Rodil en compañía con Teresa de Escoriaza, y Luis Oteyza, con quienes habían participado en los planes de relanzar la Sanjuanada, y dos turistas norteamericanas, amigas de Teresa.

Poquísimo se trata en lo mucho escrito sobre Fermín Galán de su vida de estos nuevos casi cuatro meses pasados en Madrid y entregado a su vocación de escritor y en estrecha relación con los nuevos escritores de Avanzada, tal como evocará Cansinos-Assens. Desde la salida de Montjuich, la gran mayoría de lo escrito en torno a él se dedica al gran tema de la sublevación de Jaca. De aquí, el mérito

31 Según anota Fernando Martínez de Baños Carrillo en su libro, y, viviendo en el 21 de la calle Salvat. ¿Tiene tal casa la tablilla de «Aquí vivió Fermín Galán» ?

de los tres capítulos madrileños en el libro, del XVII al XX, en donde los autores, y como expresaran en el prólogo, hacen calas en la psicología del personaje en un momento en que se debate entre dedicarse a ser escritor, bregando por sus ideales con la pluma y dejar al Ejército, por el cual siente tanta vocación, o seguir en el para empujarle a ser un Ejército al servicio del pueblo, y no de las Oligarquías establecidas. En el XVII y en el siguiente capítulo, primero en el Café y luego en la redacción de la revista *Nueva España,* dirigida por José Díaz Fernández y Antonio Espina, y a quienes, a partir del segundo número se les une Joaquín Arderius en el trío directivo, se dialoga en torno al nuevo libro de Galán y sobre el tema de las expectaciones que los autores suelen tener cuanto a la recepción de sus libros, lo que se puede alcanzar con ellos, tan lejos de las tan altas expectativas que Galán tiene sobre el suyo, y como expresan los autores por boca de Rodil y Fernando Sierra, basados en sus propias experiencias[32]. Le instan a poner los pies en tierra, hablándole de la problemática de la difusión y la recepción de los libros (bastante baja, en efecto, la de *Nueva Creación*), advirtiéndole que las ideas, aunque puedan servir de impulso, no son capaces de acarrear los grandes cambios, como el esperado por Galán con las de sus libro, los cuales, precisan, vienen por la acción y no por la letra. Ambos se lamentan que el «formidable hombre de acción» , que es Fermín Galán, quiera acogerse a ella y no a la praxis de la acción revolucionaria y devenga una especie de nuevo «místico» en su apartamiento. Curiosa-

32 En cuanto a lo penoso que le puede pasar a un libro, mientras escribo estas páginas, me ha ocurrido lo siguiente: pedí el libro *Los estudiante frente a la dictadura*, de J. López-Rey, uno de aquellos estudiantes; libro tan conocido en su día, por su actualidad, y y me llegó de la Biblioteca de la Universidad de California de los Ángeles, y en su primera edición de 1930; un ejemplar un tanto enmohecido por los 93 años trascurridos por él, y, al abrirlo con tanta expectación, ¡me encontré que ninguna de sus páginas había sido cortadas para ser leído!

mente, la parte culminante del debate dialógico se hace en el capítulo XVIII, dentro de la redacción e impresión de *Nueva España*; tema, éste, de llevar la cuestión del libro o el periódico al lugar donde se confecciona, tan del siglo XIX y de Galdós, lo cual se remonta a la visita de Don Quijote al interior de la imprenta en Barcelona (*ciudad donde se publicara* Nueva Creación*; coincidencia que añade al quijotismo del autor y de su libro, tan lleno de la lectura de tantos otros de pensamiento social revolucionario, afín en sus utopías a las que encontraba el manchego en los de caballería que tanto leía*) en la que se imprimía el falso *Quijote*. En el seno mismo de la tan combativa *Nueva España* se plantea la cuestión de la censura, la cual carga contra la revista. a pesar de que en aquel año de 1930[33], bajo Berenguer, se había suprimido la censura previa; factor que contribuyó al *boom* de publicaciones en 1930 y 1931.

Curiosamente, en las conversaciones en el Café, y, más a fondo, en el interior de la redacción de la revista, Fermín Galán expone su discurso de las ideas y las letras, en que parece latir una aspiración a superar el discurso de las armas de su émulo Don Quijote; un discurso que gana tanta actualidad, cuando escribimos esto. Brevemente, señalamos algunas de las frases entresacadas del que consideramos tal «discurso»:

> Las ideas tienen más fuerza que las armas. Es necesario luchar con ideas. quiero valerme, para nuestras conquista sociales, de la razón en lugar de apelar a los cañones...Con mi libro hago desaparecer la necesidad de la violencia para trasformar este país, las armas tendrán que tirarse como hierro viejo y los cuarteles deberán cerrarse

33 En el mismo año, el censor oficial de la dictadura, Celedonio de la Iglesia, cantaba la palinodia en *La censura por dentro,* exponiendo atenuadamente los mecanismos de su censura, pero refutando el uso de ella, influido por todo lo que se protestaba en su contra, como tan vehementemente se hace en el capítulo en la redacción de *Nueva España*.

Con la aparición de este libro, la violencia ha pasado a la historia.
Con la asimilación de esas doctrinas, los hombres borrarán sus diferencias sociales y voluntariamente, por el convencimiento se estrecharán las manos y formarán una gran familia de camaradas.

En el capítulo XIX, adentrándose en lo personal, ymás que en otra parte del libro, se manifiesta el sentimiento de ternura de Fermín Galán, tan expresado en *La barbarie organizada*, superando tal barbarie, ahora, en su trato con el joven adolescente, vivaz y rebelde, que viene a buscarle a la redacción de la revista y con el que se da un gran paseo por Madrid, desde donde estaba sito el presidio y la abadía de San Francisco, hasta pasar por el Viaducto, delante del Palacio Real, y llegar a la plaza de Oriente, tratando con el perspicaz jovencito lo de si debe seguir en el ejército o dejarlo. Ya en la redacción de la revista, en el capítulo XVIII, aparecía tal jovenzuelo, Rafael, con el aire deportivo, desenfado y jovial, de aquella juventud de los años veinte. Personifica al real Pepito Leal, hermano menor, no sobrino como se dice en el libro, de su gran amigo Antonio Leal. Fermín Galán se lo trajo a vivir con su familia, entre marzo y hasta junio cuando fue destinado a Jaca. Atraído por su inteligencia y carácter, devino una especie de preceptor suyo, viendo en él, la personificación de una nueva generación risueña y libre. Ganados por el sentimiento de Fermín Galán, los autores de libro convierten al joven en co-protagonista del capítulo[34]. Simbólicamente, y pasando frente al Palacio y viendo a los soldados que patrullan y

34 La última de sus *Cartas políticas,* ya escrita desde Jaca, es «A Pepito Leal». En ella, le da un consejo, que parecería salido de la pluma de Ortega y Gasset, en cuanto a no identificarse del todo con las masas, pues «El pensamiento de las masas es siempre pequeño y pobre. Identifícate siempre sobre sus necesidades vitales a través de tu pensamiento propio, forjando en la fraternidad» (209). Lo de la fraternidad, ya no es tan orteguiano, apunta más a Antonio Machado.

hacen guardia, tras Fermín Galán, habiendo insistiendo tanto en que el chico le diga si debe volver al ejército o no, es cuando Rafael, habiéndose negado a dar una contestación por ser pequeño y afirmar algo que no le valiera a Galán, le dice que sí, que siga en el ejército pero en un ejército al servicio del pueblo. Es, entonces, cuando Galán le revela al adolescente como un ensueño lo que los autores expresan como anticipada configuración de lo que, poco después, anhelaría hacer desde Jaca; ponerse al frente de un ejército español al servicio de la justicia para todos, y lanzándose una madrugada, vestido con su camisa del Tercio y llegar a entrar por la Puerta de Alcalá en un caballo negro y con soldados de todos los cuarteles de España para apoderarse de Madrid. Entusiasmo, el jovencito le responde que el será su corneta, y le acompañará montado en un caballo blanco. Contrario a este ensueño liberador, pocos meses después, Fermín Galán, y a pie, entrará en la Tragedia.

Como conclusión de los tres capítulos madrileños, y antes de entrar en los siguientes sobre Jaca y la sublevación, incluimos unos párrafos, especie de aforismos de consejos éticos, a modo de síntesis de la cosmovisión de su *Nueva Creación* en nombre de los cuales, y en pro de la Humanidad, Fermín Galán entregarían su vida, y que cobran tanta actualidad redentora en el mundo de nuestros días tan inclinado a tonarse en un inmundo:

> Sea cual sea tu nacionalidad, no hables nunca como un español, ni como un alemán, ni como italiano, ni como inglés, etc., habla siempre en todo momento y lugar, como europeo. Si eres de otro continente, no hables nunca como nacional, sino como continental.

***

No veas en las fronteras más limitación entre los hombres que la que estableció la barbarie; no veas en las civilizaciones derrumbadas a pueblos de seres inferiores; no veas en otras razas a seres distintos a ti; todo es una misma y única unidad, dislocada por los siglos; mírala racionalmente: los hombres son tus hermanos; ella, es la Humanidad.

***

Piensa en tu país como si pensaras en tu cuna; piensa en tu continente como si pensaras en tu región; piensa en el mundo como si pensaras en tu patria.
(*Fermín Galán. Nuevas Ideas* 183)

5. Jaca, vida cotidiana y hacia la tragedia final, sublimada con su muerte

Sus casi cinco meses cumplidos en Jaca, del 17 de Junio hasta el 12 de diciembre de 1930, más dos días siguientes hasta el final de su vida en la tapia del cementerio de un Polvorín en las afueras de Huesca, lo conforman el último cronotopo biográfico del libro; su parte culminante, esparcida en diez capítulos, algunos muy breves, como el final que se cubre en la exhalación de dos páginas. Con sus ciento y pico páginas, en el original, tal sección podría ser publicada como un libro aparte, el cual, a pesar de su corta extensión, sería de una originalidad única entre los numerosos libros y ensayos que se han venido publicado sobre «La sublevación de Jaca» , repletos de los hechos históricos, con datos documentales o, en varios casos, el añadido de testimonios de personas que los vivieron, pero dejando fuera lo que tanto desarrollan los autores en sus últimos capítulos en torno a la vida íntima y la «trayectoria psicológica» de Fermín Galán; propósito central , junto a la vital, de su obra, según declararan en el prólogo. En él, también afirmaban, según ya señalamos, que «El frío oficio de los historiadores está muy lejos de nuestra vocación» , el cual se siente tanto en la acumulación de datos y hechos en mucho de lo publicado sobre tal sublevación. En el presente libro, por lo contrario, y en los finales breves capítulos, la densa información se presenta muy sintetizada, y el tal frío aparece templado por la pluma de los dos escritores amigos del historiado, fluyendo con la íntima afectuosidad que reinaba entre Galán y su grupo en Jaca, constituido, principalmente, por jóvenes militares oficiales dispuestos a ofrecer su vida por una España de libertad y justicia social; grupo al cual los dos autores-narradores se sienten tan unidos; contando tal historia, más que como historiadores o biógrafos, como novelistas y, además siendo ¡personajes, personas del grupo!, un grupo que tanta vida toma en vivaces páginas dialógicas, y en donde predomina la fraternidad.

En los tres primeros capítulos de los diez últimos, del XX al XXIII, se cala en la psicología, en el vivir cotidiano y en la relación social de Fermín Galán con la peña de amigos oficiales y de otros que vienen a visitarle; escenas de ratos de ocio en la habitación del hotel Mur, reuniones en el casino, bares, y paseos por jardines, plazas, o por las afueras de la ciudad, al tiempo que van gestado los planes de la sublevación, de lo cual se expone menos que de la congenialidad y conivencia entre amigos. Adentrándose en la vida íntima y psicológica de Fermín Galán, en el capítulo XX, su nuevo y tan amigo, el teniente Mendoza visitándole en la habitación, le encuentra abatido «¡Destrozado!» , exclama él, atrapado en el debate interno entre el apartarse de la acción revolucionaria o sumirse en la vida contemplativa. Ambos, se extiende en una larga conversación sobre otro problema que Galán saca a relucir, el de no tener mujer, el amor, y la cuestión sexual (*tema tan de las novelas de los dos autores*). Siguiendo con los diálogos de cuestiones y preferencias, el capítulo XXI, todo él, es un largo paseo con Fernando Sierra que llega a Jaca a visitarle; ambos saliendo a las afueras y estando charlando, en medio de la Naturaleza, hasta la madrugada, exponiendo dos opuestas y complementarias psicologías; capítulo ecológico, en pleno campo, que resulta uno de los más artísticos y literario del libro: los pensamientos político - sociales y existenciales, con el fondo de imágenes de la naturaleza de honda belleza lírica, metaforizando ecos del espíritu de los dos dialogantes, y en los cuales se nota el sello de la pluma de Arderíus. En el XXII, insistiendo en lo de amistad del grupo de amigos, y yendo a instancia de ellos, acompañándoles a los bailes, en uno de los cuales, aunque Fermín Galán, de costumbre, y mientras los amigos no paraban de bailar, permanecía sentado en sus meditaciones, de pronto, se le ve bailando. Al preguntarle por algo tan inaudito, responde que bailaba con tal pareja porque era una chica aldeana (*quizás la doméstica de alguna de las allí reunidas, se nos dice*) a quien nadie la sacaba a bailar, y el resto de la tarde los amigos no pararon de bailar con ella. Y otros días, cuando querían que fuera al baile con ellos, Salvador Sediles, de tanto sentido de humor, decía: «Anda, vente, Fermín que hay una ´chica de pueblo´ estupenda». Más adelante, en el mismo capítulo se desarrolla otro gran tema de la psicología política de Fermín Galán, la necesidad de que la sublevación no fuera solo de militares y políticos, sino que tuviera importante parte de la población obrera y civil, lo cual se expresa con el encuentro y largo paseo con un desconocido, quien resulta ser Antonio Beltrán, «el Esquinazau», persona muy popular de Jaca, el cual devendría parte de la sublevación, y con quien, establece una fuerte amistad. Otras dos personas de la vida civil, que participantes en la sublevación, muy populares y queridas en Jaca, fueron Alfonso Rodríguez, el Relojero y Julián Borderas, el Sastre[35]. Mas tarde, en el capitulo, y en la reunión de los amigos en el paseo, se habla de la novia burguesa que tuvo Galán en Jaca, hasta que el padre dio por finiquita la relación, la cual tanto había o desaprobado en tal reunión Sánchez Ventura.

En el capítulo XXIII, se vuelve a dar un último salto al Madrid de la calle de Alcalá y la Gran Vía, a principios del verano, y, ahora, quienes lo protagonizan en su primera parte, son Rodil y el capitán Salinas, destinado en Guadalajara, quienes entran a conversar en el popular café Negresco. Al igual que, en el capítulo anterior con la presencia de Fernando Sierra, y, ahora, con Rodil, finalizando el libro, los dos autores-narradores se vuelven a meter en él de personajes para dejar mayor constancia de lo unidos que estaban a Galán y sus planes de sublevación e ideales revolucionarios. Es fácil suponer que lo de la vuelta al Madrid Moderno de los años 20 y ya entrados en los 30, se debe a la pluma de José Díaz Fernández, quien, en *La Venus mecánica*, nos dejara la más cabal representación en la novelística y en la poesía española de dicho Madrid, Para refrendar tal distinción, se ha tenido que esperar hasta el año

35 Julián Borderas (1899-1980), quien cosió la bandera republicana que ondeara en el balcón del Ayuntamiento de Jaca al comienzo de la sublevación, como socialista, ,tuvo gran actividad política durante la República y en las elecciones de febrero de 1936, fue elegido diputado por Huesca, el primer diputado en la historia de la región, En 1939, salió al exilio mexicano, donde falleció tras una larga vida, siguiendo con sus actividades en el partido socialista, y adquiriendo bastante fama en su oficio de sastre Alfonso Rodríguez (1889-1941), tan popular y querido en Jaca, participó en la política durantes los años de la República, y peleando durante la guerra por ella. Hacia el final, fue detenido en Madrid con el golpe militar de Casado en 1939 y pasado a la cárcel franquista. Enviado a Jaca, fue fusilado allí, una de las múltiples personas asesinadas en Jaca al comenzar y al terminar la guerra por los llamados, cruel ironía, «nacionalista», quienes liquidaron a miles de nacionales, Sobre ello se extiende, detalladamente, Esteba C. Gómez en su *El eco de las descargas. Adiós a la esperanza Republicana,* ¡Con sus 581 páginas!.

2023, y el libro de ensayos *Revista de Occidente o la modernidad española,* cuando el agudo crítico Fernando Castillo, en su ensayo «Ortega, a la sombra de la Telefónica» , afirma sin ambages: «...Sin embargo, el verdadero cantor de la Gran Vía, cuando ya iba tomando sustancia arquitectónica la avenida de Pi y Margall fue José Díaz Fernández con *La Venus mecánica,* publicada en 1929...» y se extiende sobre ello desde la página 196 a la 199 del citado libro. Lo mencionamos en reparación por el total olvido en que estuvieron él y su obra por décadas, muerto prematuramente en el exilio de Francia, tras vivir, allí, en penosísimas condiciones junto a su mujer y hijita, el 18 de febrero de 1941.

La segunda parte del capítulo, en nueva elipsis temporal, trata de una llegada de Fermín Galán a Madrid en septiembre, acabado de celebrarse el grandioso mitin republicano de la plaza de toros, «donde el pueblo entero se pronunciaba serenamente contra un régimen» , se nos dice. Sería el día 29 o el 30, pues dicho mitin, donde ya se proclamaba como urgente necesidad la implantación de la República se celebró el 28 de septiembre. Se indica que llegaba a cambiar impresiones con sus amigos madrileños, detallándoles el plan concebido por él en Jaca y en busca de fondos para movilizar a los paisanos de Madrid y atender a los gastos indispensables de la sublevación, y que para eso había que pensar en el Comité revolucionario republicano que funciona en Madrid. Nuevamente, insistiendo en el protagonismo de Galán, se omiten referencias a que su plan estaba coordinado con el común de los otros oficiales de la UMR, comprometidos con la sublevación en distintas regiones de España y, también, se resta importancia, por no considerarlo lo suficientemente revolucionario, al Comité Nacional, formado tras el Pacto o de San Sebastian, conformado por las personalidades, políticas, militares y obreras, que formarían el primer gobierno de la República, y el cual coordinaba una sublevación que se iba a dar por todas las principales regiones de España, siendo Galán el delegado de Aragón. Se apunta a las diferencias que se daba entre miembros del Comité, respecto a lo que presentaba Galán en dos nuevas visitas a Madrid, y a su impaciente insistencia en que no se pusieran más demoras a iniciar la sublevación en cuanto antes. Impulsado por tal imperativo, de nuevo, se entra otra llegada suya a Madrid, «para acuciar personalmente al Comité revolucionario, que señaló la fecha del 15 al 20 de diciembre». Posteriormente, y dados distintos inconvenientes, la cambiarían al 12, a la que se atenía Galán, para volverla a cambiar al 15, sin comunicárselo directamente a él. De ahí, que él se atuviera tan firmemente a lo del 12.

El capítulo culmina con un preocupante añadido, ya que Salinas le hace ver que la situación había variado mucho, pues Berenguer, el 30 de noviembre, dictara una disposición que resolvió la cuestión de los artilleros, y tantos de ellos se separaron del proyecto de la sublevación. Igualmente, añadía que algunos de los comprometidos en Huesca y Lérida, declaraban, abiertamente, su pesimismo. La situación y conversación se centra en un tema muy debatido por la crítica y con posiciones contrapuesta; algunos sostienen que el impulsivo Galán se apresuró a iniciar la sublevación en Jaca el día 12 de diciembre, pasando por alto el nuevo plazo fijado por el comité del 15, y otros, hacía quienes nos inclinamos, que no la adelantó pues siguió fiel a la fecha que se había fijado del 12, sin que le llegara una anunciada orden del Comité para aplazarlo. Los autores finalizan el capítulo con unas breves líneas apuntando a que Galán no hubiera rehusado el aplazamiento de haberle llegado un emisario con tal orden, ya que, añadimos, aunque tan rebelde, se ajustaba mucho al sentido de disciplina que impone lo militar:

> Galán estaba a punto de aplazarlo todo cuando recibió la visita de Pinillos, Cárdenas y Rico, anunciándole que el Comité estaba dispuesto de actuar inmediatamente.

Se trata de la primera llegada, el 8 de diciembre de los tres destacadas personas que encabezan el pequeño grupo de universitarios, de la tan contestataria *F. U. E.*[36] y miembros del Ateneo madrileño, dentro del cual tanto se gestaba, en aquellos días, el proyecto de la insurrección republicana; grupo al que se integran nuevos miembros llegados a a unirse a la sublevación de Jaca en la madrugada del 12. En el capítulo XXIV, tras decirle. Mendoza a Galán que ha hablado con un general de Zaragoza, visitando Jaca y le ha dicho que está listo a actuar enseguida, y con motivos de unas prácticas militares en Zuera, van a Zaragoza a entrevistarse con dicho general, aunque Galán desconfiara tanto de los generales. Junto a Sánchez Ventura, García Hernández, Ríos y Mendoza, en el Casino esperan al innominado general (Joaquín Gay Borrás), que llega, y como en el caso de Madrid con el general Blázquez, saluda efusivamente a Galán, y, en la breve entrevista, dice estar dispuesto a lanzarse, pero con un «ya lo haremos». La narración pasa al día 7 de diciembre, en un coche que se dispara desde Madrid, con tres pasajeros, los anteriormente mencionados, quienes hacen noche en Zaragoza, y por la mañana cruzan por Huesca, Cillas y el Santuario, Ayerbe, Riglos. *Se están evocando lugares que pasarán, en dirección inversa para llegar a Huesca y Zaragoza, donde nunca arribarán, las tropas de la sublevación*. y llegan a Jaca a unirse a ella, y deseando iniciarla lo antes posible.

Los últimos capítulos giran en torno a tal comienzo, y

36 Mucho se ha escrito sobre tal movimiento estudiantil en Madrid y por toda España, con sus manifestaciones y huelgas, y, por toda España, y que, asimismo, tanto contribuyó a la caída de la monarquía y la dictadura. El ya mencionado, en nota anterior, libro *Los Estudiantes frente a la Dictadura*, de J. López Rey, lo estudia con abundante información documental.

al breve trascurso de la sublevación de Jaca, culminado con el del trágico fusilamiento de Fermín Galán y Ángel García Hernández. El cortísimo capítulo XXV, con sus únicas dos páginas, es ya un augurio de todo ello. Salinas se presenta una tarde en el Hotel Mur, donde Galán estaba reunido con Sediles, García Hernández y Mendoza, para decirle, de nuevo, que estaba convencido que la sublevación no debía efectuarse, ni la artillería y el regimiento de Caballería secundarían el movimiento, y en las fuerzas de Huesca y en Lérida faltaba algunos de los comprometido. No obstante, Fermín Galán sigue firme en ello, y termina convenciéndole a Salinas. De nuevo, aquí encontramos, y en un personaje de carne y hueso, el paralelo con Don Quijote, a quien ni el cura, ni el barbero, ni el bachiller Sancho Carrasco, lograron disuadirle de lanzarse a sus aventuras a «deshacer entuertos». Lo mismo que ocurre, ahora, con Galán, dispuesto a lanzarse a su segunda salida, la primera fue la de la Sanjuanada. Contrario a lo que pueda parecer, la comparación con Don Quijote, la hacemos para ensalzar a Fermín Galán.

El resto de la vida y biografía se condensan en las breves páginas de sus cortos cinco capítulos finales, en un fogueo de diálogos y sumarias descripciones. Ya señalamos que los autores declararon, en el prólogo, que «se vieron obligados a sintetizar hasta el máximo las escenas de la sublevación de Jaca, que, por demasiado conocidas, no suscitaba el interés literario». También podría ser por algo más: por el horror al vacío que les pudo provocar cómo se fue gestando el final trágico del destino de su Héroe, y tan querido y admirado amigo y compañero. Sentimos en las páginas finales de la «Vida de Fermín Galán» y su «Biografía política» , el eco de aquella, posterior, reiterada exclamación-quejido «Que no quiero verla» , «la sangre derramada» , del poema de García Lorca a su amigo muerto por una cornada, el torero Ignacio Sánchez Mejías. «La sangre derramada» , en el presente caso, de Fermín Galán y de Ángel García Hernández. De ahí, que los autores-narradores pasen por tales páginas y escenas a semi-ciegas y de puntillas. Movidos por su ejemplo, y ya dado lo extenso de la Introducción, salvo algunas notas que acompañaran a los capítulos, dejamos que los lectores-as enfrenten directamente a tales escenas. Sí añadiré que parece irónico que los autores digan que no les suscitaban interés literario, ya que estas últimas páginas resultan de las más literarias del libro: la Biografía se torna en una Elegía, Con el dolorido sentir, a veces, las palabras en los diálogos, salvo algún momento de ilusorio entusiasmo y efusión, se ahogan o son gritos de la psiquis de Galán, en sus momentos de desilusión y confusión; las continuas prosopopeyas en las descripciones de las imágenes, en momentos, metaforizan el dolor y la desolación de lo que se va a vivir-morir, y, a veces, se sienten como si fueran un eco simbólico de las plañideras de la tragedia griega. Frente al descalabro final, sí destacamos el gran rasgo de generosidad y altruismo de Fermín Galán al reconocer la derrota, que le elevan a un heroísmo y condición de mártir y mito, algo admirado aún por quienes le critican el lanzarse a la fallida sublevación[37]: el no querer huir, pasar al exilio en Francia, que tenía tan a su alcance y a lo cual le instaban sus acompañantes, sino el irse a entregar y admitiendo que él era el único responsable de lo sucedido, como escuchamos, según se escribe, transcribiendo su propia voz, como si los autores la hubiesen oído:

---

37 Sobre ello, y tras lamentar, como los demás miembros del Comité Central, lo fatal de haber adelantado Galán el inicio de la sublevación, Felipe Díaz Sandino, escribía en sus *Memorias:* «...pero es justo decir que Galán impresionó tan profundamente a la opinión pública de los españoles con su gallardo comportamiento ante el tribunal militar y, después, cuando fue fusilado, que puede decirse que su sangre fue la que guió al pueblo a los comicios dando el triunfo en las elecciones municipales a los republicanos, hecho por el cual pudo proclamarse la República (53).

«—¡ Yo ya no puedo vivir! ¡Sería un huido de mi mismo!
¡Ha habido mucha sangre! yo ya no puedo vivir. Me tenía que perdonar yo, me tenías que perdonar vosotros, y me tenían que perdonar los muertos. Y esto no es posible»

A lo que añaden que dijo, escrito y publicado una vez que lo que dicho se había visto cumplido: «—Ya lo veréis. Me daréis la razón dentro de pocos meses. Con mi vida se salva la revolución y la vida de los que está presos»...Con tal determinación, él mismo sería quien diera la orden de su fusilamiento: «¡Fuego!» , aunque en tal final del libro, se les pasó a los autores el poner las otras dos palabras últimas que exclamara: «¡Viva la República!» , un «¡Viva!» que, con el eco del de la última voz de Fermín de Galán, pocos meses después y la República hecha una realidad, resonaría en millones de voces por ciudades y pueblos de toda España, sublimando con ello las trágicas muertes de Fermín Galán y de Ángel García Hernández. También podríamos decir que, y como ocurre, a veces, en la Historia, que, en tal caso, la derrota conllevaba más inspiración y riqueza humana que la represiva y cruel victoria gubernamental, lo cual nos lleva a un Remate Final[38].

38 También contribuyó a la llegada de la República, el hecho de que, en marzo de 1931, el capitán Salvador Sedines, tras tantos meses pasados, fuera condenado a muerte por su participación en la sublevación, y el 17 de marzo, entró en Capilla, pero, al saberse la sentencia, por tantas ciudades españolas, multitudes se lanzaron a las calles, pidiendo la amnistía para el capitán Sediles. Forzado por la generalizada inmensa protesta, el rey Alfonso XIII, la firmó y Salvador Sediles, quedó salvado y con la llegada de la República,14 de abril puesto en libertad: una República a la que dieron sus votos esas multitudes que se manifestaron a favor de su vida y libertad. Las páginas 504 y 505 del libro de Esteban C. Gonzalez las llenan tres amplias fotografías de tales manifestaciones en Zaragoza, Valladolid y Jaca,donde vemos que, entre los cientos de personas en ellas, no cabía ni un alfiler.

***

Dejando a un lado el trágico fusilamiento, y toda la represión posterior, se podría decir que el fracaso de la sublevación de Jaca, y la del 15 en Cuatro Vientos, e impidiendo la general programada para tal 15 de diciembre, encaja dentro del proverbio de «No hay mal que por bien no venga». Ya que de haberse dado tal insurrección nacional, lo más probable es que hubiera ocurrido lo mismo que en la Sanjuanada, pues el gobierno estaba muy tanto y listo para reprimirla y con tantos militares opuestos a ella, lo cual hubiera dado nueva vida, y fuerza represiva, a una dictadura y monarquía ya tan abocadas a su final. Los fusilamientos, con un juicio sumarísimo, y como fallado de antemano, y una sentencia tan criminalmente injusta, y llevada a cabo un domingo, día en que no se fusilaba, causó gran conmoción nacional. Se podría decir que, simbólicamente, dichos fusilamientos llevarían al «fusilamiento» de la dictadura y la monarquía. Los difuntos Fermín Galán y Ángel García Hernández, convertidos en símbolos de mártires y mitos, vivos, contribuyeron mucho a lograr, a los pocos meses, lo que aspiraban con su sublevación: la proclamación de una República, y sin dispararse ni una bala, como hubiera anhelado Fermín Galán con lo que él iniciara.

Ya, en el famoso discurso de Miguel de Unamuno, el día 28 de marzo en el Ateneo madrileño, entrando en la tribuna con vivas a la República, él señalaba: «. Luego ha venido el fusilamiento del generoso y noble Galán, que ha venido a hacer un papel parecido al que hizo Riego[39] en

39 Rafael de Diego (1874-1823), quien iniciara el pronunciamiento para derrocar el absolutismo del rey Fernando VII, reponiendo la Constitución de 1812, e iniciando con su victoria el «Trienio Liberal» español (1820-1823); depuesto con la ayuda de las reaccionarias tropas francesas y europeas , el absolutismo fue repuesto en el mismo 1823. Rafael de Riego, fue ahorcado, el 7 de noviembre de 1823 en la madrileña Plaza de la Cebada. En la memoria popular, por su heroísmo, abnegación y martirio,

su tiempo» , frases coreadas con Vivas a Galán y a García Hernández (*Ateneo, Dictadura y República* 104-05).

En el día y tarde de proclamación de la República, el 14 de abril de 1931, con una inmensa multitud por las calles de Madrid, y las adyacentes a la Puerta del Sol, la cual rebosaba de gentes, y frente al Palacio de Gobernación, entre las banderas y pancartas republicanas de la jubilosa multitud, resaltaban fotos con los retratos de Galán y de García Hernández. Y, en un momento de la celebración del anuncio del arribo de la República, varios militantes del Partido revolucionario-socialista, al que entonces pertenecían nuestros dos autores, lograron internarse en el amplio balcón presidencial del Edificio, y desde allí pedir un minuto de silencio para los dos mártires de Jaca, del cual se nos dice: «los hombres se descubrieron y muchas mujeres sollozaban emocionadas» [40].

Tal minuto de silencio, se repitió en varias ciudades, y en la propia Jaca, así como inmediatos cambios de nombres calles, plazas y otros lugares, sustituidos con los de Fermín Galán y Ángel García Hernández. Y Alcalá Zamora, presidente del Gobierno de la República, abrió la sesión de las Cortes Constituyentes, el 14 de julio de 1931, con «un homenaje a los mártires de la tragedia pirenaica». Según leemos en el prólogo del libro, durante los años republicanos: «Su gloria mejor está en ese pueblo que ya le canta en romance; en esos obreros que compran su retrato en los puestos de periódicos, en esas muchachas que hacen de su efigie un prendedor para su pecho» (14). Esos obreros a quienes tanta participación y protagonismo Galán daba en

---

devino una figura legendaria, símbolo de la libertad. De ahí, que Unamuno compare a Fermín Galán con él. También se compuso el famoso «Himno de Riego» , adoptado, posteriormente, por lo liberales y republicanos españoles.

40 Lo cual se describe en el detallado artículo, y con material gráfico del famoso fotógrafo Alfonso, «Anatomía de un instante y un lugar: Puerta del Sol, Madrid 14 de abril 1931» , de José Francisco Fuentes Aragonés y José Luis Fernández y González

sus escritos y conversaciones; con muchos de ellos y ellas, tras su trágico fin a la postre redentor, colgando en sus casas su retrato y el de ambos. Pío Baroja, quien en su novela, *El cabo de las tormentas,* de 1932, y cuyo libro primero, en gran parte lo ocupa un recuento de una visita de la pareja protagonista y unl amigo a Jaca, y de un sumario de la sublevación, con algunos testimonios de interés de quienes lo vivieron y bellas e históricas descripciones de la ciudad, pero empequeñeciendo tanto a la insurrección como a la figura de Galán, al igual que Casinos-Assens, y su «capitancito» Galán, en el libro 5. No obstante, en sus dos capítulos sobre «La Pascua Republicana» , véase ya cierta ironía en el título, Baroja se sintió obligado a dejar constancia de lo grande que devino Fermín Galán en la memoria popular, Y cito tales evocaciones:

> En el Palacio real «En la puerta del edificio estaban pegados los retratos de Galán y de García Hernández (207). En la plaza de Isabel II (con la estatua de la reina arrancada), «En varios letreros escritos con pintura y carbón se llamaba a la plaza, plaza de Fermín Galán» (209). (más adelante trascribe una de las canciones en que se le cantaba). «Se han marchado los Borbones / y ya nunca volverán / con la sangre de Galán» (214)[41]...

De todos aquellos romances y canciones, sobresale la tan conocida de Antonio Machado, sobre el 14 de abril: «Hermoso día de sol... La canción infantil que yo oía cantar, o soñé que se cantaba en aquellas horas, lo decía de este modo:

> La primavera ha venido

41 Baroja, en la novela, insiste en decir que fue el rey quien más persistió en el inmediato fusilamiento de Galán y de García Hernández.

del brazo de un capitán.
Cantad niñas a coro:
¡Viva Fermín Galán! ».

Y esta otra aragonesa anónima:

La Virgen del Pilar dice
Que no le gusta la monarquía
Que quiere ser republicana
Como Galán y García.

También Rafael Alberti presentó su obra teatral, con estilo de romance de ciegos, que provocó un gran escándalo durante la propia representación pues mostraba a la Virgen empuñando un arma y luchado con las tropas de la sublevación en Cillas. Presentada en junio sólo, y por tal reacción, sólo duró hasta el fin de mes. El 12 de diciembre, en el primer aniversario de la sublevación de Jaca, se estrenó la película de ficción *Fermín Galán*, la cual si se representó por toda España, y tuvo su importancia; contó como un hito en la propagación del ideario republicano, puesto que honraba la hazaña de los jóvenes y mártires héroes[42]. El día de su estreno en el cine fue todo un gran acto cultural, en su libro Esteban C. Gómez, junto a un fotograma de la película, destaca:

42 Desafortunadamente, no existe copia de la película, ha quedado perdida. De aquí lo valioso del reciente libro *Fermín Galán. La película de la sublevación de* Jaca, de Ana Asión Suñer y Antonio Tausiet, con tanta detallada información sobre Fermín Galán, la película, su recepción, testimonios sobre ella y un Álbum de imágenes. Se trataba de una de las primeras películas españolas sonoras, dirigida por Fernando Roldán. José Baviera, joven popular actor en el cine de aquellos años protagonizó a Fermín Galán. Se dio el caso de que el ficticio Galán realizó lo que no quiso hacer el real, salir al exilio. Lo hizo al mexicano donde siguió su carrera de actor y protagonizando el personaje de Leandro Gómez en la célebre película de Buñuel, *El ángel exterminador*. De haberse quedado en España, posiblemente hubiera corrido la misma suerte que el real Fermín Galán, ya que peleó en defensa de la República.

> A la sección de las 12 de la noche asistió el gobierno de la República en pleno, el alcalde y numerosas personalidades y representantes del arte y cultura. Entre otros, el comunista Pablo Picasso y los poetas Rafael Alberti, Antonio Machado y Federico García Lorca (353)[43].

Es sabido el número de homenajes que se les rindieron durante la República y las atenciones que recibieron la madre de Fermín Galán, María Jesús Rodríguez, y la esposa, Ángel García Hernández, Carolina Carabias, y su hijita, María Esperanza, la cual devino un símbolo primaveral republicano[44]. No obstante, terminado el primer bienio y el giro hacia la derecha de la República, tras las elecciones de 1933, tales homenajes y asistencias fueron disminuyendo, aunque en el 34, se le concedió a Galán, póstumamente, la Laureada da San Fernando, ya solicitada en 1925. Y no digamos el completo silencio y hostigamiento que sufrió la memoria de los dos héroes republicanos durante la guerra, dentro del bando franquista; la tumba de Fermín Galán fue atacada al iniciarse la guerra por elementos fascistas y permaneció dañada largo tiempo en la posguerra, y en la dictadura, en la cual se llegó hasta a encausar al fallecido Fermín Galán por pertenecer a la Masonería. Un caso horrendo de tal saña persecutoria, lo evoca

43 Como a lo largo de mucho del libro, no se precisa de dónde procede la referencia citada, lo cual afecta algo a la ardua, sostenida, detallada y valiosa labor de Esteban Gómez sobre la vida de Fermín Galán y la sublevación de Jaca. Lo de llamar al genial Picasso comunista, no viene a que en tal listado.

44 Sobre el cariño y atención pública que tuvieron ambas y la pequeña niñita, se ocupa el reciente libro *Mujeres. Migración a la modernidad* (2020), de Sergio Sánchez Lanasca, en la sección, «Las mujeres de la sublevación de Jaca» , donde vemos, entre otras fotos, dos de Carolina Carabias y su niña, y de María Jesús Rodríguez, sentadas ante mesas, en sus respectivos hogares, rebosando con cartas y telegramas del apoyo público, y la foto de las dos mujeres acompañadas del presidente de la República, Alcalá Niceto Zamora, y su esposa, Purificación Castillo, saliendo de un funeral por los dos fusilados. También se trascribe el documento, firmado por el presidente del gobierno provisional de la República, el 15 de abril de 1931, decretando la concesión de pensiones que recibirán la madre de Galán y la viuda de García Hernández.

Arcángel Belmar en su «Hechos y perspectiva histórica de la guerra civil en Baena» [45] (Córdoba), con el testimonio recogido de Antonio Ramírez de las Morenas, referido a lo sucedido tras la entrada de una columna militar sublevada al mando del coronel Eduardo Sáenz de Burruaga, el 29 de julio de 1936. Siendo niño, Antonio presenció:

> cómo los falangistas y la guardia civil entraron en su domicilio y al ver los dos retratos de los militares Fermín Galán y García Hernández, obligan a la dueña de la casa, su abuela, que estaba paralítica a que se los comiera.

¡Aquellos retratos que, tras el 14 de diciembre de 1930, estuvieran colgados en tantísimas casas obreras, y republicanas, españolas! También añadiremos que ese olvido, tan sepulcral, en que se tuvo durante las décadas de la dictadura a las figuras de Fermín Galán y Ángel García Hernández, se mantuvo bastante posteriormente. Todavía en el 2000 y el 2001, el destacado historiador Antonio Domínguez en su libro *España. Tres milenios de Historia*, al final del capítulo «El Reinado de Alfonso XIII» , escribe: «. Saltándose las formas legales, un grupo de militares trató de acelerar el proceso mediante un pronunciamiento en Jaca que terminó con el fusilamiento de dos oficiales» (321), ¡Borrando de los «tres milenios» de la Historia de España a los gloriosos nombres Fermín Galán y Ángel García, los cuales habían sonado tanto en cientos de miles labios españoles! Afortunadamente, en letra impresa, estos nombres aparecen en ensayos y libros en el siglo XXI, con más frecuencia que en ningún momento anterior desde aquel, en que estuvieran tan presentes, entre 1930 y 1934. Y en el año 2000, José Manuel Fraile nos presentaba su labor: «La sublevación de Jaca vive aún en la memoria ma-

45 Se puede leer, pulsando el título, en el Internet.

drileña (diciembre 1930 – diciembre 2000)» [46], habiendo recogido, en Madrid y provincia, testimonios de gente que había vivido entonces, expresando los recuerdos del doloroso sentimiento que todavía guardaban por la muerte de aquellos dos jóvenes militares que se izaron por la libertad y la justicia social, y conservaban en su memoria varios de los romances y coplas que se les cantara. Nada mejor, pues, que finalizar la Introducción pasando la palabra a la calurosa voz popular, recogiendo tres de aquellas coplas y el final de un romance, indicando en el lugar donde se coleccionaron. Gente del pueblo, tan querido por Galán, que siguieron teniendo a él y a García Hernández, (y a la madre del primero y a la esposa e hija del segundo), en su recuerdo y tan en alto, mientras historiadores actuales como el ya mencionado y otros que omitimos, «fríamente», pretenden olvidarlos o rebajarlos:

García tenía una hija / que apenas sabía hablar;
va gritando por las calles / ¡que viva la libertad! (Villaconejos, Madrid.)

—¿Quiénes son esas señoras / que tan enlutadas van?
—Es la mujer de García / y la madre de Galán (Madrid, Capital)
—¿Dónde vas, Alfonso XIII /con maleta y sin gabán?
Voy en busca de la tumba / que tengo en el Escorial.
—Vete en busca de la tumba / bien empleado te está
por haber afusilado a García y a Galán. (Cuba de la Sagra. Madrid.)

Y cerramos, dejando abierta la Introducción, con los versos finales de un largo romance recitado, según señala José Manuel Fraile, «por una anciana de voz aún firme, mientras un viejecito garabateaba en el suelo con un

46 Aparece en el el Internet tal título. Está puesto allí por la biblioteca Virtual Miguel de Cervantes

bastón, era su marido, y dos lágrimas rodaban por los pliegos de sus mejillas»; lágrimas que pasamos a estas páginas por tal tragedia, pero también de alegría, pues, en ellas, y ante los lectores-as, vuelve a vivir a Fermín Galán y en su abrazo de vida con Ángel García Hernández:

> ... Dale un abrazo a mi madre
> con muchísimo cariño que
> dálselo yo no puedo.—
> Al sentil esas palabras
> del compañero Galán,
> García se emocionaba,
> de pena se dio a lloral
> —Esas palabras de madre
> me han llegado al corazón;
> mi esposa queda sin mí
> y mi hija sin su padre.—
> Se agarraron de la mano
> manda al tocal a fuego
> los sordados apuntaban
> todos disparan a una
> los dos cayeron al suelo.
> Y en sus últimas palabras
> dicen —¡Viva la República!
> (Villaconejos, Madrid.)[47]

---

47 Habría que que recordar que en la estela del padre y de Fermín Galán, sus dos hermanos Francisco (1902-1971) y José María (1904-1978) fueron militares y, tras la muerte de Fermín hermano siguieron muy fieles a su memoria e ideales. Durante la República fueron parte de la Unión de Militares Antifascistas. Y, en la guerra, vinculados al Partido Comunista, destacaron entre los organizadores del bastión militar republicando el Quinto Regimiento y tuvieron mandos en distintos frentes. Tras la derrota, salieron al exilio, Francisco a Argentina, donde también se le uniera la madre, falleciendo en Buenos Aires en 1971. Se ha escrito poco sobre su vida allí. Sería de interés saber de sus actividades y vida familiar. José María se exilió, con otros militares republicanos, en Rusia, ejerciendo actividades dentro de una de las Academias militares. Cuando la revolución cubana, marchó a Cuba, y desempeñó actividades militares, bajo el nombre de José González. falleciendo en 1978. En la Bibliografía del libro de Esteban C. Gómez, *La Insurrección de* Jaca, aparece como autor del libro, *Fermín Galán: mártir republicano español*. La Habana (Inédito). Sería

de gran interés verlo publicado. Su hijo, Fermín Galán Rubí educado en Rusia, llegando a ser un destacado psiquiatra, emigró a Hispano-América y, en el presente, es director psiquiátrico en un hospital de la Paz, Bolivia. En el 2023, entrado en sus ochenta años, junto a su hija y nieta, realizó una conmovedora visita al cementerio de su tío en Huesca, y siendo recibido con honores, por organizaciones locales.. De la hermana, María Jesús Galán, entregada a su vida familiar, no se escribe que sepamos.

Bibliografía

Alberti, Rafael. *El poeta en la España de 1931. Seguido del Romancero de Fermín Galán y los sublevados de Jaca*. Buenos Aires: Publicaciones del Patronato Hispano-Argentino de Cultura, 1942.

Albornoz, Álvaro de. *Intelectuales y hombres de acción (Problemas españoles)*. Madrid: Sociedad General Española de Librerías, 1927.

Arco López, Vicente del. *Intelectuales frente a la Dictadura de Primo de Rivera, Unamuno y el «Grupo de París»*. Tesis doctoral, Salamanca, marzo 1981.

Araquistáin, Luis. *El ocaso de un régimen*. Madrid: Editorial España, 1930.

Arconada, César. M. «figuras en proyección. Cansinos-Assens», en Rafael

Cansinos-Assens. *El movimiento V.P,* novela. Madrid: Libros Hiperión, 1978. 265-274

Arderius, Joaquín. *La duquesa de Nit* (*Los aristócratas*). Madrid: Imprenta Torregosa, 1926.

___________. *La Espuela*. Madrid: Sociedad G. De Librería, 1927. 2, ed. Murcia: ERM, 1990

___________. *El comedor de la pensión Venecia*: Madrid: Zeus, 1930

___________., y José Díaz Fernández. *Fermín Galán (Biografía política*). Madrid: Zeus, 1931.

Arias Antoraz, Inés *et alli*. *Fermín Galán en Biscarrués:la muerte de un hombre, el nacimiento de una leyenda*. Biscarrués (Huesca): Ayuntamiento de Biscarrués, 2010.

Asión Ana y Antonio Tausier. *Fermín Galán. La película de la sublevación de Jaca*. Huesca: Instituto de Estudios Aragoneses. Diputación Provincial. 2021.

Azpíroz Pascual y Fernando Elboj Broto. *La sublevación de Jaca*. Zaragoza: Guara Editorial, 1984.

Balcells, Albert. Ed. *Teoría y práctica del movimiento obrero en España* (1900-1936). Valencia: Fernando Torres – Editor, 1977.

Baroja, Pío. *El cabo de las tormentas*. Madrid: Espasa – Calpe, 1932.

Blasco Ibáñez, Vicente. *Por España y contra el rey (Alfonso XIII, desenmascarado)*. Paris: Biblioteca del Pueblo, 1925.

Bassolas, Carmen. *La ideología de los escritores. Literatura y política en La Gaceta Literaria (1927-1932)*. Barcelona: Editorial Fontamara, 1975

Barbusse, Henri. *Manifest aux Intellectuals*. París: Les écrivants reunis, 1927.

___________. *The Spanish Omnibus*. Traducción Warre B. Wells. Notas biográfícas, Julián G. Gorkin. London: Eyre and Spottiswoode Publishers, 1932.

Bravo Cela, Blanca. «Actualidad del grupo del Nuevo Romanticismo». *Literatura y sociedad, el papel de la literatura en el siglo XX*. Segundo Congreso Nacional de Literatura y Sociedad. Coruña, 2001 377-388.

Bonet, Juan Manuel. Comisario. *Catálogo. Revista de Occidente o la modernidad española.* Exposición (Biblioteca Nacional de España (2 / III / 2023 – 4 / VI / 2023).

Bueno Morillas, Luis Fernando. «El desencuentro de los narradores del nuevo romanticismo en (y con) las historias literarias». *Imposibilia*. Revista Internacional de Estudios Literarios. N. 18 (30-11-2029): 186- 211.

Buñuel, Luis. *Mi último suspiro (Memorias)*. Barcelona: Plaza & Janés, 1982.

Busquets, Julio y Juan Carlos Losada. *Ruido de sables. Las conspiraciones militares en la España del siglo XX*. Barcelona: Crítica, 2003.

Cansinos, Asséns, Rafael. *La nueva literatura IV. La evolución de la novela* (1917-1927)

___________. *La novela de un literario, 3. (Hombres- Ideas- Efemérides-Anécdotas)*. 1923-1926. Edición preparada por Rafael M. Cansinos, Madrid: Editorial Alianza, 1995, 1996.

Caudet, Francisco. *Las cenizas del Fénix. La cultura española en los años 30*. Ediciones de la Torre: Madrid, 1993.

___________. «Una generación literaria neoromántica». *Los orígenes culturales de la II República*. Ed. José Luis García Delgado. Madrid: Siglo XXI, 127- 147.

Civantes Urrutia, Alejandro. «La izquierda radical en la crisis de la monarquía». *Una generación perdida*. 75-86.

Clavel, Vicente. Capitán Claridades. *Fermín Galán y su Nueva Creación*. Barcelona: Editorial Cervantes, 1931.

Cobb, Christopher. *La cultura y el pueblo. España 1930-1939*. Barcelona: Editorial Laia, 1980.

Colette y Jean Claude Rabaté. *Unamuno contra Miguel Primo de Rivera. Una incesante desafío a la tiranía*. Galaxia Gutemberg: Barcelona, 2023.

Corral, Pedro. *Lo que no estaba en mi libro de la Guerra Civil*. Córdoba: Editorial Almuzara, 2019,

Cuartero Escobes, Susana. «José Rizal y Fermín Galán. Dos mitos de la masonería española del siglo XX». *La Masonería en la España del siglo XX*. Vol. 2. José Antonio Ferrer Benimelli (Coordinador). Toledo; Universidad de Castilla, 1996. 211-226.

Estebán, José. y G. Santoja. *Los novelistas sociales españoles (1928-1936). Antología*. Barcelona: Anthropos, 1988.

Díaz Fernández, José. *El blocao*. Madrid: Historia Nueva, 1928. 3 ed. Prólogo de Víctor Fuentes. Ediciones Turner. Madrid, 1976,

__________. *La Venus mecánica*. Madrid: Ediciones Oriente, 1929.

__________. «Un novelista de la postguerra». Prólogo a *Los príncipes iguales,* de Joaquín Arderius. 2 ed. Madrid: Historia Nueva, 1930.

__________. *El Nuevo Romanticismo. Polémica de arte, política y literatura*. Madrid: Zeus, 1930.

__________. *Crónicas de la guerra de Marruecos* (1921-

1922). *Antología*. Ed. José Ramón González. Gijón: Ateneo Obrero, 2004.

Díaz Sandino, Felipe. *De la Conspiración a la Revolución* 1929-1937. *Ensayo- Biografía*. Madrid: Libertarias, 1990.

Domingo, Marcelino. *¿A dónde va España?* Madrid: Historia Nueva 1929. 2ed. 1930.

Escoriaza, Teresa de. *Del dolor de la guerra*. Madrid: Pueyo, 1921.

___________. *El crisol de las razas*. Madrid: Prensa-Moderna, 1929.

Fernández Riera. Vicente. *Xauen 1924. La campaña que evitó un nuevo Annual*. Madrid: Almena Ediciones, 2013.

Ferrerons Ramón y Antonio Gascón. *El Esquinazau, perfil de un luchador*. Madrid: Umali, i981.

Fontenla Ballesta, Salvador. *La Guerra de Marruecos* (1907-1927). Historia

completa de una guerra olvidada. Madrid: La Esfera de los Libros, 2017.

Fraile, Gil, José Manuel. «La sublevación de Jaca todavía vive en la memoria madrileña». *Revista de Folklore*. N. 240 (2000): 196-203.

Fuentes Aragonés, Juan Francisco y José Luis Fernández y González. «Anatomía de un instante y un lugar: Puerta del Sol, Madrid, 14 de abril 1931». *Ariadna. Historica. Lenguajes, conceptos, metáforas 8* (2019): 9-38.

Fuentes, Victor. *La marcha al pueblo en las letras españolas* 1917-1936. Madrid: Ediciones de la Torre, 1980. 2ed. 2005

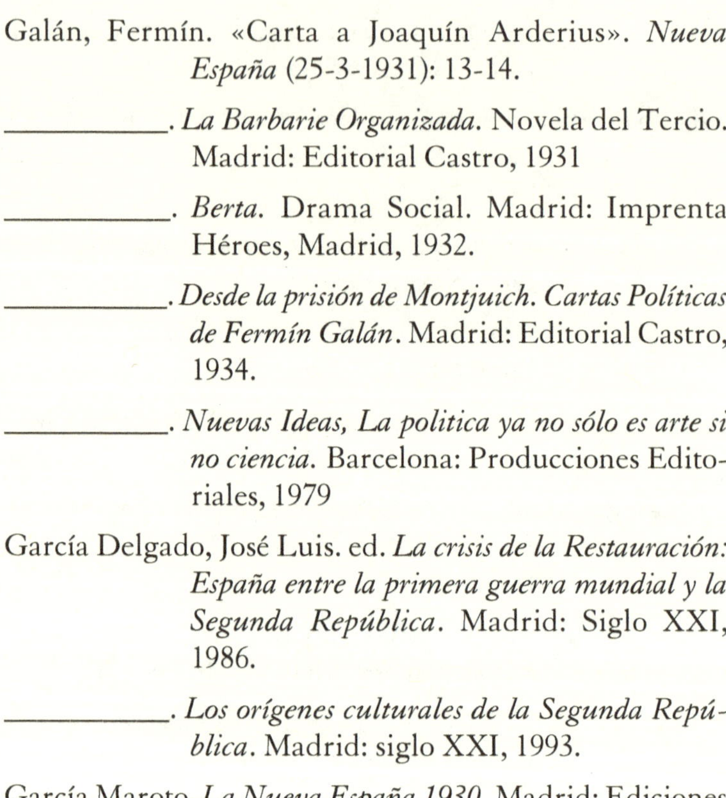

Galán, Fermín. «Carta a Joaquín Arderius». *Nueva España* (25-3-1931): 13-14.

———. *La Barbarie Organizada.* Novela del Tercio. Madrid: Editorial Castro, 1931

———. *Berta.* Drama Social. Madrid: Imprenta Héroes, Madrid, 1932.

———. *Desde la prisión de Montjuich. Cartas Políticas de Fermín Galán*. Madrid: Editorial Castro, 1934.

———. *Nuevas Ideas, La politica ya no sólo es arte si no ciencia.* Barcelona: Producciones Editoriales, 1979

García Delgado, José Luis. ed. *La crisis de la Restauración: España entre la primera guerra mundial y la Segunda República*. Madrid: Siglo XXI, 1986.

———. *Los orígenes culturales de la Segunda República*. Madrid: siglo XXI, 1993.

García Maroto. *La Nueva España 1930.* Madrid: Ediciones Biblo, 1927. 2ed. Madrid: Tecnos, 1988.

García Queipo de Llano, Genoveva: *Los intelectuales y la dictadura de Primo de Rivera*. Madrid: Alianza Editorial, 1988.

Gascón, Antonio. *Los Estudiantes*. Reportaje. Madrid: Editorial Castro, 1931.

Giménez Siles, Rafael. *Retazos de vida de un obstinado aprendiz de editor, librero e impresor*. México: Rafael Jiménez Siles, 1981.

Gómez, Esteban. C. *La insurrección de Jaca. Los hombres que trajeron la Republica*. Barcelona: ESCEGO, 1996.

___________. *El eco de las descargas, Adiós a la esperanza republicana*. ESCEGO: Barcelona: 2002.

Gómez Fernández, Ramiro. *La dictadura me honró encarcelándome*. Prólogo del general Aguilera. Madrid: Javier Morata, editor, 1930.

Gómez Molleda, María Dolores. *La Masonería en la crisis española del Siglo XX*. Madrid: Taurus, 1986.

González Calleja, Eduardo. *El Mauser y el Sufragio. Orden público, subversión y violencia politica en la crisis de la Restauración (1917-1931)*. Madrid: Consejo Superior de Investigaciones Científicas, 1999

___________. *La España de Primo de Rivera. La modernización autoritaria. 1923- 1930*. Madrid: Alianza Editorial, 2005.

Gramsci, Antonio. *Cultura y literatura* (Selección, Prólogo, Jordi Solé- Tura). Barcelona: Península, 1976.

Guzmán, Eduardo de. *1930, Historia política de un año decisivo*. Madrid: Ediciones Giner, 1973.

Iglesias, Celedonio. *La censura por dentro*. Madrid: CIAP. 1930.

Jarnés, Benjamín. «Nueva quimer del oro». *Revista de Occidente,* 23 (1929): 118-123.

Jiménez de Asua, Luis. *Al servicio de la nueva generación* Madrid: Javier Morata, 1930.

Jiménez, Madrid Ramón. «Del yo al compromiso: Joaquín Arderíus». *El cuento en Murcia y otros ensayos*. Murcia: Universidad de Murcia. Servicio de Publicaciones, 2006. 97-115.

Jové, Xavier. *La revista «Post-Guerra», la generatió de 1930 i la recepción alemanys en les editorials d'avançada*. Tesis doctoral. Universidad de Barcelona, 2010.

Leal, Antonio y Juan Antonio Rodríguez. *Para la historia: lo que no se sabía de Fermín Galán*. Barcelona: Jaime Petit imprenta, 1931.

Lobera, Miguel. *La sublevación de Jaca: capitanes del frío*. Zaragoza: Gobierno de Aragón, 2007. Libro DVD.

López Campillo, Evelyne. «La escuela y la enseñanza». *Los felices años veinte*. 91-111.

López de Abiada, José Manuel. *José Díaz Fernández: narrador, crítico, periodista y político*. Bellinzona; Casagrandem 1980.

López Ochoa, Eduardo. *De la Dictadura a la República*. Prólogo de Eduardo Ortega y Gasset. Madrid: Editorial Zeus, 1930.

López Rey, Jesús. *Los estudiantes frente a la Dictadura*. Madrid: Javier Morata, 1930.

Luis Martín, Francisco de. «La juventud rebelde frente a la Dictadura: *El Estudiante*» entre Salamanca y Madrid». *Cincuenta años de cultura obrera en España*. Madrid: Editorial Pablo Iglesias, 1994. 284-298.

Madrid, Francisco. *Los desterrados de la dictadura*. Madrid: Editorial España, 1930.

Madrigal Pascual, Arturo Ángel. *Arte y compromiso. España 1917-1936*. Madrid: Fundación Anselmo Lorenzo, 2002.

Mainer, Carlos. *La Edad de plata (1902- 1939)*. Madrid: Cátedra, 1975.

___________. «Notas sobre la lectura obrera en España (1890-1930). *Teoría y práctica del movimiento obrero en España* (1990-1936). 173-239.

Malaxecheverría, Coro. *El impacto del Expresionismo en la narrativa de Joaquín Arderíus.* Tesis doctoral. U.M. I, 1984.

Mangini, Shirley. *Las modernas de Madrid: las grandes intelectuales españolas de vanguardia*. Madrid: Ediciones Península, 2004.

Martínez Rus, Ana. *La Política del libro durante la Segunda República: socialización de la lectura*. Gijón: Ediciones Trea, 2003.

Marco Miranda, Vicente. *Las conspiraciones contra la Dictadura, relato de un testigo*. Madrid: Hijos de Tomás Minuesa, 1930.

Manuela, María. «Colonialismo, género y periodismo. Cuatro mujeres españolas en las guerras de Marruecos (1909-1927). Carmen de Burgos, Consuelo González Ramos, Teresa Escoriaza y Margarita Ruiz de Lihory». *Clepsidra*: revista de estudios de género y teoría feminista (Universidad de la Laguna) 12 (2013): 11- 42.

Maurois, André. *Aspects de la biographie*. Paris: Grasset, 1928.

Mola, Emilio. *Tempestad, Calma, Intriga y Crisis. Memorias de mi paso por la Dirección General de Seguridad*. Madrid: Librería Bergua, 1932.

Muela Acosta, José. *La narrativa de Joaquín Arderíus*. Tesis doctoral, Murcia: Universidad de Murcia, 1977.

Nora, Eugenio. «La novela social de preguerra». Cap. IX. *La novela española* contemporánea. Tomo segundo. Madrid: Editorial Gredos, 1963. 437-434.

Oña Fernández, Juan José. *Los años convulsos: el fotógrafo Alfonso y la sublevación de Jaca (1923-1932).* Jaca (Huesca): Pirineum, 2008.

Orts Ramos, A y F.Caravaca. *Biografía de Fermín Galán y Ángel García Hernández.* Barcelona: Casa Editorial Maucci, 1931.

Palenque, Marta. «Ni Ofelias ni Amazonas, sino seres completos. Aproximaciones a Teresa de Escoriaza». *Arbor.* Vol. CLXII. N. 719 (mayo - junio 2006): 363-276.

Poulaille, Henry. *La littérature et le peuple.* Les Amis d'Henry Poullaille & Plein Chant, 2003.

Purkey, Lynn C. *Spanish Reception of Russian Narratives, 1905-1939.* Woodbrigde: Tamesis, 2013.

Ruiz, Salvador, Antonio. *Ateneo, Dictadura y República.* Valencia: Fernando Torres, 1977

Salaverría, José María. *Instantes. Literatura. Política. Costumbres.* Madrid: Espasa-Calpe, 1927,

Sánchez Lanaspa, Sergio. «Las mujeres de la Sublevación de Jaca» (1930- 1934). El voto femenino». *Mujeres migración a la modernidad. El siglo XX en el Pirineo aragonés.* Jaca: Pirineum Editorial, 2020. 101-110.

Santoja, Gonzalo. *Del lápiz rojo al lápiz libre. La censura previa de publicaciones periódicas y sus consecuencias editoriales durante los últimos años del reinado de Alfonso XIII.* Barcelona: Anthropos, 1986.

Sediles Moral, Salvador, ¡*Voy a decir la verdad*! Madrid: Zeus, 1931.

Serrano, Carlos y Serge Salaün. Eds. *Los felices años veinte. España, crisis y modernidad*. Madrid: Marcial Pons, 2006.

Tuñón de Lara, Manuel. *La España del siglo XX (1914-1939)*. 2ed. París: Librería española, 1973.

___________. *Medio siglo de cultura española* (1885-1936). Madrid: Siglo XXI.

___________. «La revista *Nueva España:* una propuesta de intelectuales de izquierda en vísperas de la República». *La crisis de la Restauración. España entre la Primera Guerra mundial y la República*. 403-413.

Tusell, Javier y Genoveva G. Queipo de Llano. «La radicalización de los intelectuales jóvenes» (Capítulo 5). *Los Intelectuales y la República*. Madrid: Editorial Enea, 1990. 67-92.

Ucelay Da Cal, Enique. *Macià i se temps*. Barcelona: Diputación de Barcelona, 1985.

Urales, Federico (Juan Montseny). *El Castillo Maldito*. Lucienne Domergue Marie Laffranque. Étude préliminaire. Toulouse: Presses Universitaires du Mirail, 1992.

Venegas, José Antonio. *Andanzas y recuerdos de España*. Montevideo: Feria del Libro, 1943.

Vicente Hernando, César de. Ed. *Una generación perdida*. El tiempo de la literatura de avanzada (1925-1935). Doral, Florida: Stockcero, 1913.

__________. «La obra de Fermín Galán: una Filosofía de Avanzada». *Una generación perdida*. 87-101.

Vicién, Enrique. *La república que maduró* (novela sobre la sublevación de Jaca). Zaragoza: Doce Robles, 2020.

Vidarte, Juan-Simeón. *No queríamos al rey. Testimonio de un socialista español*. Barcelona - Buenos Aires – México: Ediciones Grijalbo, 1977

Vilches de Frutos, María Francisca. *Introducción a Joaquín Arderíus, novelista del Nuevo Romaticismo*. Tesis de Licenciatura. Universidad Complutense, Madrid, 1977.

__________. "El subjetivismo como constante vital en la trayectoria de Joaquín Arderíus". *Cuadernos de Filología Hispanica III* (1984): 141-181.

Obras de Joaquín Arderius

Mis mendigos (Agotada).

Así me fecundó Zaratustra (2.a edición). Yo y tres mujeres.

Ojo de brasa.

La Duquesa de Nit.

La espuela (2.a edición).

Los príncipes iguales (2.a edición).

El baño de la muerta.

Justo el evangélico.

Los amadores de Marqueses.

El comedor de la Pensión Venecia.

Obras de José Díaz Fernandez

El blocao (Novela de Marruecos).

La venus mecánica (Novela).

El nuevo romanticismo (Ensayos).

Vida de Fermín Galán

biografía política

Madrid
Editorial Zevs, S. A.
Alcalá, 10

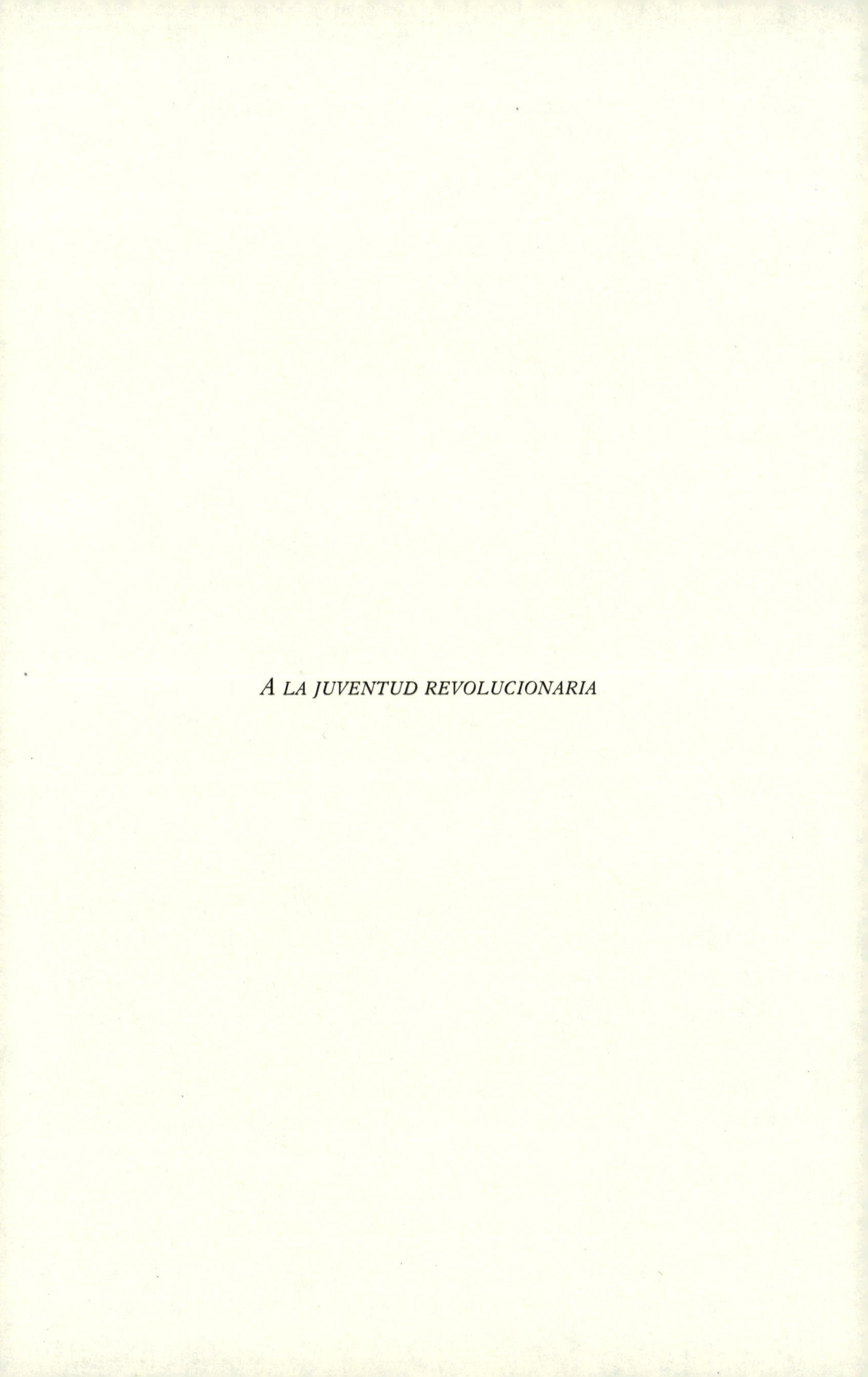

A la juventud revolucionaria

Prólogo

Este no es un libro de circunstancias. Aparece ahora, cuando el industrialismo, la retórica y la incomprensión picotean vorazmente en la figura de Galán, porque no hemos querido que hechos y recuerdos se enfriasen en nuestra memoria. Ningún escritor profesional, más que nosotros, ha tenido la fortuna de vivir en íntima relación con Fermín Galán durante los siete años escasos de su actuación política. Nadie, pues, será capaz de aportar en un libro literario mejores datos de su carácter y de su espíritu incomparable; nadie puede ofrecer una documentación psicológica más completa que la que se presenta en esta obra. Camarada único que compartía con nosotros los mismos ideales y la misma ambición, su amistad representa en la breve biografía de los autores el título más alto y el recuerdo más duradero. Ninguna gloria posible puede compararse a la de haber gozado de la amistad estrecha de uno de los espíritus más puros y egregios de nuestra raza.

Debíamos a Galán este libro; nos lo debíamos a nosotros mismos, a nuestro corazón que jamás ha de curarse del dolor de perderlo. Pero no solamente para él y para nosotros está escrito. Ha sido hecho en servicio de nuestra generación, de la cual era síntesis y emblema el fusilado de Jaca. Porque Fermín Galán no es, como creen muchas gentes, el militar frenético de un momento en cuya gallardía cuaja la inquietud española de los últimos años. No es tampoco el utopista candoroso que se lanza a reformar la vida humana desde un rincón del Pirineo sin otro plan que la abstracción de un sueño, ni otra ayuda que la de un grupo de hombres contagiados de su propia exaltación. Galán es un producto de nuestro tiempo, un exponente de la juventud revolucionaria que en el punto de intersección de dos épocas, cuando muere una cultura y amanece un nuevo orden social, (quiere actuar con decisión y con urgencia. A raíz de su condena hemos tenido que oír contra él los mayores insultos y las más pestilentes necedades. Pluma tan repugnante como la de Maeztu[48] *se atrevió a injuriar las ideas de un hombre que acababa de dar la vida por ellas. ¡Cómo era posible que comprendiese a Galán uno de esos intelectuales traidores tan felizmente definidos por Julien Benda*[49]*! A Galán le comprenden los revolucionarios de veinte a treinta años, los que divorciados de una sociedad sin ritmo, quieren afirmar la vida sobre un eje de justicia. Pero no fué sólo la barbarie reaccionaria quien quiso destrozar la gloria de Galán. Algunos de los hombres colocados circunstancialmente en su misma línea de lucha quisieron reprobarle el fracaso de la revolución de diciembre. Esta ingratitud ha de pagarse cara ante la historia. Galán es el creador de la República, el único que supo cumplir sus compromisos revolucionarios. ¡Bien se ha visto que los únicos militares sublevados fueron los comprometidos de Jaca! Sin embargo, ¿por qué ha de ocultarse? Fermín Galán no soñaba con una República como la del 14 de abril, con una República llena de timideces y reservas, filtrada de un monarquismo clandestino que será su ruina si las fuerzas políticas más avanzadas no consagran desde el Poder la revolución. Para Galán, como para nosotros, la República no es más que el punto de partida. A nuestra generación no le importa nada que desaparezca el rótulo de un régimen; lo que le importa es que se hunda el régimen y que España contribuya en la medida de sus fuerzas a que se edifique una nueva humanidad. A Fermín Galán no le*

---

48 Ramiro de Maeztu (1874-1936), destacado ensayista de la Generación del 98, de visos radicales y socialistas en sus comienzos, posteriormente, devino ultraconservador, acérrimo defensor de la Dictadura de Primo de Rivera y opositor de la proclamada República.

49 Famoso pensador y ensayista francés, (1857-1956). Se refieren a su libro *La trahison des clercs* (1927), en el cual denuncia a los intelectuales que se pliegan al servicio ideológico del Poder. establecido.

fusiló solamente la justicia monárquica, le fusilaron los grandes intereses feudales, la plutocracia, la banca, el caciquismo y el clero. Esto es verdad aunque no lo parezca a primera vista. Cuando Alfonso de Borbón pedía el fusilamiento por teléfono diciendo: «¡Qué se espera! Hay que escarmentar a la canalla»[50]*; cuando Berenguer, con su gobierno de abogados, duques y capitalistas exigía el asesinato de Galán, no interpretaban sólo el sentir de la política monárquica; querían, con la muerte de aquel capitán de treinta años, ejemplarizar a toda una generación revolucionaria, cuyo ideal rebasaba el problema de una forma política de Gobierno. Por eso el crimen sigue sangrando en el costado de la generosa juventud española. ¡Nos han quitado a Galán, nuestra esperanza de estos años, el hombre dispuesto a dedicar su inteligencia y su corazón a las ideas!*

Para que el ejemplo de Galán tenga mayor resonancia, para que su perfil interior se acerque un poco a la figura que ya no volverá a circular entre nosotros, hemos escrito esta Vida de Fermín Galán. El libro ha sido concebido antes de la caída de la Monarquía y bajo aquel régimen despótico estábamos dispuestos a publicarlo, aunque tuviésemos que añadir nuevos meses de cárcel a los que ya sufrimos a lo largo de la dictadura. El lector observará que nuestra biografía alcanza solamente los años de actividad política del héroe. En realidad, son los únicos que interesan; los únicos que también a él le interesaban. La vida del hombre no se mide por extensión, sino por intensidad. Pudimos fácilmente evocar la infancia de Galán desde que nace en San Fernando hasta que, casi un niño, in-

---

50 Aunque no fueran exactas taless palabras del Alfonso XIII, ni las posteriores de Berenguer, lo que sí está claro es que no hicieron nada para detener el fusilamiento, el cual aprobaron, a pesar de que varias voces cercanas al Gobierno pidieran clemencia. Como bien resumíera Tuñón de Lara: «No creyó oportuno Berenguer intervenir en lo más mínimo para evitar ejecuciones. Mucho se ha hablado y discutido sobre la conducta del Rey y los ministros en aquellas veinticuatro horas. Hoy parece comprobado que se limitaron a no mover un dedo» (*La España del siglo XX*, 208).

gresa, en la Academia de Infantería. Pudimos también describir con más detención sus años de militar en África, donde logró las más altas recompensas y justificó su fama excepcional de guerrillero y estratega. Porque la vida de Galán, nacida para el gran destino de la historia, es una vida solitaria y grandiosa. Su breve juventud se desgrana a solas, lejos de las gracias del mundo. Desde la Academia marcha a Marruecos y allí vive en el campo durante seis años, destinado en remotas posiciones. Viene a España y a los pocos meses le encierran en San Francisco, para trasladarlo a Montjuich, donde permanece preso cerca de cuatro años. Antes de cumplirse el año de su amnistía, le acribillan las balas del pelotón. ¡Existencia extraordinaria que por si sola estremece el espíritu! En sus días de libertad sentado cerca de nosotros, dijérase que tenía prisa por morir. El mundo se le escapaba por entre sus manos enérgicas, ávidas de fervor y de proyectos. En la prisión, en la calle, en el café, repetía: «Donde esté me sublevo». Tenía tal confianza en sí mismo que a veces daba miedo su obstinación. Contra lo que opinan quienes le juzgan ligeramente, Galán era una enorme capacidad revolucionaria. Su fuerza proselitista arrastraba con frecuencia a quien le oía; había tanta sinceridad en sus palabras que infundía en todos confianza y valor. ¿Por qué este revolucionario integral, organizador excelente, político cauto y reflexivo, guerrillero sin par, fue vencido tan fácilmente en Cillas? ¿A qué se debe su instantánea decisión de evitar la lucha? Aparte del estado calamitoso de su tropa y de la superioridad de las fuerzas monárquicas, influyó en él un estado psicológico especial que hemos querido apuntar en este libro. En Galán había dos hombres a veces contradictorios: el místico social y el hombre de acción. Formado en el idealismo libertario, su última época había acentuado en él un respeto extraño a la vida humana. Todas sus resoluciones nacían tras un laborioso proceso moral, que en el episodio de Cillas no le hizo pensar más que en su propio sacrificio. Se puede afirmar, sin embargo, que si él se entrega principalmente para evitar la responsabilidad de los restantes camaradas, no olvida el valor político de su muerte. Muere con valentía y sobriedad incomparables, no sólo por el afán de sentirse digno de sí mismo, sino para ennoblecer la causa de la revolución.

Todas las escenas de este libro responden a la más estricta realidad. A veces hemos logrado reconstruir incluso los diálogos de Fermín Galán y de cuantos intervienen en los sucesos. Todos los personajes que desfilan por la obra son auténticos y pertenecen a un censo revolucionario que todavía está por hacer. No los encontraréis, desde luego, en los cargos de la República. Muchos de ellos aparecen con nombres inventados por nosotros, no sólo por exigible discreción nuestra, sino porque el propósito de este libro no es otro que el de fijar la trayectoria vital y psicológica de Fermín Galán. El frío oficio de los historiadores está muy lejos de nuestra vocación. Escribimos con la voluntad libérrima del artista, no sin comprometernos de antemano a la veracidad de la observación y de los hechos. Este mismo designio nos ha obligado a sintetizar hasta el máximum las escenas de la sublevación de Jaca, que por demasiado conocidas no suscitaban el interés literario.

Casi todas estas páginas están escritas con tanto dolor, tan acendradas en el sufrimiento que es muy posible que a veces carezcan de una esencial objetividad. A solas con Fermín Galán, hemos seguido la línea recta de su vida. Para él no esperamos otra justicia que la que pueda otorgarle la Historia. Estaba tan por encima de sus contemporáneos, que quizá no sea posible ninguna interpretación intelectual de sus actos. Su gloria mejor está en ese pueblo que ya le canta en romance; en esos obreros que compran su retrato en los puestos de periódicos; en esas muchachas que hacen de su efigie un prendedor para el pecho. Fermín Galán, que amaba tanto al pueblo, no querría, sin duda, otro homenaje. Seguramente, a la hora de morir, no le importó tanto la ingratitud de Berenguer como la inconsciencia de aquellos soldados que le apuntaban con sus fusiles. ¿Por qué no sonó entonces la voz mágica de la verdadera justicia ¿Por qué no se oyeron las únicas palabras que debieron oírse?

«¿Vais a disparar, soldados, hijos del pueblo, contra ese hombre de pulso fuerte que ha sufrido tanto por vosotros? ¿Seréis capaces de abatir al héroe que quiso restablecer para vosotros la justicia? ¿No veis que entre tanta cobardía y tanta flaqueza él sólo se atrevió a ofrecer la vida por vuestro bien?¡Qué dirán vuestros padres ante este crimen! Vuestros padres que cultivan las tierras para el rico. Vuestras hermanas que venden la leche de sus pechos para amamantar la tiranía. Vuestras madres que lloran en vuestras noches de centinela y sufren, a solas, en las negras cocinas, la cólera inclemente de la pobreza.»

I

En un coche de primera del tren de Algeciras, viajaba una mañana de octubre de 1924 un hombre cetrino, de mirada circunfleja y vientre benévolo y burgués. A primera vista, dijérase que se trataba de un comerciante con negocios de aprovisionamiento en Marruecos, o, por lo menos, de un avezado comisionista que trabajaba en las plazas africanas algún artículo de colocación fácil y pingüe rendimiento. Pero esto, a primera vista. Porque observando con cierta atención al viajero, sus ojos, tras el parapeto de los lentes, exhalaban con intermitencias destellos de inquietud y de malicia. Había en su mirada ese rincón misterioso e intranquilo del hombre que vive desde hace tiempo desconfiado y alerta. Esta impresión era, sin embargo, demasiado sutil para los restantes compañeros de ruta: dos militares jóvenes, destinados sin duda a servir en el ejército expedicionario; un cosechero andaluz que había empleado parte de la noche en hablar gárrulamente de la guerra a base del cambio de «*er Peñón por Ceuta*»[51], y una dama de ojos verdes, muy pintada, esposa de algún oficial en campaña, que durante el trayecto había dialogado alter- nativamente con el espejo de mano y con sus compañeros de viaje.

El mozo del restorán anunció el desayuno, y los viajeros, después de limpiarse las telarañas del sueño, desfilaron hacia el coche-comedor. El hombre cetrino se levantó el último y salió también, no sin echar una ojeada a la maleta de cuero que ocupaba la rejilla de su asiento. La

---

51 «er», por «el», en el habla popular andaluza. Se refiere al Peñón de Gibraltar bajo dominio británico.

mañana era espléndida, y el tren, negro, soltando de vez en cuando chispas como estrellas, dijérase un trozo de noche atrasado, que corría a su guarida sobre el campo verde, ocre y azul. El viajero se dispuso a ocupar una mesita solitaria en el comedor, cuando oyó una voz a su espalda:

—¡Vila! ¡Señor Vila!

Vila volvió la cabeza y se encontró con un hombre calvo, de rostro hepático, que desayunaba en unión de una mujer insignificante. A Vila no debió agradarle demasiado el encuentro, porque estrechó la mano de su interlocutor con manifiesta frialdad:

—¡Hola, Martínez!

—Va usted al moro, ¿eh? Algún negociejo que ha caído por allí. –dijo Martínez, tras un guiño significativo.

—¡Bah! Poca cosa –respondió Vila, sentándose de espaldas a la pareja, sin pedir siquiera disculpa.

—Pues yo voy a Gibraltar para que ésta conozca aquello. Y a don Alejandro[52], ¿le ve usted mucho?

—Sí; alguna vez le veo.

—Es un *punto* formidable. Vale más que todos los políticos juntos.

Vila no contestó. Era evidente que deseaba sustraerse a la curiosidad de aquel amigo inoportuno. Tomó el café apresuradamente, bizqueando con desconfianza mientras observaba a Martínez por el espejo. A los diez minutos estaba ya en pie, despidiéndose:

—Hasta la vista, pues. Me voy al vagón.

---

52 Apunta la frase a la vinculación del tal Baldomero Vila con Alejandro Lerroux (1864-1949), renombrado político republicano, muy activo en los medios obreros catalanes a principios del siglo, jefe del Partido Radical Socialista, figura destacada en las conspiraciones contra la Dictadura de Primo de Rivera y a favor de la llegada de la República. Aunque, posteriormente, tras el primer bienio, figuró en gobiernos que trataron de anular las medidas progresistas que se habían llevado a cabo. Terminó siendo muy desprestigiado.

—Adiós, don Baldomero. Tengo ganas de que hablemos un rato. ¿Ya no va usted por Platerías[53]?

—Sí; alguna vez voy a tomar café.

—Bien. Pues allí nos veremos.

Vila regresó a su departamento antes de que lo hicieran los demás viajeros. A toda prisa descolgó la maleta y extrajo de ella dos voluminosos paquetes que arrojó sin vacilar por la ventanilla. Volvió a dejar la maleta en su sitio y se sentó, pacífico y mesurado, con las manos cruzadas sobre el abdomen. Momentos después el policía del tren le llamaba al pasillo:

—¿Don Baldomero Vila?

—Yo soy; sí, señor.

—No tengo más remedio que registrarle el equipaje.

—¿Cómo? –repuso Vila, al parecer muy sorprendido–. Yo soy una persona honorable. Un caballero.

-—No lo dudo; pero he recibido indicaciones que tengo que cumplir.

—Pues no llevo más que esa maleta. Véala usted.

La bajaron entre los dos, y Vila abrió la maleta. El agente fue registrando prenda por prenda, sin encontrar nada sospechoso. Los viajeros que llegaban del restorán observaban, intrigados, la minuciosa investigación. Cuando el policía se convenció de que allí no había más que ropa, le dijo:

—Puede usted cerrar.

Vila obedeció, y después salieron ambos al pasillo.

El agente sacó una petaca y ofreció pitillos a Vila:

—Muchas gracias; no fumo.

—Pues en algo hay que pasar el tiempo –declaró, mientras encendía un cigarro–. Figúrese usted; cada dos

53 Uno de los famosos Cafés madrileños de tertulias políticas y literarias, desde mediados del siglo XIX hasta principios de los años 40 del XX. De él, Luis Buñuel escribió: «Las únicas discusiones políticas en las que yo participaba –quizá fueran las únicas— eran las de la peña del Café de Platerías de la Calle Mayor» *Mi último suspiro (Memorias)*, 58.

días en el tren. Es un servicio perro.

Y luego, con voz conciliadora:

—Usted no estará enfadado conmigo, ¿verdad?

—No, hombre; usted cumple con su deber –repuso Vila–. Pero en este caso es un exceso de precaución.

—Es que, ¿sabe usted?, con esto de la Dictadura hay mucho chivato. No nos dejan vivir. Con decirle que hasta la Policía está vigilada...

—Ya, ya comprendo.

—No cabe duda que en el caso de usted ha habido una mala interpretación. Se puede ser amigo de una persona, y no tener nada que ver con ella.

—Es claro.

—Aquí, para *inter nos* –agregó el agente bajando el tono–, le aseguro que esto acabará muy mal. Eso de África no tiene remedio.

La sonrisa de Vila fue tan irónica que el policía comprendió que tenía enfrente un hombre mucho más astuto que él. Pero aún insistió:

—Usted va a Ceuta, ¿eh?

—Sí, señor. A Ceuta y a Tetuán. Queremos montar allí un negocio...

—¡Ah, vamos! Pues aquello no está muy bien ahora para los negocios. El otro día llegaron los moros hasta el Casino Militar de Tetuán. Esto se lo digo a usted en confianza...

—El nuestro es un asunto de aviación civil. Tiene poco que ver con la guerra.

—De todos modos..., no metería yo dinero en esa tierra. Un día se lo lleva todo el diablo, como en Annual[54].

A pesar de la locuacidad del policía, Vila no aban-

54 El Desastre de Annual, la mayor catastrófica derrota de las tropas españolas en la guerra de Marruecos. En la retirada hacia Melilla, entre el 22 de en junio y el 9 de agosto de 1921, sufrieron un saldo de unos 13 mil soldados muertos, centenares de heridos y muchos prisioneros.

donaba su aire cauteloso y hermético. Después del encuentro con Martínez, el incidente era inevitable. Martínez, antiguo lerrouxista, se había hecho confidente de la Policía y vigilaba con frecuencia a sus antiguos correligionarios. Indudablemente, él le había denunciado al agente del tren, y sospechando la delación, Vila se había apresurado a deshacerse de los manifiestos que llevaba en la maleta. Esa era, en realidad, la razón de su viaje. No se explicaba, sin embargo, la presencia de Martínez en el convoy; tenía la seguridad de que hasta Córdoba nadie había seguido sus pasos. Quizá Martínez se dirigiera, efectivamente, a Gibraltar, y su encuentro fuera sólo una sencilla coincidencia. Ya sin los documentos comprometedores, no le importaba a Vila la vigilancia policíaca. Era una contrariedad llegar a Marruecos sin aquel material revolucionario; pero ya estudiaría los medios para recibir allí una nueva remesa. A él lo que le interesaba era establecer contacto con la oficialidad de África, disgustada por los planes del dictador, y aprovechar el fermento de rebeldía con fines políticos. Lerroux había encargado a Vila esta difícil misión. Porque Vila era un hombre de Blasco[55], uno de aquellos republicanos legendarios que le habían visto batirse a pistola en las calles de Valencia[56], pronunciar discursos violentos y escribir después en mangas de camisa las

55 Vicente Blasco Ibáñez (1867-1928), novelista y destacado militante republicano valenciano en el período de entre siglos. Lo que se dice de sus novelas, apunta a *La barraca* (1898) y *Entre naranjos* (1900), novelas valencianas, de corte naturalista y social, muy populares. Su posterior novela sobre la I Guerra Mundial, *Los cuatro jinetes del Apocalípsis,* en inglés, tuvo un fenomenal éxito en Estados Unidos Según la Publisher Press fue el libro más vendido en 1919, más de 200.000 ejemplares. En los años 20 y viviendo en Francia, y hasta su muerte, fue un gran opositor de la Dictadura, publicando sus tan difundidos folletos: *Una nación secuestrada* (*El terror militar en España*), 1924, y *Por España y contra el rey (Alfonso XIII, desenmascarado)*, 1925.

56 Sería valioso saber el nombre real de Baldomero Vila, si éste no lo fuera, pues respaldaría todo lo que se cuenta sobré él en la narración. Sí es un hecho histórico que Lerroux se interesó en fomentar tales contactos con la joven oficialidad en Marruecos.

lujuriantes novelas de los naranjales y los mercados.

Vila abrió la ventanilla, por donde entraba la brisa, más áspera y más tensa a causa de la proximidad del mar. El agente, cansado de la infructuosa investigación, abandonó el coche quizás para participar a Martínez la esterilidad del registro. Si Vila fuera un espíritu sensible al paisaje, probablemente se estremecería con aquel otoño andaluz, vivido como una sonrisa, que parecía construido en la materia más argentina y delicada. Pero el viajero era uno de esos seres de urbe y de escritorio, inmunes a toda clase de desmayos líricos. En Vila había un pequeño hombre de acción. Mientras el tren se acercaba a Algeciras, él trazaba mentalmente su plan de propaganda entre los militares descontentos.

II

Cuando llegó a Tetuán, Vila fue a hospedarse en el Hotel de España, frente al Casino Militar. Era un hotel modesto, repleto de oficiales jóvenes, que alojaban también allí a sus amantes transitorias. Todo Ejército, desde tiempo inmemorial, lleva detrás de sí una impedimenta de mujeres, descanso de la guerra, munición del sexo, línea horizontal entre la vida y la muerte. Las que acompañaban a los oficiales españoles eran muchachas de los cabarets y los prostíbulos de Madrid y Barcelona, que, por capricho o por dinero, se enrolaban en la azarosa suerte de los expedicionarios[57]. Vila, pequeño burgués del Levante español, regordete y precavido como un fenicio, circulaba cuidadosamente entre aquella juventud estrepitosa que un día celebraba con gritos y manzanilla el feliz regreso de un teniente destacado en las posiciones avanzadas, y otro le despedía para siempre a las puertas del hospital de sangre. Pero pronto se convenció que no era el hotel el medio más adecuado para poner en práctica sus propósitos. Las amistades que hizo entonces sólo le sirvieron para intervenir en algunas querellas de amor y conocer menudos incidentes de la vida de campaña.

Por aquella época, la situación en Tetuán era muy confusa. Acababa de llegar Primo de Rivera, con su doble carácter de dictador y alto comisario —dictador dos veces—

57 Sobre tales mujeres, españolas no moras, Díaz Fernández escribió un artículo recogido en sus *Crónicas de la guerra de Marruecos,* (145-148), «Las moras del Parador», el cual concluye con el siguiente *Envío*: «Rosario, Luisa, Isabel, pobres golondrinas sin alas, venid a mi mesa a beber este vino negro que beben lo soldados y las mozas alegres, y contadme al oído vuestra desgarradora historia vulgar».

, y había empezado por desmontar toda la organización militar de la zona con un repliegue, que la mayor parte del ejército juzgaba suicida. Era el momento en que el general megalómano desarrollaba sus planes abandonistas, que había de rectificar poco después por exigencias de Francia. Aquellas jornadas, acaso las más duras de la guerra en el sector occidental, continuaban la bonita tradición del tejer y destejer estratégico que inspiró la política militar de España en Marruecos. El abandono de tales posiciones costaba miles de víctimas. Bien es verdad que otras tantas se habían gastado en ocuparlas y que meses más tarde el propio dictador hubo de sacrificar un número parecido para recuperarlas de nuevo.

El ambiente de Tetuán en estas circunstancias estaba cargado de presagios y temores. Nadie ignoraba que los moros, dueños casi absolutos del campo, presionaban la vida de la plaza, donde crecían la inquietud y el malestar. La población civil emigraba poco a poco a Ceuta y a la Península, a donde huían también las familias de los militares ante el temor del bloqueo indígena. Entre la oficialidad, los planes de Primo de Rivera eran censurados acerbamente. Los oficiales jóvenes, sobre todo, se expresaban con vehemencia y desenfado.

Vila, que llevaba una carta de Lerroux para un comandante de Artillería, buscó a éste en el Casino Militar. Lo encontró muy reacio para ayudarle:

—Aquí nadie se ocupa de política –le dijo–. Don Alejandro no se da cuenta de que las cosas hay que hacerlas allá.

—Sin embargo, he podido notar que la oficialidad está muy disgustada.

—En efecto; pero a última hora todo el mundo hará lo que diga el Mando. Ustedes no conocen lo que es el espíritu de obediencia entre nosotros.

—Le advierto a usted que en España la Dictadura tiene en contra a todo el mundo.

—No lo dudo. Ya sabe Lerroux como pienso yo; simpatizo con él desde hace muchos años. Pero aquí no somos más que militares.

Con hombres así no podía trabajar el emisario republicano. Empezó entonces a frecuentar «La Alhambra», un café de la calle de la Luneta, a donde acudían oficiales del Tercio y de Regulares, que eran los Cuerpos más significados en la oposición al plan de Primo de Rivera. A Vila le llamó enseguida la atención una de estas tertulias de militares jóvenes, donde se discutía con vehemencia y buen humor. Acudían allí alféreces y tenientes del Tercio, un poco montaraces de tanta guerra y tanto campo, que agitaban tempestuosamente sus gritos, sus risas y sus látigos. Vila procuró sentarse cerca de ellos, y tardes después ya intervenía en el diálogo en su calidad de hombre que acababa de llegar de la Península y conoce el ambiente de Madrid. Las conversaciones giraban casi siempre alrededor del tema militar; pero había un teniente, alto y moreno, de risa clara y expresiva, que se burlaba graciosamente de la Dictadura y contaba cosas divertidas de los generales del Directorio.

—Vamos, Rubio[58] –le decía otro compañero–; eso lo inventas tú para matar el tiempo en las guardias.

Entonces, Vila, con su autoridad de recién llegado, aseguraba que aquello era cierto y que en los cafés de Madrid lo sabía todo el mundo.

—Se están cometiendo muchas injusticias –concluía. Más injusticias aún que disparates. Todo el país está descontento.

58 El teniente Isidro Rubio Paz, nacido en 1902, y tan unido a Fermín Galán en las conspiraciones, y del cual al final diremos cómo acabó su vida en 1936.

Una tarde se presentó en el café un capitán muy joven, de andar pausado y firme. Su semblante era inconfundible, porque tenía un párpado caído, que le cubría la mitad de la pupila. Los contertulios lo recibieron con alborozo:

—¡Hola, Fermín! Ha habido bureo en Taranes[59], ¿eh?

—¡Siempre te tocan a ti esas papeletas!

El capitán sonreía ingenuamente y saludaba a todos con golpecitos en la espalda, abrazos y apretones de manos, Fue a sentarse entre Vila y el teniente Rubio. Este les presentó:

—El capitán Fermín Galán. Este es un señor que acaba de llegar de Madrid y cuenta cosas muy curiosas.

—¡Ah! ¿Sí? Pues me interesa mucho saber cosas de España.

Luego hizo un relato de las últimas operaciones:

—Creí que no podíamos meter el convoy. Tres horas de fuego, casi sin ver el enemigo. El coronel estaba hecho un verdadero taco. Yo me cansé y le envié recado: «Decirle que, si quiere, voy con mi compañía y desalojo las lomas desde donde nos hacen más bajas». Por fin, se decidió. Nos lanzamos como fieras, y en media hora conseguimos quedarnos con ellos[60]. Eran quinientos montañeses. Al parecer, todas las cabilas del interior se han reunido para atacar. ¡Claro! ¡Son los dueños del campo!

—Te mataron un sargento, ¿no? –dijo Rubio.

—Está herido. Tuve que cargármelo al hombro porque ya no quedaban camillas[61]. Si resisten los moros media

59 Uno de los lugares de los enfrentamientos en que combatió Galán en el verano y septiembre de 1924.

60 Parece estar refiriéndose al combate para liberar la posición de Sidi-Messaud. Tal combate sucedió el 11 de mayo, según leemos en el libro *Fermin Galán Rodríguez. El capitán que sublevó Jaca* (86).

61 En una de las escena de la *La barbarie organizada,* el protagonista, con lo que tiene de proyección de lo vivido por el propio Fermín Galán, cuenta algo semejante: recogiendo a un compañero caído herido: «Está herido en una rodilla, Le vendo y le ato por encima mi pañuelo y por debajo el suyo para contener la hemorragia. Me lo cargo a cuestas. Se sujeta a mi

hora más tenemos que desistir de meter el convoy.

—Es una barbaridad todo lo que se está haciendo aquí –afirmó un alférez.

Galán se pasó la mano por la frente y la descargó después sobre la mesa con energía.

—Una barbaridad y una vergüenza. Ese hombre no se conforma con destrozar España, sino que pretende deshacer lo poco bueno que había aquí. No es militar ni es nada. Luego, los generales que se ha traído son de lo más inepto. No siendo Queipo[62].

—Creo que no hace caso a nadie –declaró otro oficial.

—Pero nosotros tenemos la culpa. ¿Por qué un idiota de éstos va a meterse en el bolsillo a todo un ejército? Todavía con un Gobierno legitimo, podríamos sentir escrúpulos. Pero es un sublevado que viene a África para tener derecho luego a nombrarse capitán general.

Galán hablaba sin alterarse, con voz limpia y penetrante, que, aun siendo enérgica, destilaba cierta dulzura. Vila, después de oírle, pensó que aquel era el hombre que necesitaba.

—Sin embargo –dijo otro oficial–, tendrás que reconocer que si malo es éste, peor eran los políticos!

—Con la diferencia –explicó Galán– que Primo de Rivera es un político fracasado. No sé si sabéis que quiso

---

cuello. Me asfixia se queja de dolor. Con él encima sigo marchando». Y tropieza con un muerto de ellos, «la cara ensangrentada». Trata de pasarlo sin tocarlo. pero sin querer le pisa: «un brazo que hace temblar mi pie y que me hace temblar todo el cuerpo» (90).

62 Gonzalo Queipo de Llano (1875-1951), tuvo una eficaz labor en el repliegue de Xauen. De ahí que Fermín Galán, le distinguiera de entre otros ineptos generales Por su parte, Queipo de Llano integró el grupo de militares que participaron en las conspiraciones contra la Dictadura y a favor de la República, por lo que fuera recompensado al llegar ésta. No obstante, en uno de esos cambios propios de él, con el alzamiento militar de Julio 1936, logró apoderarse de Sevilla, una de las pocas grandes ciudades que cayeron con el comienzo del golpe militar y hacerse el Jefe de las tropas rebeldes en Andalucía, con una brutal y criminal dureza. Se ha dicho que fue responsable de miles de fusilamientos. Terminada la guerra tuvo sus más y sus menos con el nuevo Dictador quien le arrinconó bastante.

ser diputado con Alba[63].

—Y ministro de la Guerra –intervino Vila–. Yo he visto la carta de un político liberal a Lerroux donde se lo dice.

—Hombre, a propósito –preguntó Rubio–. ¿Y Lerroux? ¿Qué es de Lerroux?

—No deja de laborar. Yo le veo con frecuencia.

Uno de los oficiales hizo un gesto de desconfianza, de duda:

—¡Bah! Lerroux...

—Es muy inteligente –declaró Galán–. Pero resulta viejo. Hay que buscar gente nueva.

La discusión acerca de los hombres políticos se generalizó. Salvo Galán y Rubio, los demás militares apenas conocían la verdadera significación de los nombres que aparecían todos los días en los periódicos. Galán, sin mostrar demasiado entusiasmo, hablaba con simpatía de los políticos republicanos. Vila le preguntó en voz baja:

—¿Conoce usted el manifiesto de Blasco Ibáñez?

—No. ¿Tiene usted alguno? –preguntó Galán con avidez.

—Dentro de muy pocos días podré proporcionarle un ejemplar. ¡Cosa buena!

—Tengo muchas ganas de leerlo.

Y luego, echándose a reír:

—¿Dice usted que dentro de pocos días? No sé si tendrá usted que marcharse antes de Tetuán.

—¿Por qué?

—Porque esto está muy mal. Estoy temiendo que los moros sitien la plaza. Si no lo hacen será porque no les dé la gana.

—A mí me gustaría hablar con usted de cosas políticas.

63 Santiago Alba (1872-1949), renombrado político liberal, quien ocupó distintos cargos ministeriales entre 1917 y 1923, en el último Gobierno parlamentario estuvo al frente del Ministerio del Estado, promoviendo una política «civilista» en Marruecos, la cual provocó gran rechazo entre los mandos africanistas.

Soy amigo de Lerroux, de Melquíades Alvarez, de Albornoz, de Marcelino Domingo[64]. He notado que a usted le interesan estas cuestiones.

—Mucho. Es lo que más me gusta.

—Después de la milicia.

Galán movió vagamente la cabeza:

—Quizá antes. Soy militar. ¡Pchs! Porque han venido así las cosas...

—Si quiere usted, podemos almorzar un día juntos.

—Encantado. ¿Viene usted siempre por aquí?

—Siempre.

—Pues yo también. Ya nos pondremos de acuerdo.

Poco después salieron todos a la calle de la Luneta. Vila, que había hecho alguna amistad con el teniente Rubio, se quedó con él un poco rezagado. Le dijo:

—Es muy simpático el capitán Galán.

—Mucho. Y muy valiente. Además, tiene un gran talento. Hemos estado siempre juntos. Antes, en la Policía indígena: ahora, en el Tercio. Conoce la zona como pocos; además habla el árabe admirablemente.

—Entonces, ya llevan ustedes tiempo por aquí.

—Fermín, hace seis años: yo, cuatro. Ya va uno cansándose de esta vida. Tengo verdaderas ganas de volver a Madrid.

Al llegar a la plaza de España, el grupo se disgregó. Rubio y otros dos tenientes decidieron irse a tomar unas botellas de cerveza a la Alcazaba:

—¿Vienes, Fermín?

—No, no. Me voy a dar un paseo por el barrio moro. Por ahí arriba no hay más que porquería.

—Te advierto que han llegado unas chicas de Cádiz, preciosas.

64 Todos ellos, quienes jugaron un importante papel en las conspiraciones contra la Dictadura-Monarquía, llegada la República, ocuparían principales cargos gubernamentales.

—No me place. Luego nos veremos en el Casino.

Vila, que no tenía nada que hacer, siguió con Galán hacia el barrio moro, nutrido a aquella hora como un enjambre. En las angostas callejuelas, apretándose contra las tiendas policromas de cueros y de telas, tres razas hostiles reunidas hacía siglos bajo la tutela de un Dios diferente, compartían la suavidad de la tarde. Uniformes centelleantes, chilabas pardas, jaiques y albornoces blanquísimos, turbantes escarlata, salocofes de desierto y gorros de campamento: cada color y cada traje anunciaba un género de vida distinto, un concepto diferente de la existencia, una modulación variada de climas y de almas. Todo resultaba en aquella humanidad heterogénea múltiple y complicado.

Galán y Vila marchaban difícilmente abriéndose paso entre los arrecifes de la multitud. Galán caminaba silencioso, no tanto por las molestias del tránsito como porque ya en aquella fecha era hombre de grandes silencios, debruzado[65] habitualmente sobre las interrogaciones de su espíritu. Vila disimulaba con observaciones triviales su deseo de emprender un diálogo estrecho con el oficial.

A la salida del embudo callejero la circulación se derramaba en una plazoleta decorada con un zócalo humano de mendigos moros, soldados y vendedores. Había también un cafetucho indígena, negro y humeante, empotrado en la muralla como un sumidero. A la puerta, tumbados sobre unas esteras, tomaban té y fumaban las largas pipas de kif unos soldados de Regulares, dos de ellos negros, que al ver a Galán se pusieron en pie de un salto y le saludaron militarmente. El capitán, al reconocerlos, fue hacia ellos sonriente:

—¡Caramba, Hamido, cuánto tiempo sin verte! –dijo a uno haciéndole bajar la mano que se conservaba a la altura del fez rojo–. Y tú también, Haddú. Habéis tenido suerte en la retirada, ¿eh?

---

65 Volcado, inclinado.

—Si, capitán –dijeron los moros casi a dúo.

—Estos no son aquellos tiempos de Buharrax, cuando cazábamos liebres en Beni Ider. ¿Te acuerdas?

—Si, capitán.

—Estos –dijo Galán a Vila– han estado conmigo en la Policía[66]. Son muy buenos chicos.

Uno de los moros, que permanecía inmóvil como una columna de basalto, exclamó sin perder la rigidez militar:

—Mi *mujera* también se acuerda mucho del *tiniente*.

—¿Tu mujer? ¿Cuál? ¡Ah! Sí, Zobeida. Zobeida, la de Beni Ider.

Al enorme negro se le animaron los ojos, fríos y cilíndricos como el doble cañón de un arma. Vila, que lo observaba muy atentamente, creyó ver en aquella mirada un hálito de emoción.

—Bien, Hamido, bien –exclamó Galán–. ¿Y el chico? ¿El pequeño Hamido que se comía mi leche condensada?

Ahora no cabía duda. Al negro se le saltaban las lágrimas. Dio un grito gutural, selvático, de esos que no se oyen jamás en las calles de una urbe y se puso a decir cosas en árabe, sujetándose el pecho con el puño cerrado. Galán sonreía y le contestaba en árabe también. Al fin, la columna de basalto avanzó un poco, se dobló hasta cerca de la rodilla del oficial y quiso besarle la mano.

—Bueno, bueno, Hamido; ya está bien. Un día iré por el cuartel. Adiós Haddú.

También Vila estaba emocionado.

—Le quieren mucho esos moros. Esta escena no se me olvidará en toda mi vida.

—Son dos años de campaña, siempre con ellos por esos andurriales. Al principio, no me eran simpáticos, porque,

66 Durante los años en la Policía Indígena, Galán, además de hacerse muy buen conocedor de los terrenos, aprendió árabe y confraternizo con los nativos, según se desprende de esta escena.

en fin de cuentas, sirven al enemigo y combaten contra los suyos. Pero luego pensé mejor en todo eso. ¡Es tan difícil saber quién tiene razón! Y como Vila se le quedara mirando con cierta extrañeza, agregó:

—Claro que esto no se le ocurre a uno con frecuencia. De otra manera, ¿cómo podríamos andar a tiros todos los días? ¿No le parece?

Vila se detuvo un instante, afirmó los lentes sobre la nariz y contestó:

—Me parece, amigo Galán, que su sitio no está aquí, en África. Su sitio está en España, donde se echan de menos hombres como usted.

III

En días sucesivos Galán y Vila tuvieron varias entrevistas, en algunas de las cuales estuvo también presente el teniente Rubio. Vila les declaró a ambos el verdadero objeto de su viaje a Marruecos. Los dos oficiales se mostraron dispuestos a ayudarle y a aprovechar el ambiente de descontento e irritación que había producido en el ejército de África la retirada de Xauen. Pero los tres convinieron en que su labor de propaganda personal resultaría demasiado lenta. Vila les contó el incidente del tren que le había impedido llegar a Tetuán con el manifiesto republicano.

—Pues en esta ocasión hubiera sido de gran efecto distribuirlo –manifestó Galán–. Y, además, nos resultaría fácil.

—¿Y aquí no se podría imprimir?

—¡Ca! De ningún modo. Esto no es un pueblo: es un campamento militar.

—Entonces, yo me voy a Madrid y allí se imprime. Además aprovecho el viaje para darle cuenta a Lerroux de mis relaciones con ustedes.

—Perfectamente. Tan pronto queden resueltas aquí las cosas –anunció Galán–, yo pido destino a la Península. Allí es donde hay que trabajar ahora.

—Eso haré yo también –afirmó Rubio–. Tenemos que actuar en seguida.

—Hay que acabar con esa taifa de generales que están arruinando a España –agregó Galán.

Los ojos de Vila cabrillearon por un momento tras los cristales:

—¡Cómo me gusta oírles a ustedes!

—La desgracia de España han sido siempre los generales[67] –continuó Galán–. Precisamente estoy leyendo ahora la historia de los pronunciamientos del siglo XIX. ¡Qué vergüenza! Aquel O'Donnell, aquel Narváez haciéndolo todo a espaldas del pueblo. Aquel Prim, que no era capaz de concebir siquiera una República para su país.

—Y, sin embargo –arguyó Vila–, fue el único revolucionario del siglo.

—Sí. Pero es triste verlo mendigando reyes por ahí.

—Bueno. Es que Prim no era ningún Napoleón –dijo Rubio irónicamente–. Prim buscaba Reyes; Napoleón los hacía.

Estaban reunidos en el cuarto de Galán, en la Sueca[68]. Desde la ventana se veían las huertas difuminadas por la luz vivísima del sol sobre los blancos edificios. Galán se asomó un momento y preguntó después a Vila:

—¿Cuándo se va usted?

—Pienso salir mañana en el primer tren para alcanzar el barco.

—Cuanto más pronto, mejor. Esto se está poniendo muy feo. En Gorgues nos van a dar un disgusto serio[69].

---

67 Frase que reitera, y como *leitmotiv*, a lo largo del libro

68 *La Sueca* era una calle o barrio de Tetuán y. con el mismo nombre, de Xauen. La de Tetuán se menciona en *El Blocao* de Díaz Fernández, donde se oye al protagonista decir: «Nuestro heroísmo no había tenido ocasión de manifestarse más que escalando balcones en la Sueca, jaulas de hebreas enamoradas, y acechando las azoteas del barrio moro, por donde al atardecer jugaban las mujeres de los babucheros y los notarios» (29).

69 En el macizo de Gorgues, se dieron cruentas batallas durante uan veintena de días en septiembre de 1924, logrando las tropas españolas la plena liberación de la posición el día 21. En la descripción de tales batallas, leemos en el libro *Xauen 1924*: «Las operaciones sobre el Gorgues fueron seguidas con especial interés, e inquietud, por el vecindario de la ciudad de Tetuán desde las azoteas, murallas y alturas cercanas del Dersa donde se apoya la ciudad» (131). La escena en el libro podría aludir a los primeros días del intento de liberar la posición, cuando las tropas recibieron grandes reverses y donde fue herido el teniente Ángel García Hernández, como leemos en *Xauen 1924* (82).

—Creo que les atacan a todas horas –dijo Rubio–. Un día se los comen.

—Claro. ¡Si todo esto no tiene pies ni cabeza! Me explicaría los planes de este hombre, abandonándolo todo. Dejar Marruecos puede ser una solución. Pero aguantarnos aquí para que el enemigo pueda moverse a su antojo y organizarse contra nosotros es una estupidez.

—¿Te acuerdas cuándo hiciste aquel plan de penetración pacífica en las cabilas[70]?

—Sí. Perdí el tiempo estúpidamente. Berenguer me dijo que estaba muy bien; pero que resultaba utópico. ¡Utópico! Lo cierto es que en mi zona –¡tú lo has visto!– desaparecieron las agresiones y los paqueos. En mi oficina de la Policía se resolvían todas las disidencias. Lo que pasa es que mandan al campo oficiales que no están preparados; no saben siquiera el árabe y van con el látigo en alto, como si los moros fueran bestias. ¡Buena colonización hemos hecho!

En aquel momento llamaron a la puerta. Galán franqueó la entrada y penetró un capitán del Tercio, que saludó alborozadamente a los dos oficiales. Galán le presentó a Vila:

—Un amigo de Madrid. Ha venido a estudiar una línea aérea.

Se estrecharon las manos.

—Bueno, chico –dijo el recién llegado–. Traigo un encargo para ti del coronel.

---

70 *Cabilas* era el nombre árabe de tribus y comunidades marroquíes. Sobre tal plan o planes, del joven teniente a su 23 años, tenido por «genio» o por «alocado visionario» por los militares de alto rango, Fermín Galán se extendió en carta a su amigo anarquista catalán, Antonio Leal, donde alude a la Memoria de los planes, la cual presentó –en mayo de 1923— a la Liga Africanista de Madrid. Añade en la carta que la Liga lo acogió bien y que su presidente, Goicochea, le habló al rey «y el rey me llamó». Estuvo con él, quien le refirió al ministro de la guerra, el cual le ordenó volver a Marruecos a poner en práctica su «locura». Sobre ello se extiende la larga carta. (*Desde Montjuic. Cartas políticas de Fermín Galán*, 45-55).

—¿Del coronel?

—Una cosa que ha de halagarte mucho. Sabes que se está preparando una operación combinada para desalojar al enemigo de Taranes y posiciones limítrofes. El comandante general ha convocado una reunión de jefes; pero Franco quiere que vayas tú, porque dice que conoces el terreno como nadie. Parece que hay discrepancias en el Estado Mayor, ¿sabes?

—Los del Estado Mayor no tienen razón. Seguro. No la tienen nunca. Pero ¿yo he de ir a la reunión?

—El coronel lo considera indispensable y el comandante general lo ha aceptado.

Galán se quedó mirando a Rubio, y los dos se echaron a reír.

—¡Otra papeleta, Fermín!

—Pues se van a arrepentir, Porque me van a oír unas cosas...

—¡Ah! ¡Hombre! Una buena noticia, además. Estás propuesto para una cristina[71] por lo del otro día.

—¿Por lo de Taranes?

—Ha causado una impresión estupenda. Si te encuentra Primo, te felicita.

Galán hizo un gesto de desdén. Y añadió:

—Bueno, chico. Gracias por tus noticias. Iré a ver al coronel esta tarde.

—Me voy, pues, porque tengo mucha prisa.

Cuando hubo salido el capitán, Vila dio a Galán la enhorabuena.

—¡Bah! No me harán ningún caso. ¡Si viera usted qué absurdo es todo esto! Al principio viene uno con la cabeza llena de proyectos, de ilusiones. Luego ve que todos son intereses, miserias, inmoralidades. Que diga Rubio lo que

---

71 Medalla honorífica militar, la Cruz de Primera Clase de la Orden de María Cristina.

llevamos sufrido aquí. La lucha con los moros es la más llevadera. ¡La de los cuartos de banderas sí que es terrible, amigo mío!

Los tres quedaron un rato en silencio. Vila se levantó:

—Me voy a preparar la maleta.

Galán le puso la mano en el hombro:

—Lo que es menester, amigo Vila, es que podamos realizar pronto nuestros planes. Tengo la convicción de que haremos grandes cosas en España.

IV

El combate había empezado muy de mañana[72]. Un alba lívida, nacida sin duda sobre los hombros hundidos de la tropa, había acompañado la marcha opaca de los batallones, enredados aún en las telarañas del sueño. Pero en seguida se oyeron los primeros tiros. Porque el amanecer marroquí lanza con el sol sus pájaros de acero y los esparce sobre la dura epidermis de la montaña. En un momento la compacta columna de vanguardia se desflecó como una madeja y las guerrillas se desparramaron hasta desaparecer en las arrugas del terreno. Dejó de oírse el pesado traqueteo de los carros de campaña y después de un silencio parecido al que precede a las tormentas, empezaron a castañetear las ametralladoras.

El enemigo permanecía, como siempre, invisible. De vez en cuando se veían saltar surtidores de tierra roja. Durante algún tiempo, los Regulares y el Tercio dispararon al azar, sin otro blanco que el de las piedras calcinadas y los riscos inmóviles; pero la orden de avance transmitida desde retaguardia puso en movimiento las nutridas guerrillas, que, obedientes al mecanismo del combate, relampagueaban sobre los cerros pelados. El avance resultaba extraordinariamente difícil. Los moros hacían un fuego

72 No se menciona el lugar de esta batalla, pero por lo que nos dicen de la toma de una loma y la felicitación del general, aunque Francisco Franco no lo era todavía, podría ser la de la loma de los Árboles, que abría el camino a Xauen. El que que fuera herido en una pierna, podría aludir a su última batalla, pero la descripción de ésta no concuerda con aquella. En *La barbarie organizada*, novela póstuma de Fermín Galán, publicada en 1931, hay múltiples escenas de batallas similares, vividas y contadas por Gustavo Pedrol de Nieva, alter ego del autor.

desigual, pero continuo, desde todos los flancos. Los soldados disparaban inútilmente, sin escuchar siquiera la voz de los oficiales, que buscaban con los gemelos la posición del enemigo.

Fermín Galán, a caballo, dirigía el fuego de su compañía. Su faz casi barbilampiña estaba cerrada e inalterable. Sus ojos iban de la raya verde de los soldados en tierra a la raya negra de la trinchera enemiga. En aquel momento sentía como nunca tal sensación de firmeza y de energía vital que le permitía fijarse en todos los pormenores de la lucha, más desfavorable a cada instante para las tropas españolas. El fuego enemigo enfilaba a la columna por diversos flancos y los legionarios de Galán, que estaban desplegados casi en ángulo, empezaron bien pronto a sentirse batidos por dos lados.

Cuando el ayudante que transmitía las órdenes llegó galopando basta Galán, éste le advirtió:

—Es indispensable tomar la loma. Nos hacen polvo desde allí.

—Es que a retaguardia también atacan y no hay fuerzas suficientes.

—Que me autoricen para envolver la loma. Con una sección me meto en el barranco. Conozco bien el camino.

—Se lo diré al general.

A los pocos minutos regresó el ayudante:

—Que haga usted lo que mejor le parezca. La cuestión es avanzar.

Galán descendió del caballo, lo entregó a un sanitario y movilizó una sección:

—Vamos al barranco. Es preciso cogerlos por sorpresa. Mientras tanto, que las otras tres secciones avancen por la izquierda.

El intento era arriesgadísimo. Si el enemigo se daba cuenta, podía copar la sección entera. Pero el enemigo ignoraba que la compañía del Tercio acababa de desmembrarse. Cargó el fuego sobre el flanco izquierdo con tal saña que Galán pudo atacarle por la espalda repentinamente. Los moros quedaron entre dos fuegos.

Entonces Galán ordenó la carga a la bayoneta. La compañía quedó hecha trizas, pero la terrible trinchera fué desalojada en pocos minutos. Cuando Galán quiso de nuevo subir al caballo, no pudo. Estaba herido en una pierna.

El general le felicitaba poco después:

—Muy bien, Galán. Es usted un excelente guerrillero.

Pero en aquellos ojos, tan seguros y enérgicos durante el combate había, quizás, un hálito de melancolía. Galán era de esos hombres que sienten la angustia de las cosas conseguidas y al final se encuentran con el corazón solitario y vacío.

V

Un sol invernizo, traído desde el Guadarrama por la brisa más cruda, estaba a los pies de Fermín Galán como una fierecilla domesticada. El oficial convalecía en un cuarto del Hospital de la Cruz Roja de su herida en la pierna[73].

Aquella mañana, Galán, apoyado en un bastón, se había asomado a la ventana y ceñido con sus ojos metálicos el paisaje de Madrid, paisaje de desmontes, de *titanics* en construcción, de vallas y carteleras. Paisaje de albañiles enyesados, de chiquillos selváticos, de mendigos perezosos y automóviles «standard». El cielo, azul, oriental, frágil como una porcelana que no parece capaz de resistir el golpetazo de las tormentas. Galán, colocado allí, en medio de la mañana radiante, no era, en modo alguno, el herido de la guerra. Tenía el corazón soliviantado y el cuerpo henchido ya de alegría fisiológica. Un mundo de proyectos hervía bajo sus sienes. África quedaba lejos con sus pistas polvorientas, sus aduares microscópicos, sus campamentos clavados en el hombro de los montes. Esta era España, también dura, desértica y analfabeta[74]; pero cercana y fa-

---

73 Situado en la madrileña Avenida Reina Victoria, 22-26, en aquellas fechas estaba dedicado a los soldados y oficiales heridos en la guerra de Marruecos. Como leemos a continuación, dicha Avenida era parte del crecimiento de Madrid. De ahí, lo de *Titanics* en construcción (alusivo al gran transatlántico hundido de dicho nombre), y lo de automóviles «standard» también se refiere a los autos y taxis que cruzan por estas páginas del Madrid moderno en el libro. Posteriormente, sería trasladado al hospital militar de Carabanchel.

74 Aunque aparezca algo exagerada esta frases, cuando en España, desde los años 60 del siglo XIX, se venían haciendo adelantos en la lucha contra el analfabetismo, en el libro de Lorenzo Luzuriaga, *El analfabetismo en España*, de 1920, se estimaba que el País contaba con un total de 11.143.444

miliar como todas las patrias. Esta era España, materia viva para las manos de una generación[75] que tuviese el alma libre y el pulso firme.

Galán había pensado mucho en ello durante aquellos días. El encuentro con Vila había creado en su espíritu un afán nuevo: el de rescatar para la historia, un país secuestrado y ponerlo en marcha hacia el futuro. La dictadura militar había sido un nuevo fraude en la transformación política del país y a él estaban contribuyendo con su inhibición los hombres más puros. Era preciso ahora hacer otra guerra: la guerra contra un orden despótico y feudal. Galán sentía llegar hasta él la voz encolerizada de Unamuno[76] que anatematizaba al régimen desde la frontera; sentía, sobre todo, el aliento entrecortado de España, estrangulada casi por la conjura de los dictadores.

Con Rubio y Vila había formado su proyecto: conspirarían en el seno del Ejército, establecerían contacto con los políticos, buscarían medios y hombres contra la dictadura. Rubio estaba ya en Madrid, con destino en la Escuela de Tiro. Vila trabajaba bajo la inspiración de Lerroux.

---

analfabetos para una población de 21.338.381 individuos, lo que equivalía al 52.23 por 100, leemos en el ensayo «la Escuela y la enseñanza», de Evelyne López Castillo, en *Los años felices* (91).

75 Será en 1925, cuando se empieza a hablar de una nueva joven Generación (recordemos que Galán, entonces, tenía 26 años recién cumplidos), abocada a la política y al compromiso social, con la cual se identifican y promueven tanto los dos autores del libro y que definen como la Generación de 1930.

76 Miguel de Unamuno fue destituido de su cátedra, y envíado al destierro en Fuerteventura, el 20 de febrero de 1924. Pocos meses después se trasladó a París formando el «Comité Revolucionario de París», junto a Vicente Blasco Ibáñez, Eduardo Ortega y Gasset y Carlos Esplá, y publicando la revista semanal contra la dictadura, *Honra de España,* que se mantuvo desde diciembre de 1924 a octubre de 1925. Sobre el tema contamos con la tesis doctoral de Valentín del Arco López, *Intelectuales frente a la Dictadura de Primo de Rivera, Unamuno y el «Grupo de París»*. Salamanca, marzo 1981. Y en el 2023, se ha publicado el tan comprehensivo libro, *Unamuno contra Miguel Primo de Rivera. Un incesante desafío a la tiranía,* del destacado dúo de hispanistas franceses Colette y Jean Claude Rabaté,

Vila entraba ahora precisamente en el cuarto, con su cartera debajo del brazo:

—¡Hombre! ¿Ya en pie? Eso está muy bien.

—Me he levantado temprano para tomar el sol. He dado un paseo desde la butaca a la ventana.

—Hoy traigo muchas cosas. Esta cartera es un tesoro. Lea usted primero el manifiesto. Lo ha escrito el propio don Alejandro.

Vila entregó a Galán una hoja que éste leyó con avidez. Después dijo:

—Quizá un poco retórico. A los militares hay que hablarles con más rudeza. Pero, en general, está bien.

—Pues mañana mismo quedará todo repartido. Fíjese usted en los sobres: etiquetas comerciales diferentes. Así no hay forma de sospechar. Se distribuyen en todos los buzones de Madrid y ya tenemos resuelta la primera cuestión.

—¿Tiene usted todos los nombres?

—El Anuario militar, entero.

—¿Ha visto usted a Rubio?

—Lo he visto. Vendrá ahora por aquí. Celebró una conferencia con Aguilera y éste le llevará mañana a casa de Weyler[77]. Parece que el viejo está muy dispuesto.

—¡A mí me dan tanto recelo los generales!

Vila se encogió de hombros:

—Ya veremos. Pero hay una cuestión importante que resolver: el dinero. Necesitamos dinero.

—Claro. Pero si no hay dinero, lo haremos sin él.

—Es indispensable. Lerroux no puede facilitarlo, porque no lo tiene. Traigo también aquí la dirección de Macià, en París, que me pidió Rubio.

—Eso es muy importante. Porque Rubio va a París uno de estos días comisionado por la Escuela para ver el modelo de un cañón. Aprovechará el viaje para esa entrevista.

---

77 Aguilera pasaba ya de los 70 años y Weyler llegaba a los 90.

Vila movió la cabeza con escepticismo.

—¡Hum! Este Macià. Le conozco bien, Galán. No quiere más que separatismo[78].

—Déjelo usted. Macià es un romántico y para estas cosas hay que buscar románticos[79]. Valen más que los políticos de oficio. ¡Hombre, ahí está Rubio!

Rubio, en efecto, entraba de uniforme con la sonrisa en sus labios finos:

—¡Caramba, Fermín, cómo me alegro de encontrarte levantado!

—Estoy fuerte, chico, ¿Qué? ¿Qué hay?

—Muchas cosas. No he descansado desde hace dos días. Hablé con el coronel García.

—Cuenta, cuenta ¿Qué impresión te ha hecho?

—Un hombre a la antigua. Pero entusiasta, valiente. Maneja la escala de Reserva.

—Magnífico.

—Y es amigo de Romanones.

—Eso ya no me gusta tanto. Romanones es lo más infecto de la política.

—Pero hay que aprovecharlo. ¿No hemos convenido en que todo el mundo sirve para algo?

—Eso sí.

—Además –intervino Vila– tiene dinero. Hay que conseguir el dinero que necesitamos.

---

78 Francesc Macià (1859-1933), ex-coronel y líder del proyecto independentista el «Estat Catalá», fue muy activo en el movimiento de conspiraciones contra la Dictadura. En el exilio parisino fundó el «Comité de la Acción de la Libre Alianza», conjunción de fuerzas contrarias a ella. Vuelto a España en febrero de 1931, El 14 de abril, desde el balcón del Palau de la Generalitat, proclamó la «República catalana». Tres días después, con ministros del declarado Gobierno republicano español, negociaron la autonomía de la Generalitat de Catalonia, de la cual fue declarado Presidente en noviembre de 1932, cargo que ocupó hasta su fallecimiento el 9 de septiembre de 1933.

79 En su *La España de Primo Rivera,* Eduardo González Calleja escribe que, con vistas al pronunciamiento del 24 de junio: «el EC catalán, Macià «intensificó los contactos con los sindicalistas y con militares radicalizados como Fermín Galán, con quienes Macìà se entrevistó en dos ocasiones en enero y febrero de 1926» (355).

Rubio miró a Galán y se echó a reír.

—También he hablado con Aguilera. Está frenético contra esto. Me ha dicho que él se lanza a la calle aunque sea con cincuenta hombres.

—Es valiente, desde luego –repuso Galán.

—Mañana iremos a ver a Weyler, que al parecer está en el mismo plan[80].

—Ya sabes que yo fío poco de los generales. Pero comprendo que una actitud decidida de esos dos influirá de verdad en los indiferentes.

—Yo sigo tu plan.

—¿Cuándo es tu viaje a París?

—Espero que me envíen la semana próxima.

—Entonces, ya estaré yo en disposición de hacer gestiones. Amigo, Vila: del cuarto de un hospital saldrá la revolución española. No sé adonde me destinarán cuando me restablezca. Pero donde esté, me sublevo. Le doy a usted mi palabra de honor.

—¡Ah! –advirtió Rubio–. Perea está llevando las gestiones con los sargentos. Vale mucho.

—Pues ahora –dijo Galán–, hay que estudiar lo de las organizaciones obreras. Es importantísimo. Hay que unir al pueblo a nuestra empresa. Pero al pueblo auténtico ¿eh? Al que trabaja y sufre. El es la verdadera víctima de la dictadura.

80 Plan en el que jugaría un papel muy destacado el, ya mencionado, coronel Segundo García García (1874-1931, quien, de muy joven luchó en Filipinas, donde fuera ya condecorado con la Curz Laureada, y, asimismo, destacara en el frente de Marruecos. Por su importancia en los preparativos de la Sanjuanada, fue quien recibió la más larga condena, 8 años. Tras la amnistía fue ascendido a general en 1930, pero, muy pronto murio en 1931 a causa de la enfermedad que contrajo en la prisión de Montjuich.

VI

—Por allí viene Galán –advirtió el capitán Perea[81], acentuando la simpatía de su rostro, en la calle de Alcalá, frente a Teléfonos–. ¿Ustedes no le conocen?

—No –contestaron los dos amigos que le acompañaban.

Eran las ocho de la noche del día 12 de Junio de 1926.

Se saludaron Perea y Galán.

Perea presentó a Galán a sus acompañantes.

—¿Desde cuándo estás aquí, Fermín?

—He llegado esta mañana[82].

—Pareces un organillero.

Galán sonrió con la expresión ingenua de un campesino.

Hubo unos segundos de silencio y las miradas escrutadoras de todos examinaron al capitán recién presentado.

Le había desaparecido la sonrisa y su rostro tenía ya entonces algo de augural y trágico. Estaba sereno. Sus músculos muy acusados, pero inmóviles. Las mandíbulas

---

81 Juan Perea Capulino (1890-1967), capitán, al igual que Fermín Galán, se fogueó en la guerra de Marruecos, fue gravemente herido, y muy activo en la preparación de la Sanjuanada. En 1932, se retiró voluntariamente del ejército, al cual se reincorporó al comienzo de la guerra civil. Con una columna bajo su nombre, participó en la defensa de la Sierra y de Madrid, y luego, estuvo en los frentes del Este y en el catalán. En 1939, se exilió a México, continuando muy activo en la causa republicana, siendo ascendido, por el gobierno del exilio, a general. Falleció en Argelia, en 1967, de un ataque al corazón, mientras continuaba con sus actividades contra la dictadura franquista, En el 2005, se publicó su libro: *Los culpables: Recuerdos de la Guerra Civil. 1936-1939.*

82 Venía desde Tarragona, desde donde solía hacer visitas a Madrid con permisos o a escapadas, para coordinar los planes de la conspiración entre el Comité de Madrid y Tarragona.

anchas y firmes. La boca, tan fina, daba la sensación de que nunca había movido los labios para hablar ni para nada. Las aletas de su nariz anchas, abiertas, eran las válvulas de una potente respiración. Sólo un ojo se le veía. Un ojo pequeño, irisado, brillante, misterioso; un ojo que era un coágulo de espíritu. El otro, quedaba casi oculto bajo aquel párpado que el héroe tenía como una marca singular para diferenciarse, físicamente también, de los demás hombres; de aquel párpado largo, de membrana flácida, que semejante a la concha de una almeja le ocupaba toda la cuenca. La firmeza de los huesos y la inmovilidad de los músculos de aquel rostro daban la sensación de una cabeza tallada en piedra o modelada en barro. Pero en ella, también, como en la tierra y la piedra de los montes volcánicos, se adivinaba encerrada la candente lava.

Perea había sido justo en el símil: allí, en la puerta de Teléfonos, Fermín Galán parecía un auténtico organillero. Vestía un traje gris y una gorra a cuadritos blancos y negros con la visera muy echada hacia delante.

—Vamos a donde queráis –dijo– menos estar aquí parados. Yo he venido clandestinamente de Tarragona y no estoy bien en medio de la calle. Todo está lleno de policías[83].

Perea sonrió, murmurando al tiempo que le echaba un brazo por el cuello:

—Tal como vas, no hay quien te conozca, capitán.

—¡No voy a ir de uniforme! Así se despista un poco.

Y del brazo, los dos oficiales echaron a anclar hacia la Puerta del Sol, seguidos de los camaradas restantes.

—Ya que por casualidad nos hemos reunido es conveniente que hablemos –indicó Perea, parándose en una esquina de la calle de la Montera.

83 Lo de clandestino y tal vestimenta, se corresponde con lo escrito por Cansinos-Assens , citado en la Introducción, sobre «que anda escondido por ahí».

—Sí. Yo me voy por la mañana y no quiero marchar sin que hablemos. Me he alegrado de encontrarte. No he querido pasar por tu casa porque supongo que tendrás policía vigilándote. Estaba decidido a marcharme sin verte, y lo sentía, porque es necesario que cambiemos impresiones. ¿Y Rubio?

—Ahora lo veremos. ¿Donde quieres que vayamos?

—A ningún café, desde luego –contestó Galán–. ¡No faltaba más que me inutilizasen y no pudiera intervenir en el movimiento! Además, yo llevo allí las riendas de todo y sin mí no se movería ni una mosca.

—¿Vamos al despacho de Vila?

—¡Encantado!

—Estos literatos pueden venir también con nosotros –dijo Perea, sonriente, dándole una palmada en un hombro a uno de los amigos–. Son de confianza: son buenos conspiradores.

—¡Hombre, claro!; Pero si yo estaba deseando ponerme en relación con ustedes! Yo con quien quiero tener contacto es con los elementos civiles. No tengo ninguna fe en lo que pueda hacer el ejército. A este hay que aprovecharlo, naturalmente. Pero a lo que hay que ir es a una gran organización revolucionaria, de hombres de chaqueta, no de guerrera. ¿Ves este movimiento que estamos fraguando, Perea? Pues, si triunfamos, cuajará seguramente en una dictadura militar, poco más o menos del mismo tipo que la que queremos derribar. Pero no es sitio este para que hablemos. Ahora en el despacho de Vila os diré unas cuantas cosas. Es necesario que concretemos algo sobre la posición que nosotros tenemos que adoptar, en el caso de que esta conspiración triunfe. Porque si triunfa nosotros vamos a ser los primeros enemigos del gobierno que se forme. ¡Por lo menos yo!

—¡Y nosotros! –exclamaron casi a coro los otros tres.

—¡Seremos un solo hombre! –dijo Galán satisfecho.

—Hay que ir por etapas, señores –aconsejó Perea–. Una república al estilo de la francesa no estaría mal en España.

—Te veo influido por los republicanos tradicionales. ¡Francia no es hoy ningún modelo que me guste! Hay que ir a otra cosa.

—Calma, calma, Fermín. Ahora, por lo pronto, a ver si nos quitamos de encima esta vergüenza de Primo de Rivera.

—¡Y al rey! –saltó nervioso Galán–. Porque si no se consigue eso, no hemos hecho nada.

Seguían parados en la misma esquina.

—Es una idiotez que estemos aquí –advirtió Galán–. Aquellos dos tíos no me gustan. ¿Te sigue a ti la policía, Perea?

—Siempre llevo dos agentes detrás, pero algunas veces les amenazo y les hago que echen por otro camino. Hace un rato hice ademán de sacar la pistola y dos que me seguían me han dejado en paz. Ahora, en este momento, no creo que nos siga nadie. Vamos.

Subieron por la calle de la Montera y se metieron en un edificio de la Gran Vía.

Tomaron el ascensor y subieron.

Les abrió la puerta el propio Vila.

—¡Fermín! – y Vila se abrazó con ternura al héroe.

—¿Está usted solo? –preguntó Perea.

—Completamente solo. Acaban de marcharse unos cuantos amigos que me ayudan en esta comedia del periódico. Pasen ustedes.

Les indicó el despacho y entraron todos.

Perea repartió unos pitillos.

Se sentaron.

—¿Y ese periódico, Director? – le preguntó Galán a Vila bromeando.

Vila sonrió y le dio a Galán una palmadita en un muslo, diciendo:

—Fue buena la idea del periódico, para poder tener este despacho y conspirar en él sin despertar las sospechas de la policía.

—No se la apropie usted ahora, Baldomero; fue mía –dijo Galán en broma.

—¡Ja, ja, ja! Sabemos más que la policía. Ni remotamente sospechan lo que se cuece en este despacho. Para todo el mundo es la redacción del semanario próximo a aparecer. Hace dos días que presenté la solicitud al Gobierno civil. ¡Ja, ja, ja! Y he circulado cartas pidiendo colaboración a varios escritores. ¡Ya tengo aquí algunos originales!

—Luego, cuando vean que no sale ningún periódico y que han sido engañados, ¿qué explicación les va a dar usted? ¡Lo van a matar a usted, Baldomero! –chanceó Galán, dándole palmaditas en la espalda.

—Estaremos en el Poder y nadie se atreverá conmigo.

—¿En el Poder? –interrogó Galán irónico.

—¡A ver! ¡Vamos a triunfar!

Hubo unos segundos de silencio.

Galán se pasó la mano por la rizada cabeza, y dijo, preocupado:

—No sé, no sé.

—¿Estás pesimista? –preguntó Perca.

—¡Yo nunca estoy pesimista! Lo que sucede es que esto no me convence. ¡Si siquiera fuésemos resueltamente a la República! Pero Aguilera y Weyler, con los políticos que les manejan, sólo van contra Primo. Y eso no es nada. En el manifiesto está bien claro. ¿Han leído ustedes el manifiesto?

—No –contestaron los escritores.

—Yo no llevo encima ninguno. ¿Tienes tú, Perea?

—Tampoco. Pero Vila tiene. Traiga usted uno.

Vila salió y volvió al poco rato con el manifiesto.

—Léalo usted, Baldomero; que usted, como buen republicano, declama estupendamente –dijo Galán irónico.

Vila limpió con el pañuelo el cristal de sus gafas, sonriente, y dio principio a la lectura del manifiesto. Lo leyó a media voz; pero con el mismo énfasis que utilizaría en las asambleas del partido ante el ingenuo auditorio de empleados y pequeños burgueses. Al final, después de las firmas «Valeriano Weyler». «Francisco Aguilera», el mismo Vila disimulaba su emoción.

—Eso no es nada! ¡Eso no es otra cosa que sustituir unos hombres por otros! ¿Van a ser esas nuestras aspiraciones? –exclamó Galán, levantándose.

Todos estuvieron conformes en que el espíritu del manifiesto no significaba nada para la transformación española. Unánimemente coincidieron en que los Gobiernos anteriores al 13 de septiembre de 1923 y la grosera dictadura de Primo de Rivera no eran otra cosa que instrumentos serviles del feudalismo monárquico.

—¿Quitar a Primo de Rivera? –interrogó Galán, paseándose violento, con la nuca roja, a lo largo de la estancia–. Pero, ¿qué es Primo? ¿Qué significa Primo? Primo de Rivera no es nada. ¡Primo de Rivera es un bufón del rey! De él se vale para escarnecer a España. El dictador es el rey.

—Ahora, por lo pronto, acabemos con esto, y ya veremos lo que sale –aconsejó Perea.

—¡Ah, claro! Pero de eso es de lo que quiero hablaros. Yo allí, en Tarragona, sé bien lo que tengo que hacer[84]. ¿Y vosotros aquí? –interrogó Galán, plantándose delante de Perea.

84 Sobre lo que planeaba a hacer en Tarragona, que no resultó, se extiende Vicente Marco Miranda, en su *Las conspiraciones contra la República,* según destacamos en la Introducción.

—No sé a que te refieres, Fermín.

—¡Sí. Porque yo no haré caso de las órdenes que me han dado y proclamaré la República. ¿Y vosotros aquí? ¿Vais a contentaros con tener los cuarteles y los centros oficiales? ¿Vais a respetar al rey?

—Depende del giro que tomen las cosas. Veremos hasta donde podemos llegar.

—¡Si dejáis que domine el espíritu de los políticos!...

—¡Los políticos también están hartos del régimen!

—¡Los políticos no quieren nada más que el Poder!

—El general Aguilera se va a Valencia, ¿no?

—Sí.

—Y don Segundo también.

—Sí.

—Tú y Rubio os quedáis aquí, de jefes. Es preciso darle un rumbo más radical al movimiento.

Se entabló una conversación ardorosa entre los conspiradores. Se fustigó al rey. Se proclamó la falta de ambición histórica y el servilismo monárquico de los políticos. Todos estuvieron conformes en la nulidad revolucionaria del republicanismo histórico; sus jefes tenían una ideología arcaica, petrificada en la revolución francesa: ignoraban los derechos sociales del pueblo y disertaban elocuentemente sobre esa ficción de los derechos del hombre. Se censuró con crudeza al partido socialista, por su actitud ante la Dictadura. Comprendían que había algunos hombres en el país dignos de depositar en ellos esperanza. Existían núcleos sociales sanos, alentados por ideales modernos; hombres decididos que puestos en contacto para un mismo fin de aspiraciones mínimas podrían ser la base de una gran organización revolucionaria. El pueblo estaba desmoralizado, casi muerto: era grande su incultura, y muchos los desengaños sufridos. El microbio borbónico aniquilaba al pueblo. Así y todo, conservaba una fortaleza única. Quizá otro pueblo cualquiera, víctima de los mismos crímenes, no respiraría. Este, analfabeto, arruinado y envilecido, alentaba lleno de fuerza interior. Era como un liquen de esos que nacen en las junturas de las murallas, que nunca se mueren aunque la sequía de las nubes los persiga. Se ponen tristes, pálidos, mustios como cadáveres; pero una leve relentada los anima y una llovizna los resucita dándoles un verdor y una lozanía incomparables. Así reconocieron ellos que era el pueblo español: como un liquen mustio entre unas piedras quemadas y antiguas. No había que negarle ciertas virtudes. Era sobrio basta lo inverosímil. Sufrido como el bíblico Job. Pero esa resignación ancestral acumulada, algún día podría transformarse en fluido motriz de rebelión. Aunque no se quejaba, sufría el pueblo. Calambres de dolor lo taladraban de parte a parte. Pero ese dolor le serviría precisamente de experiencia en el porvenir. De ahí sacaría su ciencia futura. Y, además. Además el pueblo español estaba inédito en las luchas de la redención humana. España no había intervenido nunca en ninguna revolución.

—¡Aquí no ha habido más que pronunciamientos militares! ¡Lo que se intenta precisamente hacer ahora! –salió la voz de Galán del fuego de los diálogos, como una llama.

—Si. Y como no se ponga remedio veo una serie de pronunciamientos encadenados al de Primo de Rivera –apuntó con acento cálido Claudio Rodil, novelista casi desconocido[85].

—¡Claro! Tenemos que hacer un frente contra eso. Es el pueblo y nada más que el pueblo el que tiene que intervenir y decidir en las luchas. ¡Que no hay pueblo! Cuando le oigo decir esto a los políticos me da gana de abofetearlos.

---

85 Frase que apunta a identificarle como José Díaz Fernández, quien todavía no había escrito su tan exitosa novela, *El Blocao,* publicada en 1928, que le diera renombre como novelista.

¡Dicen que hay que recurrir al Ejército para que lo haga él todo, por falta de vitalidad en la masa! ¡No ha de haber pueblo! Lo que pasa es que está desmoralizado, descreído, sin fe en nada, muerto de hambre, explotado, pervertido, degenerado y sin un átomo de ética social. ¿Pero tiene él la culpa? ¡Cá! Cuando no ha sucumbido ya del todo, es porque hay en él grandes virtudes. ¡Lo malo, lo nocivo aquí, son los hombres que se encumbran, los hombres en los que él deposita su confianza y después lo traicionan por una ambición doméstica, por una ambición de ropero y despensa familiar! ¡Hay que acabar con los caudillos! ¡Y esos Gobiernos compuestos de arribistas vulgares y aduladores palatinos, faltos en absoluto de lo que un hombre debe tener para gobernar un país! ¿Y el rey? –Galán sonrió mefistofélico, y prosiguió–: ¡Aquí son nocivos hasta los artistas! ¡Hay que ver qué teatro y qué novela tenemos! ¡Así está la clase media! Todo está podrido. Es preciso barrer y labrar después este país. Hay que ser inexorable, exigiéndoles a los hombres una conducta. ¡Si no podemos hacer otra cosa, tendremos que empezar por sacrificarnos para dar ejemplaridad humana! ¡En vez de caudillos, mártires! ¡Los hombres en España están necesitando modelos! ¡Por ahí tendremos quizá que empezar, para redimir a la masa![86]

Galán hablaba y hablaba, enardecido. Ya no parecía un organillero. En el centro de la estancia, estaba parado, rígido, con los músculos en tensión, los brazos echados hacia atrás y las manos enlazadas sobre la cintura. Salían de su boca las palabras, casi sin mover los labios, con las mandíbulas encalladas. Su frente se había puesto roja, y largas y pronunciadas arrugas la surcaban.

---

86 Larga parrafada puesta en boca de Fermín Galán como tantas otras de sus posteriores afirmaciones suyas, se inscribe dentro de la «marcha al pueblo» que tanto se dio en las letras españolas entre 1917 y 1939.

En espíritu, todos estaban de acuerdo con él.

Sí, el pueblo español existía. Tenían gran fe en él; le estaba reservada una misión histórica, quizá de primera categoría, en la -formación del mundo nuevo que se había empezado a forjar en Rusia. Y no es que fuesen aquellos conspiradores unos patriotas. Nada más lejos de eso. Casi todos eran internacionalistas. Pero recordaban aquellas palabras proféticas del apóstol Tolstoi: «La revolución social comenzará por el mujik ruso o por el campesino andaluz».

—¡No la ha comenzado él, pero la continuará! –afirmó Galán, rascándose una mejilla.

Repartió pitillos.

Hubo un alto en la conversación. Las cerillas pasaban de unas manos a otras. El humo había suplantado a las palabras, en los labios. Pero en las frentes de todos se notaba que el motor de las ideas seguía funcionando.

Vila sacó el reloj.

—¿Qué hora es? –preguntó Perea.

—Van a dar las diez.

—Yo tengo que irme. A las diez y cuarto he de ver a un señor –dijo Perea.

—Vámonos todos, ¿no? –opinó Galán.

Se levantaron para salir.

—¿A dónde vas a cenar tú? ¿Tienes sitio para dormir? ¿O estás en tu casa? –interrogó Perca.

—No, no he ido a casa[87]. Ni voy. Lo probable es que me hayan echado de menos en Tarragona y hayan telegrafiado a la policía para que vigilen mi casa. Hace días que el Gobierno sospecha una conspiración.

—Fermín se viene conmigo a casa, ¿no? –dijo Vila.

—No, con usted no debe ir tampoco –aconsejó Perea.

—Si quiere usted, Galán, véngase conmigo a mi

87 Se refiere al piso familiar en Madrid, sito en Avenida Menéndez Pelayo 73. ¿Tendrá la casa la placa de «Aquí vivió Fermín Galán?

pensión. Podemos cenar juntos, y allí también puede usted dormir –le invitó Rodil.

—Gracias. Acepto encantado su ofrecimiento. Me parece muy bien. ¿Dónde vive usted?

—Aquí, en la Gran Vía. Casi enfrente.

—Después podemos reunirnos al final de la Castellana. Cerca del Hipódromo. A las doce tengo citado allí a Rubio. Precisamente por una calle de aquellas tengo que hacer una visita a las once y media –dijo Perea.

Ya, en la calle, Galán se fue con Rodil.

Perea tomó un taxi.

Vila y Fernando Sierra se quedaron charlando.

—¿Hacia dónde va usted, Vila?

—Voy a casa. Yo vivo en la calle de San Joaquín.

—Entonces llevamos el mismo camino. Yo vivo en la calle de Apodaca.

—¿Qué le ha parecido a usted Fermín? ¿Lo conocía usted?

—No, no lo conocía. Pero he sacado la impresión que es el hombre de auténtica acción revolucionaria que tiene España. Y, además, tiene cultura y un gran talento. Me ha parecido un hombre singular.

—Y es jovencillo; un chiquillo. Apenas tiene veinticinco años.

—Usted tiene una gran amistad con él, ¿verdad?

—¡Oh!, mucha. Lo quiero como a un hijo.

—¿Lo conoce usted hace mucho tiempo?

—Lo conocí en Marruecos. Después lo veía con mucha frecuencia. Cada visita que yo hacía allá.

Iban los dos amigos cogidos del brazo por una acera de la Gran Vía.

—¡Ah!, ¿pero es que usted ha hecho muchos viajes a Marruecos?

—¡Muchos!

—¿Ha tenido usted negocios allá?

—¡Negocios! Negocios aparentes como este del periódico de ahora.

—¡Es usted formidable, Vila!

—De mis viajes allí se cuenta y no se acaba nunca. Una vez tuve que tirar unos paquetes de proclamas revolucionarias por la ventanilla del tren. Yo llevaba el pretexto de hacer unos mapas de líneas aéreas. ¡Mapas! ¡Conspiración, pura conspiración! Hace ya años que no hago otra cosa. En un café conocí a Fermín. No hice más que verlo y me pareció diferente a todos los militares. ¡Que don de proselitismo tiene! A mí me dejó subyugado. Desde entonces no obedezco más que a su voluntad. Parece que lo estoy viendo la tarde en que lo conocí. Caminaba despacio, con sus medias botas y su gorrillo en forma de quilla, terciado. Y su ojo..., ¿ha visto usted qué ojo más característico tiene? ¿Ese párpado caído? Hablar de sus hazañas allí en Marruecos es para llenar un libro. ¡Lo quiero, lo quiero como a un hijo!

Ensimismados los dos amigos penetraron en el arroyo para cruzar al otro lado, sin hacerle caso al peligro de la circulación.

El bocinazo de un automóvil y casi el empellón de su radiador le hicieron a Vila dar una espantada y enmudecer.

VII

La Pensión de Rodil estaba en un quinto piso de la Gran Vía[88]. Era uno de esos hoteles embrionarios que alojan en el Madrid reciente el cosmopolitismo pequeñoburgués: militares de tránsito, actores sin colocación, dactilógrafas extranjeras, cocotas de la clase intermedia y algún rentista célibe, cuyos únicos vicios son leer el *A B C* y beber agua mineral. El cuarto de Rodil daba a la plaza del Callao, y hasta allí llegaba el baladro de la circulación. Galán se asomó al balcón, mientras el escritor se enteraba de unas cartas que había sobre la mesa. La calle desde allí era una película lenta y lejana que la luz aplastaba como en una superficie cóncava[89]:

—No sé como puede usted trabajar aquí –dijo Galán.

—Es que no trabajo.

—¿Y esa mesa? ¿Y esos libros?

—¡Bah! Todos los días pienso que mi deber está aquí, sobre esas cuartillas. Pero la calle me absorbe; la política me sofoca y exalta. No, no. Nunca haré nada...

—Pues hay que disciplinarse. La juventud no puede perderse así.

—¿No le tienta a usted la vida, Galán?

—Mucho. Pero, desde pequeño, hago gimnasia de voluntad. Yo soy hijo de un marino de guerra: un hombre

88 Frase que, nuevamente, le asocia a Rodil con Díaz Fernández y con el protagonista de *La Venus mecánica,* 1929, Víctor Murias, quien precisamente, como se lee en el capítulo II de la novela, se alojaban en el mismo quinto piso y en dicha Pensión, con visos de Hotel, en la Gran Vía.

89 Tales escenas en la Gran Vía y en la calle Alcalá reflejan el Madrid Moderno de «Los felices años veinte», por el cual se transita en varios capítulos, socavando, como se expresó en la Introducción, lo de «felices», según oímos en el intercambio verbal siguiente.

humilde que nos dejó a todos nosotros pequeñitos. Yo ingresé en la Academia a fuerza de voluntad. Y con voluntad estoy costeando el estudio a mis hermanos. Conozco el sacrificio y la vida difícil.

—A mí me falta la continuidad en el esfuerzo.

—Eso se logra proponiéndose realizar cosas difíciles.

—Pero este Madrid es aniquilador. ¡Una podredumbre!

Galán sonrió:

—Madrid, no. La vida entera. Pero hay que olvidarse de lo que significa todo esto. ¡Por lo menos, hay que soñar otra cosa!

Luego, fijándose en los libros de la pequeña estantería:

—¡Hombre! Tiene usted aquí mis autores predilectos: Gorki, Kropotkin, Lenin...

—¿Le interesa a usted Lenin?

—¡Oh! Enormemente. Para mí, es el más grande hombre de este siglo. Y eso que no soy socialista, ¿eh?

—Pues el mundo será socialista, o no será.

—No estoy conforme. Yo quiero la libertad del hombre por encima de todo. En el socialismo, la barbarie burguesa se sustituye por la barbarie del Estado.

—Pero esa es una fase del socialismo.

—Una fase que el comunismo no podrá superar. Desengáñese usted: más que el factor económico, influye en la vida el factor moral.

Durante la comida, Galán y el escritor siguieron discutiendo:

—Además –decía el oficial–, para hacer algo en España hay que aprovechar el feroz individualismo de nuestro pueblo.¡Cómo vamos a convencer a los labriegos de que la tierra no pertenece al que la trabaja, sino al Estado, es decir, al recaudador de contribuciones!

—Es que el campesino no conoce otro Estado que el de

su enemigo el propietario de la tierra. Cuando el Estado sea el Estado de los trabajadores. Pero, en fin, querido Galán, estamos llevando la discusión fuera de la realidad. Ahora, ni usted ni yo pensamos en una revolución de esa clase.

—Es verdad; vamos a hacer una revolución modestita, para echar a unos generales y colocar a otros. Sin embargo, ese puede ser el principio. Soy optimista, amigo Rodil.

—Ya podríamos darnos por conformes con deshacernos de la canalla borbónica.

—De momento, sí. Pero nuestra obra no puede quedarse en eso. A mí la historia política de España me da náuseas. No ha habido más que caudillaje, luchas dinásticas, disputas religiosas, brutalidad y palabrería. En fin, otro día hablaremos –dijo, consultando el reloj–. Falta muy poco para esa cita.

Los dos amigos se levantaron. Minutos después, en un taxi, corrían hacia la Castellana, barrio feudal[90].

---

90 Irónicamente, por las mansiones palaciegas que se extendían en la Castellana y con su denuncia de un cierto «feudalismo burgués», valga la paradoja, que se denuncia en el ideario del libro.

VIII

Anochecía el día 23 de junio de 1926[91].

Circulaba el rumor por Madrid de que el capitán Perea y el teniente Rubio habían sido detenidos por la policía en la Puerta del Sol.

Se decía también que los dos oficiales se habían resistido bravamente.

En los cafés, a la hora de retirarse la gente a cenar, ya se tenía la seguridad de que era cierto que estaban detenidos.

A las doce de la noche todo el mundo sabía, con todos los pormenores, la escena de Perea y Rubio con los policías en la Puerta del Sol.

Estaban los dos incomunicados en Prisiones Militares.

Precisamente para esa madrugada se había acordado el levantamiento militar.

Los conjurados decían que Rubio y Perea eran los dueños de los resortes revolucionarios y que sin ellos no se podría llevar a cabo nada.

En la gente se notaba una desilusión trágica. Primo de Rivera seguiría con su tiranía de lupanar. Las esperanzas de que España se redimiese desaparecieron en el ánimo de las gentes. No faltaba algún optimista. Para éstos era prematuro dar por fracasado el movimiento. Era necesario esperar lo que pasara en provincias. El general Aguilera había salido a sublevar la guarnición de Valencia. ¿Qué podía ocurrir aún?

---

91 En otra de las elipsis temporales tan propias del libro, saltamos del 12 de junio de 1926, en los dos capítulos anteriores donde se planeaba la sedición, a esta noche del 23-24, en la cual ya se veía como fracasada.

Los cafés, los centros informativos y las redacciones de los periódicos, hervían de gente con ansia de saber. Los comentarios eran agitados y confusos.

A la una de la madrugada la policía entraba en los cafés y se situaba en las puertas de las casas, haciendo detenciones. Se efectuaban registros en los domicilios de las gentes más significadas.

Todo se iba sabiendo, o por teléfono o por la boca de alguien que llegaba jadeante.

No faltaron tampoco algunos tipos inconscientes que lanzaban infames acusaciones sobre hombres dignos.

Madrid vivió, hasta ya bien alto el sol, horas de máxima febrilidad.

Cuando comenzó de nuevo la vida intensa en la urbe, se supo que la cárcel estaba llena de presuntos conspiradores y que en Prisiones Militares había algunos oficiales que iban a sublevarse.

El dictador ya había salido con uno de sus jactanciosos y típicos panfletos dando cuenta del aborto revolucionario.

No se podía tener esperanza en lo que hiciese el general Aguilera, pues estaba ya detenido. Además, en los cuarteles del Reino, se habían tomado las medidas para evitar cualquier sublevación.

La ley marcial proclamada.

Ese día, 24 de junio, festividad de San Juan, fue un día de desolador desconsuelo en los espíritus rebeldes del país.

La pandilla de arribistas de Primo pululaba por los sitios públicos radiante de satisfacción.

Puede asegurarse que la mayor parte de los paisanos que encarcelaron apenas tenían que ver nada en el complot. Los verdaderamente comprometidos y, por lo tanto, los dueños de los resortes, estaban libres. Eran políticos muy significados de las izquierdas y algunos ciudadanos con gran fervor revolucionario. Y los militares, a excepción de Perea y Rubio, todos los que tenían que mandar fuerzas, estaban también en la calle[92]. La policía había marrado idiotamente el blanco. No era, pues, ningún absurdo intentar llevar rápidamente a su realización el plan en Madrid. Pero el desconcierto fué tanto que la red de conspiración quedó rota, hecha un inservible guiñapo. No había ningún hombre con la autoridad necesaria, ni político ni militar, que pudiese apoderarse de la situación, con ansias de seguir adelante.

—¡Esto ya no tiene remedio! ¡Qué le vamos a hacer! ¡Las imprudencias de algunos insensatos han hecho abortar el complot! ¡Para otra vez habrá que tener mucho cuidado a quien nos confiamos! ¡Habrá que empezar de nuevo pero con mucha cautela! –decían todos estos hombres, con palabras que se repetían corno un eco.

Y, eso, los más audaces, porque otros estaban escondidos en sus casas, víctimas de un pánico irrisorio.

No había ni un solo hombre representativo capaz de nada. Todos, todos renunciaban cobardemente a actuar. Todos. menos Galán.

Galán, no. Galán no podía hacer eso, porque Galán era inexorable en sus determinaciones. Galán obedecía a leyes inmutables. Galán era como los elementos de la naturaleza: como el fuego, como el viento, como el agua...

¡Galán era Galán!

No se supo, no lo quiso él decir, ni se ha averiguado todavía, de qué medio se valió. Pero él ese día se presentó en Madrid, por la mañana.

---

92 Aunque, y como González Calleja detalla, en breves y precisas páginas sobre «La Sanjuanada»en *La España de Primo Rivera*, (365-369) posteriormente, el 2 de julio el dictador impuso multas a alguno de los más destacados políticos y millitares. Señalo varios: Romanones (500.000 pesetas), Marañón (100.000), Marcelino Domingo (5.000). Y entre los militares: Aguilera (200.000), Batet y Barriobero (15.000), García (30.000).También fueron detenidos los militares de alto rango los generales Aguilera y Batet, y el coronel Segundo García.

Fue a ocultarse en casa de Alarcón, un tipógrafo comunista. Avisó a varios amigos, y a las nueve de la noche celebraba con ellos una reunión.

—Allí en Tarragona era imposible hacer ya nada. Se han tomado todas las medidas para impedirlo. Además, la policía me busca[93]. Y aquí estoy, para hacer lo que se debe hacer. Con cien hombres armados yo me echo a la calle y le quito a Primo de Rivera el Poder. ¿Se pueden reunir esos hombres? ¡Entre tanta tropa y tanto obrero cómo decían que había dispuestos bien se puede encontrar este puñado de hombres! ¿Qué organizaciones había comprometidas? ¿Qué cuarteles? ¡Ustedes lo sabrán! –les dijo Galán a los cuatro amigos que habían acudido a su aviso.

La habitación en que estaban era angosta, en un piso pobre de una casa de la calle de Mesón de Paredes.

Galán aguardaba a que le contestasen. Los otros, mudos, pensaban.

—¡Tengo la seguridad de triunfar!

—No sé, Galán, no sé –murmuró Fernando Sierra.

—¿El qué? ¿Qué es lo que no sabe usted? ¿Duda usted? ¿Usted sabe lo que son ochenta hombres, nada más que ochenta, decididos, con un buen mando, en un desconcierto, en una podredumbre y en una cobardía como la que impera en Madrid? ¡Hay que ser psicólogo! ¡Ochenta hombres, como le estoy diciendo, se hacen los dueños! ¡Yo no soy ningún loco! –y Galán sonrió, haciéndoles temblar a las aletas de su nariz.

---

93 Como buscó, encontró, multó y encarceló al general Domingo Batet Mestres (1872-1937), con quien Fermín Galán planeara la conspiración en la Tarragona nativa del general., la cual careció de apoyo entre la mayor parte de los otros militares del lugar. Posteriormente absuelto, Domingo Batet, que había participado en las guerras de Filipinas, de Cuba y de Marruecos, tuvo altos cargos militares durante la República. El golpe militar de Julio de 1936, le encontró destinado en Burgos, al negase a ser parte de la rebelión militar, fue encarcelado, condenado a dos penas de muerte y fusilado, en febrero de 1937, bajo orden de Francisco Franco, con quien estuviera en Marruecos.

—Yo no creo que sea ningún absurdo lo que dice usted –dijo Rodil.

—¡Qué ha de ser absurdo! Tengo la visión clara del momento. ¡No puede ser más clara! ¡No se presentará otro! ¡Cómo no lo aprovechemos ya lo lamentaremos! Es un momento en el que se vence con la sorpresa, con la audacia. Conozco lo psicología de los hombres que están gobernando y, sobre todo, la del Ejército, y tengo la seguridad de que con unos cuantos hombres de temple, bien mandados, saliendo esta madrugada...

—Aguarde usted, Galán. Voy a buscar a Ramírez –dijo Teófilo Carrió[94].

—¿Quién es Ramírez?

—Un sargento formidable. El hombre de confianza de Perea[95]. El me pondrá en las manos algunos hilos del movimiento.

—¿Tiene usted seguridad en él?

—Tanta como en usted. Descartándolo a usted, no hay otro hombre en todo el Ejército.

—Urge hablar con ese sargento. Póngame usted en seguida al habla con él.

—No sé si eso podrá ser; pero hablar yo con él inmediatamente sí puedo.

—¿En dónde?

—En el cuartel. Está noche está en el cuartel.

Galán se quedó ceñudo, mirando a Teófilo, observándolo.

Se fumaba mucho en la estancia y había una humareda densa. El calor era enorme. Ni la ventana ni la puerta

94 No se ha podido averiguar si Teófilo Carrrió, uno de los amigos tan cercanos a Galán en aquellos días, periodista, escritor o sindicalista, aparece con su nombre real o con uno encubierto.

95 Sabemos que el capitán Perea en preparación para la sublevación había formado un Comité de sargentos en los cuarteles del Madrid, del que formaba parte el sargento Ramírez, a quien se destaca en varios capítulos.

podían abrirse para evitar que se oyese fuera la conversación.

Sudaban.

Estuvieron unos segundos en silencio. Galán, nervioso, se mesaba su rizado cabello, con pausado ritmo, y en sus labios se veía una sonrisa indescifrable, una sonrisa típica, desconcertante.

Iba vestido con el mismo traje gris de unos días antes. La misma gorra la tenía colgada en el perchero.

De súbito preguntó cruzando los brazos, flemático:

—¿Y va usted a ir al cuartel?

—Para ver a Ramírez no hay más remedio que ir allí.

—No le va a dejar entrar a usted el centinela.

—Creo que sí. No sé, pero yo nunca he encontrado obstáculos para buscar a Ramírez, y he ido muchas veces, y a todas horas., Es un cuartel que está totalmente con nosotros, Seguramente Ramírez les ha dado nuestras señas a los centinelas para que nos dejen pasar. Yo conozco allí a todos los soldados.

—Pero hoy habrá órdenes muy rigurosas. Y si sabe el Gobierno, como seguramente lo sabrá, que ese cuartel es de los más comprometidos...

—Pues yo estuve allí esta tarde a las cuatro y entré a que me diera noticias otro sargento amigo. Y he visto a Rubio y a Perea.

—Cómo? ¡Si están incomunicados! –saltó Galán[96].

---

96 De los episodios de Galán en tales dos días, en que tanto se extiende este libro, hay poco escrito y con distintas encontradas variaciones, algunas poco fiables, según se ha señalado en la Introducción. Vicente Clavel en su libro escribió algo tan dudoso como lo siguiente, y según le oímos a Galán hablando de lo imposible que sería eso: «Convencido de que la policía no le molestaría, trasladóse a Madrid, y sin tomar otra precaución que calarse unas gafas ahumadas, se presentó en Prisiones Militares, donde pudo entrevistarse con el general Aguilera y los demás presos…». (*Fermín Galán y su Nueva Creación* 33). Por su parte, Marco Miranda señalaba que, que en las misma noche de San Juan, se hicieron muchas detenciones en Madrid y en provincias. «Entre éstas las de los capitanes Galán y Perea y el teniente Rubio que se hallaban en la Corte esperando cumplir con su deber» (*Las Conspiraciones* 67).

—Claro que están incomunicados. Pero yo los he visto desde un patio del cuartel. Ellos estaban en las ventanas de sus celdas. Los dos me hacían señas, como queriéndome decir algo. Pero no los he podido entender. Era muy mala hora para estar en aquel sitio, y me he tenido que ir en seguida.

Galán frunció el ceño y quedó caviloso mirando al suelo.

—Le parece a usted algo fantástico lo que le he dicho, ¿no?

—Hombre. Yo tengo los mejores antecedentes de usted, pero no nos conocemos a fondo. Yo no le he tratado más que unas horas el otro día y los instantes que estamos ahora juntos. Son en cosas muy serias en las que hemos empezado nuestro conocimiento y no puedo sustraerme a algunos análisis mentales. A ustedes les pasará lo mismo conmigo –y cariñoso y sonriente le echó a Teófilo un brazo por los hombros.

—Me gusta oírlo a usted. Es lógico lo que usted dice. Muy pronto nos vamos a conocer a fondo. Son cosas las que tenemos entre manos que definen a los hombres. Nosotros en usted tenemos una fe ciega ya. ¡No hay más que mirarlo a usted, Galán! Antes de mañana la tendrá usted en nosotros –y Sierra le cogió efusivamente del brazo.

—Creo que vamos a ser grandes camaradas y haremos muchas cosas juntos.

—Me voy a ver a Ramírez –dijo Teófilo.

Galán movió la cabeza y murmuró:

—Temo que no pueda usted entrar.

—Verá usted como sí.

—¿No seria posible hablar con otro militar que se encontrase fuera del cuartel?

—¡El capitán Laguna! –dijo Rodil.

—Laguna desapareció esta tarde y no se sabe dónde

está. Estuve hace poco más de una hora en, su casa –dijo Teófilo.

Galán, rascándose una mejilla, murmuró:

—Meterse un paisano en un cuartel a estas horas. después de todo lo que ha pasado, con el estado de guerra proclamado. temo que sólo sirva para que le echen mano a usted, sin resultado eficaz alguno. ¿No conoce usted a ninguna otra persona?

—No. Tiene que ser Ramírez forzosamente.

Galán torció el gesto.

—No, hombre. No se preocupe usted. ¡Si yo entro en el cuartel como en mi casa!

—En las condiciones en que están hoy las cosas no veo nada más que peligro para usted.

—¿Qué me puede pasar?

—Tengo la evidencia de que no va usted a poder entrar y que lo van a cazar.

—¿Y qué?

—¡Hombre! Que siempre que se intente hacer algo debe ser con alguna probabilidad de eficacia. Y en esto no veo otra cosa más que su detención, y que nos lo quiten a usted de en medio. Y usted hace mucha falta.

—Usted ve la cosa, Galán, con el rigorismo de la ordenanza militar.

—Bueno. –se encogió de hombros–. Vaya usted. No habiendo otro remedio. ¿Usted sabe bien el peligro que corre?

—¿Qué me puede pasar?

—Desde fusilarlo a usted...

—Sin jactancia le digo que no me importaría. Mi única ambición es un nombre histórico.

—Bien, bien –sonrió satisfecho Galán–. Nos vamos a reunir los hombres que hay en España con las mismas aspiraciones. Bien, bien. Pero este egoísmo personal de morir con los ojos puestos en una tumba gloriosa de la historia, no de España, como es natural, sino de la de los hombres, tiene que ser lo último, cuando ya no podamos dar más nuestro pensamiento y nuestro trabajo por la humanidad. Esto debe ser nuestra primera ambición, nuestra misión en la vida. La otra, la del nombre inmortal, lo último, cuando veamos que no podemos rendir ya nada en la vida. O cuando nuestra muerte tenga más eficacia para la sociedad que nuestra vida. ¡Suerte! Aquí lo esperamos –y Galán le alargó la mano a Teófilo.

Este salió de la estancia seguido de consejos de precaución de los camaradas.

Teófilo pudo entrar al cuartel y hablar con el sargento Ramírez. Encontró al sargento idealista muy animado, pero ardiendo de indignación, porque tenía entendido que se renunciaba a la acción revolucionaria. Según el sargento, eso era una idiotez y una cobardía. Los elementos principales estaban libres y podía actuarse. Rubio y Perea eran de gran importancia, pero la empresa podía llevarse a cabo también sin ellos. Además, una vez en la calle se podía ir a Prisiones y sacarlos. Él estaba en el secreto de todo y dispuesto también a visitar a los oficiales que iban a ser los jefes.

Teófilo, a su vez, le habló, al sargento, de Galán. Le dijo que había llegado de Tarragona y que se disponía a echarse a la calle, aunque fuera nada más que con ochenta valientes.

—¡Ese es el hombre que nos hace falta! –exclamó el sargento entusiasmado, frotándose las manos.

El había oído hablar mucho del capitán Fermín Galán. Era un hombre muy avanzado y muy valiente, muy valiente y de mucho talento. En Marruecos había demostrado que sabía más táctica militar que todo el Ejército junto. Conocía al dedillo su campaña en África. ¡Era hombre de campo y hombre de libros! Bueno y generoso como un niño; bravo y feroz como un león. No tenía el gusto de conocerlo, de haberle estrechado su mano. No le había visto nunca, tampoco la cara; pero tenía la seguridad, la evidencia, de que era un hombre extraordinario, un héroe, que haría mucho ruido en el mundo[97].

Teófilo quedó en recogerlo en su casa al día siguiente a las diez de la mañana. Juntos visitarían a los oficiales para convocarlos a una reunión por la tarde.

—Mañana, cuando yo vaya a por usted, Ramírez, le diré la hora y el sitio de la cita. Ahora, cuando yo hable con Galán y le diga nuestra entrevista, él decidirá el sitio y la hora. Hasta mañana.

—Hasta mañana.

Se estrecharon las manos, y Teófilo salió a la calle. Inmediatamente volvió a la casa de Mesón de Paredes.

Cuando Galán lo vió entrar le preguntó con visible ansiedad:

—¿Ha entrado usted al cuartel?

—Sí.

—¿Ha hablado usted con Ramírez?

—También.

—¡Magnífico! Estas ordenanzas militares me pesan mucho en el cerebro. ¡Es un lastre que noto yo que me pesa!

Después de oír a Teófilo dijo:

—¿A qué hora y dónde le parece a usted que reunamos a esa gente?

—Cuanto más tarde me parece que será mejor –opinó Rodil–. Así se les da más tiempo para que puedan acudir todos.

—¿A las cinco? –preguntó Galán.

—Bien –dijeron los reunidos.

97 En esta parrafada la voz del sargento Ramírez parece fundirse con la hagiográfica de los narradores respecto a Fermín Galán

—Pues a las cinco. ¿Y en dónde les parece a ustedes?

Rodil se adelantó a decir:

—En el despacho de Vila. Es una casa de mucho movimiento. Entra mucha gente y sale, y es donde menos se puede llamar la atención.

—Pues entonces ya lo sabe usted, Teófilo. Los citan ustedes a las cinco y en el despacho de Vila. Vamos.

—Conviene que salgamos de dos en dos –advirtió Rodil.

—¿Dónde va usted a cenar y a dormir? –preguntó Fernando Sierra.

—Otra vez en la pensión de Rodil no me parece prudente. Puede usted despertar sospechas allí –dijo Teófilo.

—No. Esta noche véngase usted conmigo. Yo lo llevaré a un sitio seguro. Porque aquí no conviene tampoco, Alarcón está muy fichado –dijo Fernando.

Fueron saliendo y quedaron solos en la estancia Galán y Fernando.

—¿A dónde me va a llevar usted?

—A una casita muy modesta de Madrid Moderno, a casa de un buen amigo.

—Vamos.

Y salieron.

En la calle dijo Sierra:

— Lo mejor será tomar un taxi.

Galán vaciló.

Fernando se quedó también pensando.

—Yo le voy a ser a usted sincero: apenas si llevo en el bolsillo dos pesetas –declaró el escritor.

—No sé si yo llevaré unos céntimos más.

Los dos camaradas sonrieron y se apretaron efusivamente las manos.

Había una boca del *Metro* y se metieron en ella para tomar un tren.

IX

Antes que dieran las cuatro ya estaba Fermín Galán en el despacho de Vila.

El héroe llegó solo. Vestido con su traje gris. En el perchero colgó su gorra a cuadritos.

Vila lo esperaba, y había procurado que no acudiese nadie al despacho, más que los convocados por el sargento Ramírez.

Estuvieron Galán y Vila charlando una media hora, mientras esperaban la llegada de sus amigos.

—Vila: ¿conoce usted al sargento Ramírez?

—No; pero he oído hablar mucho y bueno de él.

—¡Cómo yo pueda movilizar los hombres que he dicho, ya verá usted lo que va a pasar aquí!

—Poca gente me parece, Fermín, para ir contra la fuerza de que dispone el Gobierno.

—¡Pero qué error! El Gobierno no tiene fuerza. La Dictadura se mantiene de la cobardía de todos. ¡Con un soplo de audacia se va ese polichinela de Primo a la lata de la basura! ¿Pero de quién se cree usted que es el Ejército? ¿Del rey? ¿De Primo? Yo le digo a usted que de nadie. No es de nadie, por la sencilla razón de que no existe, de que no hay Ejército. El síntoma que más declara su inexistencia es su indisciplina. Hace tiempo que el Ejército venía descomponiéndose. Sin remontarnos a épocas anteriores, fíjese usted la trayectoria que viene siguiendo desde las juntas de defensa del coronel Márquez[98]. Y, por último, como apoteosis

98 Benito Márquez Martínez (1858-1927), dirigente de tales Juntas militares, tan extendidas por toda España a fines de 1916; especie de sindicato mi-

de desmoralización, tenemos el golpe de Primo de Rivera. Un Ejército, para que sea tal, es necesario que tenga una disciplina y un ideal. ¿Lo tiene éste? ¡Entonces! ¡Y bien podemos alegrarnos los revolucionarios de que no haya Ejército! Y su inexistencia no es que sea una ilusión nuestra. Ni tampoco una cosa que esté oculta en sus entrañas. ¡Hay que vivir en los cuarteles para verlo! Y sus hombres más representativos proclamándolo a gritos. ¿Qué significan las firmas de Weyler y Aguilera en el manifiesto? ¿Y la oficialidad? Burocracia pura, que no tiene otro ideal que el de la paga. ¿Esa gente cree usted que se mata por alguien? ¡Lo que hacen, únicamente, es someterse al Poder constituido, sea el que fuere! Esa es la obra de la Monarquía. Yo le digo a usted que con ochenta hombres seguros, en ideal y en valor, hombres que no me fallen, yo me apodero de los centros oficiales de Madrid y de sus líneas de comunicación, y al día siguiente todo el Ejército está en mi mano. ¡Ahora, que yo no lo quiero para nada! Yo lo disolveré y haré una verdadera organización del pueblo y para el pueblo. Cómo yo pueda reunir esos hombres que le he dicho, ya verá usted si soy un visionario. ¡Y si ahora no lo logro ya lo lograré alguna vez! Con cien hombres valerosos, le repito, me sobra fuerza para abrirle a España el cauce de su redención.

Tocaron al timbre y Vila salió.

Volvió al despacho con Teófilo y el sargento Ramírez vestido de paisano.

—Fermín, aquí está el sargento Ramírez –dijo Teófilo–. El capitán Galán.

---

litar, con sus reivindicaciones laborales y políticas y frente a los ascensos por méritos de guerra en Marruecos, con sus militares tan favorecidos por la camarilla real. En un momento, las Juntas estuvieron unidas, opuestas al tinglado de la Restauración en plena crisis final, a grupos republicanos y obreros, pero, en la huelga general de 1917, prestaron servicio a la cruel represión, quedando desacreditados sus intentos regeneracionistas. En 1919, el coronel Márquez fue depuesto y marchado a Cuba y en 1922 las Juntas quedaron disueltas.

Galán rectificó sonriente, echándole un brazo por los hombros a Ramírez:

—Nada de capitán ni de sargento. Aquí somos Ramírez y Galán, dos camaradas unidos por la misma idea. Y bien: ¿qué hay?

—Venimos mal impresionados –declaró Teófilo.

—Sí –ratificó el sargento.

—¿Qué pasa? –preguntó Galán contrariado.

—No van a venir todos los que hemos visitado. Dicen algunos que no es necesario. Dicen que están dispuestos a actuar y a sacar sus fuerzas a la calle.

—¡Entonces está muy bien! –saltó Galán.

—Sí. pero ponen una condición –observó Teófilo.

—¿Qué piden?

—Ser requeridos por un general y que éste sea el que tome el mando. Que ellos en ese caso están dispuestos a salir esta misma noche.

—Montiel y Barreto se comprometen a sacar su regimiento a la calle si un general se pone al frente. Navarro y Villar dan palabra de que su regimiento también sale en el momento que vean otro en la calle.

Galán se quedó unos segundos pensando, con las cejas fruncidas.

De súbito le pidió a Vila:

—Deme usted la guía de Teléfonos.

Pasó unas hojas. Estuvo buscando. Cogió el auricular del aparato telefónico y marcó un número.

—¿Es casa de don Luis Blázquez? ¿Está él en casa? –estuvo unos segundos mudo, como oyendo–. Bueno, pues vaya a ver si está. Si está, dígale que un señor necesita hablar urgentemente con él para una cosa que le interesa mucho. Que no le doy mi nombre porque no es prudente dárselo por teléfono.

Esperó unos minutos con el auricular en la mano.

Sonrió y dijo con visible alegría:

—Está bien; dígale que estoy ahí en seguida.

—¡Es usted formidable, Fermín! –exclamó Vila.

Galán no dio tiempo a comentarios, y con palabra enérgica y gesto de mando dijo:

—Conforme vayan llegando, que me esperen. Que no se vaya ninguno, ¿eh? Vuelvo en seguida –y salió decidido.

Antes que transcurriese una hora ya estaba Galán de vuelta. Lo acompañaba el general Blázquez[99].

Se encontraban en el despacho de Vila el sargento Ramírez, el sargento Grijalba, el capitán Navarro y el comandante Montiel.

Después de saludarse, Galán dijo:

—Por Ramírez y Teófilo ya están ustedes enterados del objeto de esta reunión. Yo me he venido de Tarragona porque allí era imposible hacer ya nada. Aquí, como ustedes ven, está todo en las mismas condiciones, como si no hubiese pasado nada. Así es que en nuestras manos está el asunto. Estamos obligados a llevar adelante el movimiento. Otra cosa sería una cobardía, porque no hay razón que justifique que nos abstengamos. Si no cumplimos con nuestro deber incurrimos en una gran responsabilidad histórica. Yo, por mi parte, no estoy dispuesto a caer en ella. Por mí no ha de quedar. Teófilo y Ramírez me han dicho que ustedes también están dispuestos, pero que necesitan un ge-

---

99 Se encumbre con este nombre al general José Riquelme y López Bago (1880-1972), distinguido africanista, enfrentado a Primo de Rivera y quien iba a ser el general que iniciara la sublevación en los cuarteles de Madrid y, al fin, no lo hiciera. El real general José Riquelme, quien estuvo al mando de la Policia Indígena en Marruecos y con quien Galán debió tener relación, se interesó en la cultura marroquí, dominaba el árabe, y era uno de los más pacifistas generales africanistas. Estuvo muy opuesto a Primo de Ribera, como le oímos a Blázquez expresar. Durante la guerra, estuvo con la República y salió al exilio francés, donde permaneció hasta su muerte en París. No obstante, en los pasajes que se le presenta, encubierto como Blázquez , no se salva, en boca de los narradores y en los diálogos en que se le presenta, de la inquina que el joven Galán profesaba contra los generales.

neral que avale el movimiento. Y aquí está el general Blázquez, que viene a ponerse de acuerdo con ustedes.

—¿Cómo están organizadas las cosas? ¿Qué plan tenían ustedes? Si no hubiese habido detenciones, si el Gobierno no se hubiese enterado de nada, ¿cómo pensaban ustedes desarrollar la acción?

—¡Ah! –exclamó el comandante Montiel–. Pues, nosotros, salir en el instante en que se nos avisara. Nosotros estábamos comprometidos con Aguilera y Weyler. Y los dos, tanto el uno como el otro, nos tenían dicho que la dirección la llevarían Rubio y Perea. Pero las cosas han cambiado, general. El complot ha sido descubierto. Aguilera está detenido y Weyler, también; Perea y Rubio, presos en San Francisco. Estamos en estado de guerra. ¡En fin, general, esto ha cambiado completamente!

—¿Pero ustedes no están dispuestos a seguir adelante? –interrogó con. vehemencia Galán, casi provocativo.

—Si hay un general que vaya al cuartel a hacerse cargo del mando, sí.

—Pues aquí tienen ustedes al general Blázquez.

—Si él está dispuesto, nosotros también.

—Usted habla de su regimiento. ¿Y del otro? –preguntó el general.

—El otro –dijo el capitán Navarro–, una vez que haya un regimiento en la calle se sumará a él, Respondemos el comandante Villar y yo.

—Ya está usted oyendo, general. Todo depende de usted –insinuó Galán.

—Ya, ya –murmuró el general, moviendo la cabeza.

—No hay que perder tiempo –dijo Galán,

—Pero tampoco hay que precipitarse. Es necesario pensar bien las cosas y sobre todo ésta, que es de tanta importancia.

—Son momentos de acción, no de pensamiento, general. El pensamiento es el mayor enemigo de la acción –conminó Galán, con una sonrisa irónica.

—¡No querrá usted que nos echemos ahora mismo a la calle! –exclamó mosqueado el general[100].

—¡Así fuese!

—Es usted muy joven, Galán.

—¡Pues yo quisiera que el hombre más viejo que hubiera en toda España fuese yo!

—No desdeñe usted tanto la experiencia de los hombres.

—¡Eso es lo que tiene perdido a este país: la experiencia, la cuquería! ¡Todo muere asfixiado por la tradición! Los hombres no llegan a ninguna parte por sus méritos, sino por el rutinario escalafón. ¡Aquí el ser viejo es la mayor aptitud que se puede mostrar para los cargos! De un país que se alimenta de ancianidad, ¿qué fruto se puede esperar? ¡Primo de Rivera! Lo que se haga bueno aquí en este país lo tendrá que hacer la juventud, siempre con la oposición de los viejos, en una lucha entre la tradición y el progreso. Lo nuevo es emoción, resurgimiento y vitalidad, y desprecia lo antiguo precisamente porque sabe lo malo que es. Pero no son estos los momentos más a propósito para estas disquisiciones. ¡Vamos al Poder, que ya hablaremos después de lo demás!

—¡Usted es tan exaltado, Galán! –exclamó el general.

—No le preocupe a usted mi radicalismo, ni mi juventud, que a usted le respetaremos. ¡Usted también es joven!

—No, no es la juventud a lo que me refiero. Creo que la savia nueva es lo que más vale. ¡Es a sus ideas tan avanzadas!

—¡No vaya usted a creer que tratamos de implantar el

100 Como ya señalamos en la Introducción, el general Riquelme, visto aquí como Blázquez, estaba a la espera del resultado o de la acción de Aguilera en Valencia. De ahí, estas largas que le da a Galán en este relato novelesco de lo sucedido.

comunismo mañana! El movimiento tendrá las derivaciones que usted le dé.

—Bien. Usted es un hombre de honor y fío en su palabra.

—Nada de un hombre de honor, general: un hombre que procura merecer este calificativo, y nada más, es lo que yo soy. Pero, desde luego, general, la solución tiene que ser en sentido republicano, ¿eh? Por que si no ¿qué habremos hecho?

—¡Oh, claro! ¡Yo soy republicano de toda mi vida! Soy un hombre moderno. Si yo me decido es para traer la República.

—Perfectamente.

—Pero esta madrugada es imposible, Galán.

—Es un error enorme aplazarlo.

—Un día, por lo menos. La precipitación nos podría hacer malograr el movimiento. Tengo la seguridad de triunfar, pero es apretando bien todos los tornillos. ¡Yo los apretaré bien; no tenga usted cuidado! Vamos a ir a tiro hecho. ¡Los vamos a cazar en sus madrigueras! Déjeme usted pensar.

Galán se rascó febril la cabeza. Le temblaban las mandíbulas. Dió un par de paseos por la estancia. Sus brazos echados atrás, con sus manos cruzadas en la espalda, todo rígido, con aquella actitud tan suya, tan de hierro, que él tomaba cuando paseaba movido por un coraje reprimido. Y roja la nuca. Y las orejas, púrpura.

De súbito se paró delante del general, diciéndole:

—Usted verá lo que hace. La salvación de España está en la decisión de usted. Usted puede llenar con su nombre una página gloriosa de la historia o puede caer en la maldición de todo un pueblo. ¡Usted verá!

—Redimiremos de la dictadura a este pobre país, querido Fermín –dijo el general.

—¡Y de la Monarquía! – exclamó Galán.

—Cuando digo de la Dictadura, digo también de la Monarquía.

—Bien. Vamos a ver, general: ¿qué es lo que piensa usted hacer? –preguntó el héroe adoptando una actitud familiar, cariñosa.

—Miren ustedes –y el general tomó continente trascendental–. Les voy a ser sincero. Esto ha venido a mis manos porque era justo que viniese. Quiero decirles a ustedes que yo desde el primer momento debí haber sido el encargado por Aguilera y Weyler para llevar la dirección en Madrid. ¿Quién mejor que yo? Por todas las facetas que se mirara el asunto yo era el indiscutible: mi clara posición republicana de siempre, mi enemiga personal contra Primo, mi actividad revolucionaria desde el advenimiento de la Dictadura, (que me costó el mando), porque yo he sido el cable entre los militares rebeldes y los políticos, por mi gran entusiasmo. Por muchas, por muchas razones. Pero no sé, no sé qué pasó. Tengo la seguridad de que la culpa no ha sido ni de Aguilera ni de Weyler. Pondría la mano en el fuego que ha sido veto de los políticos. Seguramente por mi estrecha amistad con Lerroux. Miedo a que yo le entregase el Poder a Lerroux. ¡Una estupidez! Porque yo soy un hombre de honor, un hombre leal, y hubiese cumplido mis compromisos con el Comité revolucionario. ¡Con estos políticos no se puede tratar! Están carcomidos por rencillas de ambiciones chicas, personales. Hay unos celos enormes entre ellos, En fin: yo iba viendo que conmigo apenas si se contaba. Y acabé por apartarme de todo. ¡Ahora, queridos, que yo, en espíritu, no he dejado un instante de estar por entero en la conspiración! ¡El ideal de los hombres no lo apaga ni la injusticia humana! Cuando las cosas se llevan aquí dentro del corazón. Creo que les he dicho bastante para que se den exacta cuenta del amor con que tomo la cosa que me ofrecen. ¡Encantado! Y ahora con un doble interés: el idealista, el político, y el personal. No sólo me mueve la ambición de serle útil a mi patria, luchando por arrancarle un régimen que la envilece y arruina, sino que quiero además darles una lección, a esos políticos, de mi capacidad militar y de mi lealtad. Quiero demostrarles que yo no me muevo por bajas aspiraciones personales, sino por la grandeza de un ideal. Creo que lo dicho da la medida de mi entusiasmo. No hay que perder tiempo. Me voy a hacer unas gestiones. Voy a ver si sumo otros elementos de gran importancia. Ustedes, por su parte, toquen también todos los resortes que tengan a su alcance[101].

—Vamos a concretar, general. ¿En definitiva, en qué quedamos? –interrogó Galán.

—Pues en que esta madrugada es imposible que nos echemos a la calle, pero en la que sigue, sí, querido Fermín.

—Dice usted que va a hacer ahora gestiones.

—Claro.

—Pero debemos quedar en algo. Tendremos que reunimos, dar órdenes; en fin, general, todas las cosas que usted sabe son imprescindibles en estos casos. Es necesario que esta noche nos volvamos a ver.

—Como usted quiera.

—Es imprescindible. ¿Dónde le parece a usted y a qué hora?

—En casa. Desde luego en casa. No sé a qué hora me habré podido desocupar. Tengo que hacer varias visitas. No sé, no sé a qué hora podré estar ya recogido en casa. Pero. en fin, mire usted: vaya usted después de las doce. Si yo no he regresado aún, me espera. ¿Estamos?

---

101 Tal parrafada, expresa la capacidad narrativa de los autores, ya que suena como si, en verdad, la hubiera dicho el propio general Riquelme. No sabemos si Galán llegaría a tener tales conversaciones con el general antes de ser detenido o de entregarse él mismo.

—Perfectamente. De doce a doce y media estaré allí.

—Hasta luego, valiente –y el general le estrechó la mano.

Se despidió de los otros y salió.

—¿Qué opinan ustedes? –preguntó Galán pasándose la mano por la frente, preocupado.

—Si este hombre se decide. nosotros dispuestos. Mi cuartel está en la calle en el momento que este hombre se presente allí –dijo el comandante Montiel.

—Y el mío se suma a ustedes una vez qué los vea en marcha –declaró el capitán Navarro.

—¿Y si nos fallara? –preguntó el héroe.

—¡Ah!. Entonces no me comprometo a nada. Por mi parte, Fermín, no habría inconveniente. Yo estoy dispuesto con general y sin general. ¡Con usted voy yo siempre encantado! Pero todos no piensan así. La mayoría cree que sin general, dado los momentos críticos por que atravesamos, no se debe hacer nada. Yo he pulsado el ánimo de mis compañeros y es ese. Porque no crea usted, Fermín, yo he intentado echarme a la calle la madrugada que teníamos convenido, a pesar de las detenciones. Y no respondió la gente, Exigían, como les tengo dicho, un general –habló el comandante Montiel.

—¡Es absurdo! ¡Es absurdo! –exclamó Galán, paseándose por la estancia.

—Es que es mucha la gente que va a la fuerza –dijo el capitán Navarro.

—¡Idiotas! –exclamó Galán, sin detenerse en sus paseos.

—Me voy, pues es mucho lo que hay que preparar si el general se decide. Ustedes avisarán –manifestó el comandante Montiel.

—Ustedes avisarán –dijo también Navarro.

—Pero es necesario que nos veamos después que yo hable con Blázquez.

—Lo que usted quiera, Fermín.

—¿Dónde quieren ustedes que nos veamos?

—¿Dónde le parece a usted?

—En este momento no se lo puedo decir. Estén ustedes de una a una y media en un café y yo les avisaré para decirles en el sitio que les espero.

—Conformes.

—¿En qué café les parece a ustedes?

—Nosotros estaremos en «Negresco»[102] y puede ir Teófilo a recogernos.

—Bien.

—Pues hasta luego –y los dos oficiales salieron.

—¿Cree usted que esos hombres responderán, Galán? –preguntó Rodil.

—Los precisaremos todo lo que haga falta para obligarles a que se decidan.

—¿No cree usted al general capaz de alguna traición? –preguntó Fernando.

—¿De qué? ¿A qué se refiere usted?

—Pues. a que pueda ir a Primo de Rivera y ponerle en conocimiento de lo que tratamos. Todos estos hombres son lobos de la misma camada. Yo no me fío de ninguno.

—No, no. En estos momentos no hay peligro. Conozco la tirantez que media entre Primo y Blázquez. Se odian a muerte. Además Blázquez es muy ambicioso, y eso de ser él el jefe de la sublevación lo enloquece. ¡Claro que para cotizarse después! La cosa está en las probabilidades que vea él de éxito. Como él vea que va a ganar, va adelante. ¡Lo conozco bien! Es un cuco. Y no crean ustedes, tiene talento. Es uno de los pocos generales que tienen talento[103].

---

102 Uno de aquellos varios Cafés de moda y tertulias literarias y políticas en la calle de Alcalá, establecido en 1920, y adyacente al gran edificio del Círculo de Bellas Artes, construido entre 1921-1925, y al lado del de *La Granja del Henar*.

103 Palabras que responden al trato de Fermín Galán con el general Riquelme

Claro, que un talento de tono menor, un talentillo que sólo alcanza la ambición doméstica. ¡Pero ese es incluso el talento que tienen hoy en España todas las figuras más relevantes! ¡Es un asco! ¡Hay que barrerlos a todos! ¡Juventud, nada más que juventud! Dan asco estos fantasmones, pero sin ellos no se pueden dar los primeros pasos. Es la gente la que los impone. A este Blázquez lo conozco como a mí mismo. Lo he tratado mucho en África. El ha salido ahora a orientarse, a pulsar la fuerza que hay y a ver algunos políticos para ir ya cotizándose. Seguramente va a ir diciéndoles que toda la fuerza se ha entregado a él, para pactar con ellos. ¡Ja, ja!

—¿Pero usted cree que estará dispuesto a sublevarse? –interrogó Fernando, interrumpiendo al héroe.

—Si él cree que va a ganar, sí.

—Pues entonces contamos con él seguro! –exclamó el sargento Ramírez, muy optimista.

—¿Si él hace un tanteo de la fuerza que hay, cree usted que saldrá bien impresionado? –preguntó Galán.

—¡Muy bien! –afirmó Ramírez–. Que lo diga Grijalba.

—Contamos con esos dos cuarteles. Y los otros no nos harán fuego. ¡Y hasta quién sabe si alguno también se sumará!

Sonaron casi al mismo tiempo el timbre del teléfono y el de la puerta.

Todos enmudecieron.

Vila agarró el auricular.

Llamaban con insistencia a la puerta.

Teófilo preguntó:

—¿Abro yo?

—No. Mejor es que usted atienda al teléfono y yo vaya a abrir –balbuceó Vila algo nervioso.

---

en la Policía Indígena de Marruecos, y que les habría contado a Arderíus y a Díaz Fernández.

—¿Quién puede ser? –preguntó Galán.

—No sé, no sé. No espero a nadie –murmuró Vila alarmado, abriendo la puerta del despacho para salir al pasillo.

—¡Espere! –lo detuvo Galán en voz baja, tentándose la pistola por encima del pantalón–. ¿Llevan ustedes armas?

Contestaron afirmativamente.

—Espere un poquito. El Sr. Vila se pone enseguida al aparato –murmuró Teófilo en el auricular.

Vila aún estaba parado en la puerta esperando a que hablase Galán.

—Si es la policía –siguió hablando, en el mismo tono apagado, el héroe– que entre. No ofrezcan ustedes resistencia. Hay que confiarlos. Una vez que estén dentro los amordazamos, y les secuestramos. Mientras tengamos la esperanza de poder ser útiles, de que es posible llevar el movimiento adelante, tenemos que evitar nuestras detenciones a toda costa. Sea como sea. Si es necesario matar, se mata. Todo depende de lo idiotas que se pongan. Vaya usted a abrir y mucha serenidad, ¿eh?

Teófilo continuaba con el auricular en la mano, pero tapado para que no se oyese lo que hablaban.

Quedaron en acecho.

Oyeron a Vila que saludaba cariñoso y sorprendido a algún amigo.

Todos cambiaron la expresión de alarma por una de curiosidad.

—¿Quién es? –preguntó Galán.

Los otros se encogieron de hombros.

Se abrió la puerta y entró Vila con un joven de unos veintitantos años. Bien vestido, pero extraño, Rubio el pelo, largo y revuelto. La faz, roja, descarnada, barbilampiña y de líneas finas de soñador. Llevaba gafas de concha con unos cristales tan recios que los ojos se le vetan como tenues volutas de humo. Era la imagen de un anarquista auténtico.

—¡Hola, Fermín!

—¡Hola, Daniel!

Y el héroe y el recién llegado quedaron enlazados en un abrazo tierno.

—¿No conoces a estos amigos? –preguntó Galán soltándose.

—A Vila únicamente.

—Aquí Grisa es como un hermano mío[104].

Los presentó. Grisa conocía a algunos, de nombre.

—¿Pero no viene usted al teléfono, Vila? –interrumpió Teófilo alargándole el auricular.

—¡Ah!, se me había olvidado. ¿Con quien hablo? –preguntó ya en el teléfono– ¡Ah! ¿Qué quieres, Nati? –y dirigiéndose a sus amigos–. Es de mi casa, es mi hija. ¿Queé? –puso una expresión extraña– ¿Quién dices que ha estado? Bien, bien. Comprendo. No hables más –y soltó el teléfono, nervioso.

—¿Qué le han dicho? –interrogó Teófilo.

—Hay que darse prisa, Fermín. La policía estuvo en mi casa buscándolo a usted. Me han hecho un registro bárbaro.

—¿Se lo ha dicho su hija? –preguntó el héroe.

—De una forma especial. sí, eso me ha dicho. Me lo ha dado a entender. Yo tengo mis claves en casa. Me han hablado de dos amigos que han preguntado por usted..., de papeles..., baúles. Yo he entendido perfectamente lo que me quería decir.

—¡Ah!, pues te van a echar mano, Fermín. No te escapas –dijo Grisa–. La policía anda loca buscándote.

—¿Porqué lo sabes tú?

---

104 Tampoco hemos podido encontrar referencias de tal amigo de Fermín Galán, al que consideraba como hermano.

—Si es lo primero que venía a decirte. Pero no he tenido aún tiempo.

—Habla.

—Estuve esta tarde en tu casa, a preguntarle a tu madre por ti. Yo no sabía si te habían detenido en Tarragona, si habías huido, o si estarías aquí en Madrid. Tu madre me ha dicho que no tenía noticias tuyas y que estaba alarmada, porque acababa de salir la policía, que había ido a buscarte. Me ha encargado que indagara noticias tuyas y que se las comunicase. He estado en dos o tres sitios a ver si sabían algo de ti. Y nada. Por último se me ha ocurrido venir aquí. Así es. que si han estado en tu casa y en la de Vila estoy viendo que de un instante a otro llegan aquí.

Galán, en pie, quedose unos segundos pensando, con las cejas fruncidas.

—Hay que hacer algo! No nos vamos a quedar como muertos –habló nervioso Teófilo.

—Vámonos a la calle –ordenó Galán.

—Bien. Mire usted, Fermín –dijo el sargento Ramírez– yo iré detrás de usted. Si va alguien a detenerle usted no se resista, que Grijalba y yo nos encargaremos de los esbirros. Usted no se preocupe más que de escapar. Si hubiese necesidad de dejarlos en el sitio. se les deja. Aquí estamos nosotros dos para responder, pero usted líbrese. Usted es el que hace falta.

—¡Ustedes también! –y Galán sonrió, tratando de disimular la emoción.

—Yo creo que lo mejor sería que se escondiese en la habitación de otro piso –propuso Teófilo– ¿No conoce usted a nadie de confianza, Vila, aquí en esta casa?

—Sí, esconderse podría esconderse en alguna habitación de otro piso.

—No, no. eso no puede ser. Porque no podría salir. ¿Para qué quiero yo la libertad si he de estar aquí encerrado? Porque es de suponer que haya policía también en la puerta. Quizá toda la noche y mañana todo el día.

—¡Claro! – reconocieron todos.

—¡Ya está!– exclamó Vila dándose con la palma de la mano en la frente.

—Me parece que nos vamos a reír de la policía, Fermín.

—¿Cómo? –preguntó con impaciencia el héroe.

—Vamos a ver que les parece a ustedes. ¿Qué hora es?

—Las ocho no han dado aún –contestó Grijalba.

—Tenemos tiempo. En el piso de arriba hay un sastre que se dedica especialmente a uniformes de servidumbre: chofers, botones. En fin, trajes de monos de esos que sirven a los ricos. Es paisano mío, un valenciano de raza. ¡Más republicano que el propio Pi Margall! Un hombre de absoluta confianza. Le va a dar a usted, Fermín, un uniforme y va usted a salir a la calle tan tranquilo, rozándose con la misma policía. ¿Qué les parece? Porque cualquier individuo que se tropiece con la policía le puede inspirar sospechas menos un lacayo. ¿Qué les parece? ¡Creo que es estupenda la idea!

Quedaron pensativos.

Galán dijo de súbito:

—Me parece bien. Vamos. Ustedes vayan saliendo separados. Me pueden esperar por los alrededores. Me siguen a distancia hasta que me pueda meter en algún sitio. ¡Lo malo es este párpado, que me va denunciando por todas partes! ¡Quizá todas las señas que lleva la policía para conocerme sea este párpado!

—No se apure usted, hijo –le alentó Vila– esta casa es el Arca de Noé. ¿No ve usted que hay de todo? En este mismo piso hay una tienda de óptica Mientras usted se viste yo le compro unas gafas con unos cristales muy negros. ¡Ja, ja, ja!

—¡Este Vila es inmenso! ¡De pillerías de la vida no hay

quien le gane! –y Galán le acarició la molluda nuca.

—¡Ja, ja, ja! –reía Vila conmovido hasta el tuétano, al calor de las caricias del héroe.

Salieron dispersos.

Vila cerró la puerta con llave y subió con Galán en busca del disfraz.

El sastre los metió en el cuarto de pruebas. Al enterarse del deseo de su paisano les ofreció la tienda entera. Hasta su persona. Tenía varios uniformes, pero el mejor para el caso era uno de criado de un club aristocrático, que le estaba a la medida al capitán.

Mientras Galán se vestía, Vila bajó a comprar las gafas.

En los relojes de la Gran Vía eran las ocho. La calle reventaba de tráfico.

La baraúnda era ensordecedora. La luz enorme, tan clara como la del día.

Las fachadas de los edificios, con su arquitectura de relieves, los cuadros iluminados de los escaparates y los trazos multiformes, policromos y relampagueantes de los anuncios, parecían rostros gesticulantes y extraños.

—¿Ese que sale ahora, vestido con uniforme de criado de un círculo, es Galán? –le preguntó Rodil a Fernando Sierra junto a un escaparate.

—Sí. Míralo, con sus gafas.

—Mira, Vila detrás.

—Vamos nosotros siguiéndolos a distancia.

El hampa voceaba los periódicos[105] con unas declaraciones de Primo de Rivera sobre el aborto de la «infame» tentativa revolucionaria.

Los dos amigos vieron a Galán acercarse a un vendedor y comprar un periódico.

105 Muchos de los periódicos se vendían voceados por las calles, con frecuencia por humildes jovenzuelos. y no maleantes, como evoca este desliz clasista motejándoles de Hampa.

—Rodil, tengo el presentimiento de que algún día tendremos que escribir los dos un libro en el que hablemos de estas cosas[106].

106 Frase, anticipadora de presente libro que Díaz Fernández y Arderíus escribieran en 1930-31, y quienes lo estaban viviendo en 1926.

X

Fermín Galán llegó a la casita de Madrid Moderno, intangible, burlando a la policía, transformado en criado de club, entre la custodia de sus amigos.

Todos volvieron a reunirse allí, menos los dos sargentos. Estos se despidieron al salir del despacho de Vila y quedaron con Teófilo en que les comunicase lo que hubiera.

Galán, con su uniforme de lacayo, bromeó un rato con sus amigos.

A poco llegó el sastre, con el traje y la gorrilla del héroe.

Ya cuando estaba vestido con su traje gris, el Sastre le ofreció:

—¿Quiere usted quedarse con el uniforme?

—No, hombre; gracias. ¿Para qué quiero yo esto? un gran disfraz, pero para una vez. En otra ocasión será necesario vestirse de otra cosa. De cura, por ejemplo. Gracias; este traje no me hace falta. No pienso ser criado de ningún club –dijo sonriéndose, en broma.

—Te lo puedes llevar, Vicente, y gracias. Pero te voy a decir una cosa, valenciano: el tío que se vista con este uniforme se va a hacer más revolucionario que Trotzki. ¡Ja, ja, ja! –dijo Vila.

Se fué el sastre, y Grisa se despidió:

—Bueno, Fermín; tengo que irme. ¿Quieres que nos volvamos a ver esta noche?

—Claro.

—¿A qué hora?

—Yo tengo que ver a las doce y media al general Blázquez. A la una y media o las dos...

—¿Dónde?

—¿A dónde vamos a ir después que yo hable con Blázquez? ¿En dónde se les va a decir a Montiel y Navarro que esperamos? Mira, Daniel: lo mejor será que a la una te vayas a Negresco. Teófilo irá allí a esa hora y te recogerá a ti también.

Se quedaron Galán y los restantes camaradas.

Decidieron cenar juntos en un restaurant de barrio.

A las doce y media estaban en la calle en que vivía el general.

Galán y Teófilo se separaron para entrar en la casa.

Galán dijo antes:

—Ustedes pueden esperar por aquí a que nosotros salgamos.

Llamaron al sereno, les abrió la puerta y subieron.

Se encontraron al general con una chilaba blanca de hilo, en el despacho, fumando en una pipa mora[107].

Tenía delante un mapa de Madrid.

—Estoy haciendo cábalas estratégicas –dijo el general, apenas los vio entrar, echando la vista por encima de sus quevedos de oro.

—¿Buenas impresiones?

—No muy buenas, Fermín. ¡Estos políticos son cualquier cosa! Y los cuarteles no se crea usted que están tan dispuestos como nos han dicho Navarro y Montiel esta tarde. A muchos elementos habrá que sacarlos a la fuerza. Pero no se alarme usted, Galán, Yo, mañana de madrugada, a la hora que convengamos, estoy en el cuartel y la gente irá delante. ¡No ha de ir! ¡Por las buenas o por las malas! Y si es necesario fusilar. fusilaremos. ¡La revolución es la revolución! ¡La suerte está echada, querido Fermín!

—Bien– y Galán le estrechó la mano.

---

107 Con cierta ironía, tal imagen muestra cómo el general Riquelme había contraído hábitos árabes.

—Una observación, querido; es necesario que mañana mande usted por mi uniforme. He pensado que es mejor salir yo, de aquí, de paisano y vestirme en otro sitio. Salir a esa hora de militar podría inspirar sospechas en el sereno.

—Mañana vendrá Teófilo por el uniforme y le dirá a usted dónde tiene que ir a vestirse.

—¡Magnífico! Bueno, entonces ya está todo hablado. Encárguese usted de dar las órdenes para que mañana la gente esté preparada. Veremos cómo se van desenvolviendo los acontecimientos.

—¡Salud, general! Yo le esperaré a usted en la casa donde esté el uniforme. De allí saldremos los dos juntos.

—¡Magnífico! Hasta la hora grande, valiente.

Se estrecharon las manos, y el general los acompañó hasta la puerta. Antes de cerrarla murmuró:

—Fermín, hay que ir preparando ya esos entorchados para su bocamanga.

Ya en la calle, Galán le dijo a Teófilo:

—Pero qué imbécil es ese hombre. ¡Hablarme a mí de entorchados! –después de unos segundos de silencio, continuó–: Estoy pensando que es mejor que nos vayamos a acostar. No conviene que andemos juntos. Usted se puede ir al café a ver a Navarro, Montiel y Grisa, a decirles lo que hay. A Navarro y Montiel les dice usted que lo preparen todo para la madrugada de mañana. Blázquez y yo iremos al cuartel a eso de las dos. Yo ahora me encierro en mi madriguera de Madrid Moderno y no salgo hasta mañana al anochecer, cuando me vaya a donde se decida que se ha de vestir Blázquez. Uno de ustedes puede ir a por mí. Yo allí espero. Bueno, hasta mañana.

Teófilo tomó un taxi y desapareció.

Vila, Rodil y Fernando Sierra se metieron en otro con Galán y se fueron a Madrid Moderno.

Después de dejar al héroe los tres amigos, le dijeron al

chófer que los llevara a la Puerta del Sol.

Se metieron en un café a recoger las últimas noticias de aquel día.

Los informadores habían sacado la impresión en los ministerios de que los detenidos militares serían fusilados.

Respecto a los encarcelados políticos, circulaban versiones alarmantes, entre las que sonaba la característica ley de fugas de Martínez Anido. Se murmuraba también que el capitán Galán había ganado la frontera francesa.

XI

Se acordó que el general acudiese a casa de Teresa de Escoriaza, la escritora, para vestirse de militar[108].

A las ocho de la noche ya estaba allí el uniforme de Blázquez. Galán había sido invitado a cenar por la escritora.

Antes de que fuesen las once, los amigos de Galán con dos jefes obreros, estaban reunidos con éste en una amplia estancia de la casa.

Galán, vestido de uniforme, se paseaba silencioso, los brazos atrás, rígido y pensativo.

Los otros charlaban, sentados.

De pronto se detuvo el capitán Galán en uno de sus paseos, preguntando:

—¿Qué hora es?

—Las once y media –contestó uno.

—Teófilo, váyase usted por Blázquez. Quiero que estemos en el cuartel a las dos aproximadamente. Ya iré pensado el plan. Veremos lo que le parece a Blázquez.

108 Renombrada periodista y escritora en los años 20 y 30, exiliada a los Estados Unidos al fin de la guerra, Teresa de Escoriaza (1901-1968) quedó muy olvidada. Parte de aquel grupo d mujeres españolas, libres y modernas, de los años 20, dominaba el francés y el inglés, estudió en la Universidad de Liverpool y, entre 1918-1921, estuvo de corresponsal del periódico *La Libertad* en Nueva York enviando crónicas bajo el nombre masculino de Félix de Haro, como, igualmente, lo hiciera desde Marruecos, 1920-21, cuyas crónicas fueron recogidas en el libro *Del dolor de la guerra*. También publicó una corta novela situada en Nueva York, en 1929, con el sugerente título de *El crisol de las razas*. En sus estancias en los Estados Unidos, durante aquella década asimismo fue profesora de español, como lo sería, permanentemente, en su exilio norteamericano en el Montclair State Teacher College, y hasta su jubilación en 1959. Tras vivir unos años en California, regresó a España donde moriría, 1968, en su nativa San Sebastian. Sobre ella y su obra, contamos con el comprehensivo ensayo de María Palenque, publicado en el 2006: «Ni Ofelias ni Amazonas, sino seres completos. Aproximaciones a Teresa de Escoriaza».

Tendrá que aceptarlo. ¡Es el único factible! No hay más que sorprender a los cuatro tiranuelos y cazarlos. Esto es lo primero. Después. ¡ya veremos! Vaya usted por Blázquez, Teófilo.

—Hasta ahora –y Teófilo se fue a buscar al general.

Galán siguió paseándose, mudo, fumando pitillos.

Rodil decía:

—En el instante en que la gente se dé cuenta del movimiento, se suma a él.

—¡Todo el mundo! ¡Es cosa que se espera! –afirmó uno de los obreros.

—Qué sorpresa va a llevar la gente. ¡Cuando parecía que estaba asesinada la conspiración! –exclamó Vila[109].

—Es necesario estar prevenidos contra los políticos y el Ejército, no vayan a querer salvar al rey – observó Fernando Sierra.

—De eso ya se encargará Galán –dijo Vila.

—¡Y nosotros, ayudándole! –exclamó uno de los líderes.

El héroe seguía paseándose, y sus amigos planeaban sentados.

—¿No tardan mucho? –preguntó, parándose de repente, Galán–. ¿Qué tiempo hace que se fue Teófilo.

—Cerca de tres cuartos de hora.

—¿No es mucho? –interrogó Galán.

—No. Ya deben de estar al llegar.

---

109 Toda esta parte del tratar de relanzar la conspiración, tras haber sido impedida, tiene más de novelesco que de factual, aunque quizá algo de lo que se narra sí tuviera efecto. En cuanto al verdadero general Riquelme en unas declaraciones, cinco años después, afirmaba que la noche de San Juan la pasó en una casa, (¿la de la escritora?) frente a la Capitanía General de Madrid con la escritora Teresa de Escoriaza, Luis Oteyza y algunos más esperando la señal para apoderarse de ella y cuando estuviera en su poder, Melquíades Álvarez y Romanones, presidentes de las cámaras Popular y del Senado irían al Palacio a exigir al rey entregar el poder al general Aguilera. Lo cita Esteban C. Gómez en su libro *La insurrección de Jaca* (57), pero, como en tantas otras ocasiones, no menciona la procedencia.

Pasaron unos diez minutos. Galán se quitó las manos de la espalda y se las retorció violento.

Por fin sonó el timbre.

Una ansiedad enorme se traslucía en los rostros de todos. Pusiéronse en pie, y, cercando al héroe, esperaron en la puerta.

—¿Y el general? –le preguntó Galán a Teófilo cuando lo vio asomar por el pasillo.

—Aquí Castro le explicará a usted –indicó Teófilo, señalando a un hombre elegante que le acompañaba.

Galán se puso pálido y trémulo.

Cuando ya estaba Teófilo dentro de la estancia hizo la presentación:

—El capitán Galán, Francisco Castro.

Ambos se conocían de nombre.

Castro era un amigo de los escritores.

Nadie hablaba. Dominaba un silencio embarazoso.

Los pulmones del héroe producían tanta respiración que le levantaban el tórax. Estaba pálido. Las mandíbulas encalladas. Las aletas de la nariz le palpitaban muy abiertas.

—Veo que le ha contrariado a usted mucho que no venga el general –dijo al fin Castro.

Galán no desplegó sus labios. Su rostro volvió a adquirir su color natural. Rompió la rigidez de su cuerpo. Desgarbado, se fue a sentar al sofá.

Castro empezó a decir:

—El general me ha comisionado para que le explique a usted lo que hay. Me ha dicho que le haga a usted saber que su entusiasmo no decrece nada. Por el contrario, aumenta por momentos. Que nadie se imagine que él desiste de la empresa. ¡Al contrario! Que precisamente por lo bien que se le han presentado hoy ciertos elementos es por lo que ha decidido aplazar la cosa unos días. Cuatro o cinco nada más. Tiene promesas solemnes de más de un coronel para sumarse al movimiento con sus cuarteles en pleno. Mire usted, Galán; me ha encargado que le diga a usted que tenga la seguridad de que antes de cinco días, toda la guarnición de Madrid proclamará la República.

Galán sonrió melancólico.

Los ojos de todos le lanzaron miradas hostiles al embajador del general.

—Mire usted, Castro –dijo el héroe, con flema–; yo soy mayorcito para cuentos. En mi niñez, me gustaban; hoy, no. La misma música de siempre: más de seis veces nos han obligado a sofocar el movimiento, después de tenerlo a punto de estallar. Y siempre con el pretexto de que se dilataba unos días para asegurar la garantía de su eficacia. ¡Es mucha burla! Habrá que declarar que no se puede contar con esa gente para nada. Y ahora, esto que se iba a hacer la madrugada de San Juan, si no hubiese sido porque Perea, Rubio y yo nos hemos plantado en serio y hemos dicho que a la calle, ya se le quería dar otra larga. ¡Es vergonzoso! ¡Me prometo no volver a tratar más de estos asuntos con capitanes para arriba! Si no fuese porque me debo a mis ideales y no puedo obedecer a mis indignaciones de índole personal, iría ahora mismo a enfrentarme con el general para impedirle que siguiera haciendo estos juegos –se pasó la mano por la frente como para quitarse una obsesión–. ¡Bah!, me dan lástima –y se levantó.

Volvió a ponerse rígido y a pasear, como siempre, con las manos cruzadas atrás.

De repente se paró, y les dijo a los jefes obreros:

—¿Tenemos cincuenta hombres que me sigan? ¡Me bastan! Con un golpe de mano certero, resolvemos el problema. ¿Tenemos cincuenta hombres?

—Y cien, y doscientos. ¿Tiene usted armas y municiones para armarlos?

Galán sonrió flemático, y preguntó:

—¿Qué hora es?

—Más de la una.

—Es cosa que habrá que rectificar en lo sucesivo. Habrá que contar sólo con el pueblo y proporcionarle armas. Hoy ya es imposible. Las cosas se han hecho equivocadas. Nosotros, por nuestra parte, en estos dos días últimos hicimos lo posible para llevar a cabo el movimiento. Yo, por mi parte, estoy satisfecho de ustedes y de mí. Dame un pitillo, Daniel. Mejor será que me des la cajetilla entera. ¿Llevas muchos pitillos?

—Casi llena.

—Tráela. Todavía necesito otra cajetilla.

Varias manos se la ofrecieron. Cogió una al azar.

—Con dos me basta. Me marcho, amigos.

Se levantó, sereno, con expresión natural. Hubiérase dicho que no vivía las horas de alta tensión en las que él era el primer actor. Parecía al verlo en tales instantes, en pie, tan normal, que estaba despidiéndose en una visita familiar para irse al café o a vagar por las calles a distraer el tiempo.

—Me marcho –repitió–. No me olviden ustedes.

—Pero, ¿a dónde vas, Fermín? –le interrogó Grisa.

—A Prisiones Militares. ¿Qué quieres que haga ya aquí? Has visto lo que ha pasado. Si tuviésemos armas –dijo con naturalidad, desconcertando a los reunidos.

Nadie hablaba, y las miradas se fijaban en él como analizando algo extraordinario.

Por fin Galán bajó la vista, y el rubor le matizó levemente el rostro.

—¡Vaya!, que me van a poner ustedes encarnado, como a una chica. ¡Caramba! Me miran ustedes con asombro, como si fuera yo un ser extraordinario, ¿Tanto les ha sorprendido mi decisión de irme a Prisiones?

—Pero, ¿está usted loco, Fermín? –le interrogó Vila.

—Me lo ha dicho usted de una manera, Baldomero, que no me puedo enfadar con usted. Me ha parecido que me echaba usted un piropo –dijo el héroe, sonriendo.

—No, no ha sido un piropo, Fermín. Se lo digo a usted enfadado, muy en serio. Yo le conozco a usted, y sé que algunas veces hace cosas muy raras. Se lo digo en serio: si se mete usted en Prisiones Militares es una locura.

—¿Y ustedes también opinan como Vila?

—¡Hombre, claro! –exclamaron todos.

—Bueno. Me preocupa mucho el juicio de ustedes. Puede ser que por el momento crean que soy un insensato. Pero ya verán ustedes cómo no. Les aseguro que no hago más que lo que debo hacer, yéndome a Prisiones, al lado de mis compañeros Perea y Rubio.

—¡Se entrega usted a que lo fusilen! –exclamó Teófilo–. Hoy se ha asegurado en Madrid que Rubio y Perea van a ser fusilados, y que lo buscan a usted para lo mismo.

—Razón de más para que me presente –dijo con honestidad–. Se lo tengo dicho a ellos y me lo tengo dicho a mí: en una sublevación en la que intervenga Fermín Galán, si fracasa y hay fusilamientos, uno de ellos tiene que ser el mío. ¿Para qué sirve ya mi libertad? Yo estoy satisfecho de ustedes y de mí. Hemos hecho cuanto hemos podido para libertar a nuestros amigos presos y para quitar de en medio esta vergüenza. ¡Nuestra voluntad no se agota, pero los elementos faltan! ¡Qué se le va a hacer! ¿Qué corro el riesgo de que me fusilen? ¿Y Rubio y Perea? No crean ustedes; no estaría mal que nos fusilasen a alguno por el ideal y fuésemos a la muerte dignamente. Quién sabe si por lo que hay que empezar aquí en España, donde todo está degenerado, es por ofrecer la vida para darle a los hombres ejemplaridad. Me da el corazón que sí.

—Bueno, usted es un hombre extraordinario, y se comprende que no le asuste la muerte –balbuceó Vila–; pero lo más fácil es que no les maten a ustedes y les condenen a reclusión perpetua. Y va usted a estar toda su vida encerrado en un castillo, sin honra ni provecho.

—¡Pillo, cómo me conoce usted! –exclamó Galán, sonriente, acariciándole la nuca–. ¡Pero yo también lo conozco a usted! Cómo quiere usted tocarme los resortes para que me decida a una fuga.

—¡Naturalmente, que es lo que tiene usted que hacer! No le faltan medios. Le proporcionamos dinero, automóvil, documentación, todo, todo.

—No puede ser. ¿Qué voy a hacer yo en el extranjero?

—Conspirar.

—Hombre; si no me fusilan, verá usted que bien hacemos eso en mi celda de preso.

—Es usted incomprensible. Ayer, en mi despacho, estaba usted dispuesto a matar la policía para no dejarse coger. Y hoy se entrega usted. ¡Absurdo, hijo, absurdo!

—Las circunstancias cambian, Vila. Mientras yo he tenido esperanza de que mi libertad podía ser eficaz, mi detención me horrorizaba hasta tal punto que hubiera hecho lo que hubiera sido necesario para evitarla. ¡Pero ya!. –se encogió de hombros–. En estos momentos veo claramente que emigrar no tiene otra eficacia que la de salvar la pelleja. Yo me conozco y sé para lo que sirvo y en las condiciones que me tengo que desenvolver para servir. Si yo comprendiera que mi deber estaba en el extranjero no vacilaría, y ahora mismo les pediría a ustedes los medios. Honradamente les digo que no. Mi deber me aguarda en una celda de Prisiones Militares, para que me fusilen o para conspirar desde ella. La eficacia de Fermín Galán está allí. Bueno, amigos –y alargó la mano para despedirse.

Tenían tal acento sus palabras, tal expresión su rostro, se reflejaba en él tanta honestidad y tanta verdad, que, en silencio, todos fueron estrechando aquella mano.

—No me olviden ustedes – y se decidió a salir.

—Pero deje usted que le acompañemos.

—No, es mejor que vaya solo. Bueno, salud – y desapareció.

Ya en la calle, hizo parar a un taxi.

Abriendo la portezuela, le dijo al chófer:

—Lléveme a Prisiones Militares[110].

110 A falta de documentación precisa sobre la exacta fecha y modo de su detención o entrega, ésta voluntariá entrega queda como un interrogante o un hecho novelesco, aunque sí es muy sabido que tras el fracaso de la sublevación de Jaca, sí se entregó voluntariamente, ¿Sucedió, ahora, así o pusieron los autores-naradores tal primera entrega para que rimara con esta segunda y final?

XII

La celda de Galán, en San Francisco, era húmeda honda, aun en los días de sol. Se oían las campanas próximas desde la madrugada al atardecer, y este ruido amortiguaba los pasos del preso, que paseaba siempre con las manos a la espalda[111]. En la celda no había más que una mesa cargada de libros y papeles, una cama de hierro con su colcha desvaída y dos sillas carcomidas. Como la puerta estaba abierta, bostezando aburrimiento sobre las oscuras galerías, Rubio entraba de improviso con su estrépito de y noticias:

—El asunto de la Artillería va a dar mucho juego, probable que eso acabe con la Dictadura.

—Mi padre dice que el Gobierno lo que quiere es retrasar la vista de la causa.

—Yo creo que nos negarán la libertad provisional.

Galán recibía las noticias, valuaba su importancia archivaba después aquellas que le parecían útiles. Allí, en la celda de Prisiones, fué donde empezó a mostrarse su admirable sentido organizador. Por la mañana entraba Ramírez, el sargento, que siempre tenía medios de alterar el riguroso horario de visitas, Ramírez manejaba los Comités de sargentos y suboficiales que habían ido constituyéndose en cada Cuerpo bajo la inspiración de Galán. Galán le instruía sobre la propaganda que era preciso hacer entre las clases, se informaba de la actitud de los oficiales y extraía

111 Tras la Desamortización, en los años 30 del siglo XIX, el gran convento de San Francisco se convirtió en cuartel y prisión militar, en la que se encuentra Fermín Galán. La iglesia permanece y es ahora la basílica de San Francisco, con su gran cópula, una de las mayores en toda Europa, toda una atracción turística.

de las murmuraciones cuarteleras aquellos detalles que pudieran ponerle sobre la pista de cualquier posible revolucionario. Cuando se convencía de que la conducta de determinado oficial ofrecía la posibilidad de un prosélito, estudiaba el medio de hacerla llegar a Ramírez y celebrar con él entrevistas que se repetían hasta hacerse habituales. Rubio y Perea le auxiliaban en esta labor, porque la catequesis de Galán no podía ser más fructífera. Cada entrevista de Galán era un nuevo elemento para unir a los militares rebeldes. Lo difícil era lograr que los oficiales acudiesen; conseguido esto, el éxito se daba por descontado.

Una tarde Rubio entró en la celda de Galán con un capitán de Artillería, un muchacho delgado, afilado, de andar menudo y sonrisa fina, casi imperceptible. Galán no le conocía:

—Oye, Fermín; te voy a presentar a Luis Salinas[112], a quien acabo de nombrar defensor mío. Este es de los nuestros; es un convencido. Ahí os dejo, seguro de que os entenderéis.

Salió Rubio, y Galán y Salinas empezaron a hablar, tuteándose:

—¿Estás destinado en Madrid?

—En comisión. Yo siempre tengo destinos raros; ahora estoy en la Hípica.

—Hombre, eso es muy divertido.

---

112 Luis Salinas García (1893-1957), quien esuvo tan unido a Fermín Galán, preparando y participando en la sublevación de Jaca, era hijo del general Salinas Jefe del stado Mayor en Aragón, fue ascendido a capitán en 1920. Con la República, optó por el retiro voluntario, pero comenzada la guerra, fiel a Ella, ocupó altos rangos militares y dirigió acciones en distintos frentes y fue ascendido a teniente comandante. Se exilió en Santo Domingo, dedicándose a la enseñanza de matemáticas (en el capítulo XXIII le oiremos decir: «Mi pasión son las matemáticas»). En 1941, publicó un *Compendio General de Geometría.* Luego pasó a Cuba, donde participó en la reconstrucción de la masonería y perteneció a la Fraternidad Española en el exilio.

—¡Pchs! Qué más da. Claro que cuanto menos militar sea uno, mejor.

—Indudablemente. Pero en el Ejército se pueden hacer muchas cosas.

—Yo estoy dispuesto a hacerlas; ya se lo he dicho a Rubio. Quiero trabajar con vosotros.

—¿Cómo está la Artillería?

—¿La Artillería? Muy mal. Es una vergüenza lo que está ocurriendo. Nos hemos dejado azotar por Primo de Rivera.

—Pero la gente parece muy descontenta.

—Sí. De todas maneras, ya sabes que la Artillería es lo más conservador del Ejército. Este pleito es cuestión de amor propio. Todavía no se atreven a censurar al rey, cuando el rey es el culpable de todo.

—Claro. Primo no es más que el asistente, el echadizo fanfarrón de la Monarquía.

—Y te advierto que yo soy más que republicano.

Galán clavó en su compañero una mirada de interrogación. Salinas, con sonrisa más aguda que la habitual, añadió:

—A mí lo que me preocupa es otro orden social, ¿sabes? Que se acabe esta farsa que nos rodea. Una verdadera revolución, como la que se ha hecho en Rusia, es lo que se necesita.

Galán le pasó una mano por el hombro y le dijo:

—¡Magnifico, amigo Salinas! No creí encontrar un artillero con esas ideas. Del mismo modo pienso yo. Pero para eso hay que organizar una fuerza capaz de poner en marcha la revolución española. El pueblo no la tiene; los obreros están desarmados y si chillan les hacen callar las ametralladoras. Sólo nosotros los oficiales, apoderándonos por sorpresa del Poder, podremos iniciar la obra. Cuando yo me metí en esta conspiración de la noche de San Juan, lo hice para llevar el movimiento a sus últimas consecuencias. Salió mal; pero siempre es tiempo de volver a empezar. Ahora me dedico a organizar la rebeldía. Mi lema es este: «Cuando salga, donde esté, me sublevo».

—Y yo contigo –exclamó Salinas con los ojos brillantes y la boca apretada.

—Una de las cosas que hago –agregó Galán, llevando a su interlocutor hacia la mesa– es esta. Mira: el mapa militar de España. Estoy estudiando todas las posibilidades de sublevación. Con dos compañías en el campo podemos mantener meses y meses la guerra civil. Porque a mí no me asusta la guerra civil; si es necesaria, se hace.

—Naturalmente.

—Ese proyecto es el último recurso, claro está. Porque pudiera ser que hiciésemos otra cosa más rápida y más próxima.

Galán hizo una pausa. Se sentó sobre la cama y obligó a Salinas a sentarse enfrente:

—¿Qué te parece si una noche nos apoderásemos del Gobierno entero?

—¿Por un golpe de mano?

—Por un golpe de mano. Un grupo de oficiales sorprende reunidos a los ministros y los detiene. Otro grupo, con los sargentos, saca dos regimientos a la calle, ocupa Comunicaciones y Gobernación y se apodera de Madrid. ¿Qué te parece?

—Que puede hacerse. Y que ya no hay ejército que salga contra nosotros. Está demasiado desmoralizado para que haga otra cosa.

—Tendríamos enfrente la Guardia civil. Pero la Guardia civil no es tan fiera como la pintan.

—Claro que no.

—Al mismo tiempo trabajo el elemento civil. ¡Hay ahora unos muchachos espléndidos! Gente avanzada que no se conforma con un sencillo cambio de régimen.

—Esos son los que nos hacen falta.

—Esos y los otros. Los viejos republicanos también tienen su organización. Todo el mundo es aprovechable; yo no desdeño nada. Los jóvenes, en su momento; los viejos en el suyo. La cuestión es contar con una fuerza capaz de ser movilizada.

—Pues yo estoy a tus órdenes.

—Tú tienes que encargarte de la Artillería.

—Te repito que de la Artillería no espero casi nada,

—No importa. Las circunstancias no pueden ser más favorables. Bastará con la neutralidad de los artilleros ante un movimiento revolucionario.

Salinas hizo un gesto de duda.

—¡Dispararán contra nosotros! Los conozco muy bien.

—No hay que ser pesimista. Lo primero que necesita un revolucionario es fe absoluta en sus propios medios. ¿No has leído lo que cuentan de Lenin?

—¿Lo que cuenta Trotsky? ¡Qué gran hombre Lenin! ¡Qué talento! ¡Y qué fuerza!

—Pues Lenin empezó con un periodiquito de nada; *La Iskra*, *La Chispa*. Les costaba trabajo editarlo y, sobre todo, meterlo en Rusia desde el destierro. Lenin dijo en el primer número: «Esta *Chispa* incendiará el mundo».

—Y lo incendió. ¡Es admirable!

—Pues yo te digo a ti que quienes hacen las cosas son los hombres de fe. Yo tengo tanta que nada me inquieta ni me desalienta. No me preocupa el proceso, ni la condena, ni nada. De aquí puedo marcharme cuando me dé la gana. No me fugo, porque en Prisiones es donde conspiro con más libertad.

En aquel momento entraron Rodil y Vila. Galán los presentó a Salinas:

—Aquí tiene usted un camarada, Rodil. Aunque lo vea vestido de artillero, es un bolchevique[113].

---

113 Lo de bolchevique, a quien ya Cansinos-Assens tildara a Galán de serlo,

Rodil traía unos periódicos franceses que hablaban de la situación de España. Las informaciones eran cosa vaga. Vila, en cambio, traía noticias del viejo:

—¡Cómo está el *viejo*, compadre! ¡Está hecho un republicano!

—¿Quién es el *viejo*? –preguntó Salinas.

—Weyler, hombre. Dice que irá a la vista con todas las cruces encima. ¡Piensa llevar hasta el Toisón[114]! Va a ser un espectáculo.

—Yo no sé por qué no trata usted de marcharse de aquí, Galán –dijo Rodil–. Sería una estupidez que lo tuvieran unos años encerrado.

—¡Bah! No me preocupa nada. Si me absuelven, me sublevo; si me condenan, seguiré conspirando como hasta aquí. Hace unos años, después del sarampión de vanidad que sufre uno con el uniforme, yo me preguntaba: «Pero ¿me voy a pasar mi vida en el cuartel, esperando el ascenso y la paga?» Me notaba incómodo, descontento, como si me faltase algo. ¡Claro que me faltaba! ¡Me faltaba un ideal superior! Con usted lo encontré aquella tarde paseando por Tetuán, amigo Vila. Desde entonces me siento alegre, seguro de mí, con la cabeza llena de vida y de proyectos. Aunque no fuese más que por esta conciencia y esta seguridad que he dado a mi vida, podría soportarse la prisión.

Ante las palabras de Galán, los otros tres hombres quedaron en silencio. Rodil se asomó a la sucia y enrejada ventana, y por ella despeñó su mirada, lenta, distraída y migratoria.

---

estaba muy extendido entre aquellos jóvenes militares radicales y entre los literatos, desde los Ultraístas, dado el gran impacto que, en tal juventud y en sus comienzos, tuvo la revolución rusa en ellos. Hasta Jorge Luis Borges, ya anteriormente, se había considerado «bolchevique». Vemos en el diálogo cómo se estaba tan al tanto de lo que se publicaba de la revolución rusa y del marxismo en dichas fechas en España.

114 Gran insignia militar de la Orden del Toisón, que se remonta a 1430.

XIII

Un día, Vila se presentó en la celda de Galán acompañado de dos hombres enlutados:

—El hermano Wagner.

—El hermano Aristóteles[115].

Luego dijo sus nombres propios, que al capitán le costó trabajo retener. Galán les hizo sentarse y a su vez se sentó en la cama. Vila permaneció en pie y con cierto aire solemne en la voz empezó a hablar:

—He puesto en antecedentes a los hermanos de quien es Fermín Galán. La Logia Dantón[116] se honrará verdaderamente teniéndolo en su seno. La masonería ha sido siempre, ¡siempre!, el baluarte de la libertad y de la democracia. España pasa por momentos muy amargos y sólo nuestra organización puede salvarla. En el siglo pasado, los militares revolucionarios salían de las Logias que fueron las que prepararon el golpe de septiembre. ¡Hasta Prim, señores; hasta Prim era masón! Los militares liberales tienen que venir con nosotros, porque nosotros les ofrecemos todas las garantías de una sociedad secreta que no desea más que el bien entre los hombres[117].

---

115 Por el libro de María Dolores Gómez Molleda, *La Masonería en la crisis española del Siglo XX,* y en la extensa lista que ofrece de diputados masones en la Segunda República, nos enteramos que el hermano Wagner era Díaz Fernández y Aristóteles, el renombrado Eladio Fernández Egocheaga, señalado periodista y político que falleciera en el exilio mexicano en 1965. Lo siguiente de que al capitán le constó retener sus nombres propios, se referiría al de Egocheaga, pues a José Díaz Fernández ya le conocía.

116 Gómez Molleda, en su libro, se extiende en un apartado «Los prohombres de la 'Dantón» (174-177). Entre aquellos «prohombres, a los que se une Galán, contaban Marcelino Domingo y Álvaro Albornoz y varios más, civiles y militares, de quienes participaron en las conspiraciones contra la Dictadura.

117 Y efectivamente, en los años 20 y 30 del siglo XX, varios militares eran masones. De los que se trata en el libro, lo eran los generales Batet, López

Vila hizo una pausa, miró alternativamente a los reunidos como para valuar el efecto de sus palabras y continuó:

—El capitán Galán me ha mostrado deseos de ingresar en la masonería. Yo cumplo con mi deber poniéndole en comunicación con ustedes. Respondo de él con la cabeza. Estoy tan seguro de su labor en la Logia que no dudo en señalarles en él un futuro Grado Treinta y Tres.

El hermano Wagner, que, como el hermano Aristóteles, había escuchado sin pestañear las elocuentes palabras de Baldomero Vila, se desabrochó la chaqueta, se estiró el almidonado cuello de la camisa y se dispuso a contestarlas:

—La Logia Dantón. La Logia Dantón. La Logia Dantón...

Pero en vista de que el hermano Wagner no se encontraba en aquel momento en condiciones favorables de intervenir, «pidió trabajo» el hermano Aristóteles.

—La Logia Dantón se considerará muy honrada con tener al capitán Galán en sus columnas. Ya figuran en ellas otros militares muy prestigiosos.

Galán habló entonces:

—En efecto, señores; a mí me interesa la masonería porque la considero una organización de hombres honrados. Yo también creo en la fraternidad universal. Creo. hasta cierto punto. Es decir, ese es mi fin, aunque considero legítimo acudir a todos los medios para imponerla. Pero he de decirles con franqueza que a mí el rito no me interesa. Lo que me interesa es la acción. ¿Puede ser en estos momentos la masonería una asociación política?

—Desde luego –contestó el hermano Wagner.

Ochoa, Riquelme, el coronel Segundo García, el teniente coronel, Bermúdez de Castro, los comandantes Ramón Franco y Díaz Sandino, y los capitanes, tan cercanos a Fermín Galán, Luis Salinas García y Salvador Sediles Moreno. Se dice que Francisco Franco, en Marruecos solicitó serlo y fue rechazado, él, que, con tanto ardor condenara y persiguiera a los masones en la posguerra española.

—¿Cuenta con medios propios para ayudar a la obra revolucionaria?

—Hombre, tenemos muy buena voluntad. Claro que, económicamente, la Logia no tiene muchos medios...

—Esa –intervino Vila– es una cuestión que se resolverá en otro momento. Lo importante es que Fermín ingrese. Vamos a señalar fecha para la iniciación que ha de hacerse en esta celda, naturalmente.

—Y sin ceremonia de ninguna clase – dijo Galán–; esa es mi condición.

—Es que para la ceremonia – dijo Vila con zumba– íbamos a encontrar grandes dificultades. Con un hombre tan valiente como usted, Fermín, ¿quién se atrevería a ejercer de Hermano Terrible?[118]

Convinieron la iniciación para dos días después. En ella, Galán, sencillamente, expuso su fe en el perfeccionamiento de las relaciones humanas y le costó bastante trabajo reconocer al Gran Arquitecto del Universo[119].

Por aquellos mismos días, Galán, Rubio y Perea habían organizado un golpe de mano para apoderarse de Primo de Rivera y sus ministros. Los tres oficiales tenían, preparada su fuga al atardecer para unirse a otros que con ellos asaltarían la Presidencia y llevarían a cabo el proyecto de Galán. Desgraciadamente, la audaz aventura no pudo realizarse. Los confidentes a sueldo que Primo de Rivera tenía en los cuartos de banderas hicieron llegar hasta él la noticia, y el Consejo de ministros hubo de aplazarse por una semana. Cuando le dieron la noticia a Galán, que

118 El Hermano Terrible o el «El Guía del Umbral», personaje que se esfuerza por despertar el terror interno del iniciante y hacerle desertar de lograr sus propósitos.

119 En su ensayo, «José Rizal y Fermín Galán. Dos mitos para la masonería española del siglo XX», Susana Cuartero Escobes señala que Fermín Galán ingresara con el nombre simbólico de Vigor, que tanto correspondía con su persona, y en la logia Hispano Americana, N. 39 de Madrid, y que no pasó del grado de aprendiz. Aunque, tras su trágica muerte fue muy celebrado por la Masonería

aguardaba la hora en la cama, vestido de uniforme, se indignó. Hubo que desistir del plan, porque ocho días después ya habían sido trasladados a Canarias varios de los comprometidos.

Pero Galán no se desanimaba. Su celda era un laboratorio sedicioso adonde llegaban emisarios de los regimientos, de los centros policíacos, de los sindicatos, de la masonería, de las organizaciones clandestinas, que entonces empezaban a formarse al conjuro de las provocaciones del Poder. Pronto se convenció Galán de que la catequesis revolucionaria dentro del Ejército era más lenta de lo que él mismo creyera en un principio. La mayor parte de los enemigos de la dictadura lo eran por razones de orden particular, por un traslado injusto, una petición denegada, un servicio desatendido. Como a la rebeldía le faltaba el combustible de las ideas, brillaba un momento espléndidamente, pero moría en seguida bajo el mandato de la rutina o la obediencia. Galán iba comprendiendo la terrible verdad de una profesión desprovista de pensamiento, montada al aire sobre los grandes tópicos de las charangas y los pasodobles; una profesión impasible ante el tumulto de la vida y la perdurabilidad del espíritu. Estos hombres reaccionaban irritados ante la injusticia y el atropello y prometían colaborar con los planes más atrevidos y extremistas; pero cuando pasaba aquella ráfaga de vehemencia vacilaban, discutían, fijaban plazos y terminaban por desentenderse de todo acto comprometido y concreto. Sólo los sargentos, el proletariado del mando, respondían plenamente a las excitaciones de Galán; gentes del pueblo, al fin, que habían sentido el problema de clase exarcebado con la preponderancia de las grandes oligarquías del ejército y que sin comprender exactamente el alcance de una doctrina revolucionaria la sentían traducida a la violencia de su sangre y al dolor de sus necesidades diarias.

Durante algunos meses, Galán tuvo la idea de formar núcleos de paisanos que a las órdenes de oficiales y sargentos pudiesen sustituir la ausencia de militares dispuestos a salir a la calle. Pero la recluta resultaba también bastante difícil, sobre todo por la falta de armamento y material de combate. Un hombre civil puede estar dispuesto a arriesgar su vida por la libertad; pero necesita, por lo menos, colocarse en condiciones de lucha. Galán había logrado hacerse con planos de polvorines y depósitos de armas donde estas milicias podrían proveerse a la hora de la acción del armamento necesario para hacer frente a las fuerzas gubernamentales. De todos modos, los grupos civiles carecían de cohesión y de unidad, porque todo había de hacerse en secreto y bajo la amenaza de las delaciones, que en aquel tiempo estaban alentadas y sostenidas públicamente por el Poder.

Los manejos de Galán desde Prisiones fueron descubiertos, naturalmente, por la policía, que mantenía una red de confidencias en todas las zonas de la vida española. Por esta razón la policía inició una vigilancia extraordinaria sobre los agentes de Galán, Las visitas a los militares de San Francisco se iban limitando hasta la exageración y todos aquellos que por una causa o por otra acudían a entrevistarse con los presos era seguidos y vigilados por los esbirros de Martínez Anido[120]. Vila tuvo que espaciar mucho sus

120 Severiano Martínez Anido (1862-1938), de gobernador civil de Barcelona, en 1920 y 1921, presidió la cruel represión de las organizaciones obreras en aquel clima de violencia desatada entre el pistolerismo de anarquistas y, en mayor medida, el de pistoleros a sueldo de las Patronales, que gozaban del favor de Martínez Anido, junto a su colaborador, el sanguinario jefe de policia, el general Miguel Arguedi. Ambos actualizaron la práctica de la criminal «ley de fugas», ya referida en el capítulo anterior. Sobre ella y tal represión gubernamental y policiaca, contamos con la portentosa escena teatral, la sexta, en *Luces de bohemia* de Valle Inclán, situada, por aquellas fechas, en el calabozo madrileño y con el diálogo entre Max Estrella y el obrero anarquista catalán, quien, posteriormente, y ya en la calle, sería acribillado por tal «Ley de fugas», como tantos otros presos anarquistas desde fines del siglo XIX, y en aquella Barcelona bajo Martínez Anido.

visitas y el sargento Ramírez se vió obligado a suspenderlas durante semanas enteras. Rodil, Sierra y Carrió tenían que realizar grandes esfuerzos para burlar el acecho policíaco. La policía estaba con ellos en la calle, en el café, en el cinematógrafo; abría todas sus cartas, se informaba de las visitas que recibían, llegaba a penetrar en sus dormitorios en las altas horas de la noche y escudriñar ropas, muebles y libros con insoportable insistencia.

Galán, sin embargo, no perdía la calma ni la tenacidad y sepultaba en su espíritu las contrariedades con un ejemplar dominio de sí mismo. Cuando le visitaban sus amigos tenía el semblante alegre y esperanzado, como si su obra no encontrase los menores obstáculos y estuviese a punto de madurar. Rodil y Sierra, impacientes, apasionados, hipersensibles, sufrían esas grandes depresiones que caracterizan a los hombres excesivamente cerebrales e imaginativos. Lo que más les preocupaba era la posible condena de los presos:

—Hay que intentar algo antes del Consejo, Fermín. ¿Vamos a resignarnos a que le lleven a usted a presidio?

—No me condenarán –contestaba Galán–. Pero eso sería lo de menos.

—Le inutilizan a usted para unos cuantos años.

—No, hombre. Donde estemos nosotros está la revolución. Lo que yo quiero es dejar bien tendidos todos los hilos. Las cosas han de precipitarse cada día. El Gobierno sabe que este es el centro de la conspiración y nos hace perder mucho tiempo. Pero no importa.

Hizo una de aquellas pausas que confirmaban la firmeza de sus palabras y añadió:

—¿Saben ustedes cómo se quiere vengar de mí la dic-

Durante la Dictadura, fue mano derecha del dictador, actúo de Director Genera de Seguridad y fue ministro de Gobernación. En la guerra, y en el primer gobierno de Franco fue nombrado –siguiendo con la cruel ironía- ministro de Orden Público.

tadura? Pues quitándome la laureada. Parece que Primo ha hecho desaparecer el expediente que él mismo había informado en sentido favorable. ¡La laureada![121] ¡Como si yo no estuviese ya por encima de las recompensas y de los ascensos! No entienden. No son capaces de comprender que mi vida ha cambiado de rumbo. ¡Claro! Me miden por sus ambiciones y sus egoísmos. Sé que el dictador ha dicho de mí que soy un ambicioso. ¡Sí que lo soy! Pero él no entiende mi ambición.

—Me ha dicho Rubio –dijo Rodil– que ha recibido usted una carta muy interesante de un general. No ha querido darme el nombre.

Galán sonrió:

—Sí. Una carta de Berenguer. Estuve a sus órdenes en África y me recuerda con simpatía. Cuando le condenaron me dió pena, porque si él tuvo la culpa del desastre, también la tuvo el rey. Entonces me puse a sus órdenes y me lo agradeció mucho. Pero eran otros tiempos. Ahora vamos por distinto camino.

—En presidio debía estar Berenguer a estas horas, por lo de Annual –dijo Teófilo Carrió con ira.

—No, hombre –contestó Galán–. A estas horas todavía el presidio no está hecho para los generales.

—Además –arguyó Rodil bromeando–, ya sabes lo que decía Napoleón ante los miles de bajas del ejército de Egipto: «¡Bah! Esto se repone con una sola noche de París.»

---

121 Sobre los intríngulis de la no concesión de la Laureada, la más alta distinción militar, pedida para Fermín Galán por sus acciones heroicas en Marruecos, se extiende Fermando Martínez de Baños Carrillo en un apartado de su libro, *Xeruta y la Laureada* (86-97). En 1934, se le fue concedida póstumamente.

XIV

Por fin se celebró la vista de la causa que había mezclado en el banquillo hombres de todas las ideas unidos en la común aversión a la tiranía: militares, políticos republicanos, sindicalistas, anarquistas. Desde la mayor graduación del Ejército, el general Weyler, hasta el hombre pálido de los Sindicatos que por la idea hubo de aprender, quemándose las pestañas, la química de las bombas. La sentencia fue, como es sabido, una de las mayores iniquidades de la dictadura. A Weyler, responsable del movimiento, se le absolvió. Al general Aguilera se le condenó a una pena leve. En cambio, al coronel García[122], a Galán, Perea y Rubio se les impuso seis años de prisión.

¡Seis años! Los amigos de Galán, aves libres de la existencia, corazones abiertos a la rebelión y el albedrío, sentían por primera vez el peso de una condena. Un alma de veinticinco años, símbolo de la fuerza y la libertad, iba a ser reducida durante largos meses a la angostura de una celda, encerrada torpemente en unos metros de espacio. Sierra y Rodil sentían que un trozo de sí mismos estaría encadenado entre los muros de Montjuich, porque sabían no era solo un camarada único, un hermano sin par encontrado un día cualquiera en medio del tumulto del mundo; era la figura viva de una generación, y en él se habían acumulado porciones egregias de toda una raza. Rodil y Sierra estallaban de rabia y cargaban de odio su corazón en medio de un pueblo servil, mugriento y anal-

122 Ya apuntamos que la condena del coronel Seguundo García fue a ocho años.

fabeto.

Al día siguiente de ser conocida la sentencia Sierra, Rodil y Teófilo Carrió acudieron a ver a Galán. Allí estaba Vila con los ojos más emboscados que nunca. También estaba Sánchez Ventura, enlace sutil entre Galán y el sindicalismo zaragozano. Galán les instruía a todos con la misma tranquilidad y el mismo entusiasmo.

—Yo estoy seguro de que mi estancia en Barcelona favorecerá nuestros proyectos. Temía que nos enviasen a Mahón. Pero ahí, en la ciudad más revolucionaria de España. Ahí daremos la batalla. Ustedes en Madrid –dijo dirigiéndose a Rodil y Sierra– continuarán en contacto con los políticos. Yo buscaré gente segura a quien confiar la correspondencia. Vila y Carrió, seguirán trabajando a los militares. Y usted, Sánchez Ventura[123], procure ver a Salinas constantemente. Salinas hace viajes frecuentes a Zaragoza porque allí está su padre destinado.

Salinas irá a verme a Montjuitch y les dará cuenta de mis trabajos.

Fernando Sierra expresó sus temores de que el régimen del castillo impidiera a Galán comunicarse con el exterior.

Galán lo tranquilizó:

---

123 Rafael Sánchez Ventura (1897-1984), doctor en FIlosofía y Letras, distinguido paleógrafo, y profesor universitario en su nativa Zaragoza. En la Residencia de Estudiantes de Madrid, compartió gran amistad con Buñuel y con García Lorca. De Buñuel, fue asistente de dirección en *Las Hurdes. Tierra sin pan*, 1933. Lorca, le dedicó la sección VI, «Introducción a la muerte», de *Poeta en Nueva York*. En los años 20 y 30 estuvo vinculado a las organizaciones anarco-sindicalistas y en la guerra civil ostentó varios altos cargos culturales. Destinado en la embajada de París, en febrero de 1939, representó a la República española en el entierro de Antonio Machado en Collioure. Exiliado en México, fue profesor en el Colegio de México y siguió con sus labores intelectuales. Regresó a España en 1966 donde moriría en 1984 en Madrid.

Conservaba un dibujo de García Lorca con unos versos que le dedicó que, trascribimos, pues, también podrían aplicarse a Fermín Galán, con quien compartieras ideales y proyectos revolucionarios: «San Rafael Sánchez Ventura, / poeta angélico de la Rebelión celestial / y temporal campeón incansable y arrebatado / de la injusticia absoluta, su amarga Dulcinea».

—Nada, nada, donde haya hombres, hay posibilidad de rebeldía. A un revolucionario no le interesa que no existan dificultades; le interesa eliminarlas. Ustedes piensen que a mí, en la vida, ya no me preocupa otra cosa que la Revolución; piensen que toda mi voluntad está a servicio de esta idea.

Pero era terrible saber que aquella juventud ardiente y generosa había de encerrarse en una ergástula[124] del rey. Era terrible salir a la calle y tropezarse con tantas gentes estúpidas, mientras quedaba en una celda, prisionero, uno de los pocos hombres capaces de sentir íntegramente la libertad humana.

124 Lugar donde vivían hacinados trabajadores esclavos y en el que se encerraba a esclavos sujetos a condena.

XV

—Y bien, querido Jesús –dijo Galán a Rubio cuando estuvieron encerrados en Montjuich[125]–. No podemos quejarnos. Tenemos una celda más húmeda que la de San Francisco, un camastro mucho más duro y una mesa más sucia. Además, hasta los cañones dispararían contra nosotros en caso de fuga.

—Sí. No cabe duda que para una temporada de seis años, no podemos estar mejor instalados.

Hablaban en la celda de Galán donde sólo brillaba la gota de cera de la bombilla. Fermín paseaba con las manos en la espalda. Rubio, estaba tumbado sobre la cama, en esa postura desalentada y aburrida del preso que ha de ir sorbiendo como una pócima horas innumerables de la condena. Algunas de ellas, los presos las pasaban juntos y entonces cambiaban impresiones sobre las noticias que recibían de Madrid y las que les hacían llegar los republicanos de Barcelona, puestos en contacto con ellos, por medio de las Logias masónicas. La comunicación, sin embargo, resultaba difícil, porque se ejercía sobre los presos

125 Ingresó Fermín Galán en el castillo-prisión de Montjuich junto a los otros militares condenados el 27 de abril de 1927. En ese mismo día, está fechada una carta a su hermano político, Eduardo Rechart Soler, describiendo los húmedos calabozos donde, incomunicados, les metieron y el foso del castillo, lugar de cientos de fusilamientos políticos desde fines del XIX hasta los años 50 del XX, cuando pasó a ser Museo Militar y, desde comienzos del siglo XXI, a Centro de cultura y recreación. En 1934, su hermano Francisco publicó el libro *Desde la Prisión de Montjuich. Cartas políticas de Fermín Galán*. De ellas, nos valdremos para precisar algunas de las cuestiones que se tratan en el capítulo. Salió libre Fermín Galán y los otros militares el 18 de febrero de 1930, tras la amnistía concedida por Berenguer, al mando del Gobierno, una vez que Primo de Rivera, en enero, tuviera que abandonarlo e irse a París, donde moriría en marzo.

una vigilancia extremada sabiéndolos en relación con los núcleos más avanzados del país.

Al principio, Galán, sentía la impaciencia del exterior, el apetito de cartas, de periódicos que nunca llevaban hasta la celda el eco de acontecimientos que pudieran cambiar la fisonomía de la vida pública, La dictadura había remontado el primer conflicto de la Artillería dejando el ambiente militar cargado de malestar y de odio. Galán, no concebía la sumisión de los artilleros, aun convencido como estaba de que pertenecían al Arma más conservadora del ejército. Pero comprendía que este conflicto era un explosivo colocado en los cuarteles, que estallaría más tarde o más temprano. La cuestión era encontrar el hombre capaz de prender la mecha. Si Galán hubiera estado en libertad, estaba seguro de ser él. Por eso la primer época de su prisión en Montjuich fue la más amarga. No porque Galán necesitase aclimatarse a la vida sedentaria y miserable del presidio –sus años de campaña le habían preparado suficientemente para esto– sino porque él, que era sobre todo un hombre de acción, tenía que moderar sus ímpetus y estrellar su fantasía contra los hierros de la reja.

Las noticias que le enviaban Vila y Rodil, no prometían ningún cambio inmediato en la situación de España. Toda la rebeldía del pueblo ante el bárbaro absolutismo borbónico quedaba reducida al zumbido de las murmuraciones. Para Galán era indudable que, si existiesen algunos hombres dispuestos a organizar la revolución, la revolución sería aceptada con entusiasmo y alegría. Comprendió entonces el error de dejarse prender y condenar; ahora estaba seguro de que él y sus amigos eran los únicos capaces de poner en marcha enérgicamente el movimiento revolucionario. Habló de todo esto con Rubio y Perea, porque el coronel García y el capitán Heredia, ya sufrían en aquella fecha dolencias graves que les retenían en la cama. Convinieron en la necesidad de actuar con sus propios medios. García Miranda, otro oficial arrestado en el castillo, inició trabajos con la oficialidad de la guarnición de Barcelona. El propio Galán, comenzó a relacionarse con los oficiales de Artillería e Infantería que constituían la fuerza encargada de vigilar el castillo. No le costó mucho trabajo ganárselos para su causa. El plan de Galán era sublevar a la guarnición de Montjuich, caer sobre Barcelona, donde se les unirían otros elementos militares y civiles[126].

Desde hacía tiempo le preocupaba a Galán el contacto con las fuerzas obreras de Barcelona. Comprendía la enorme trascendencia revolucionaria del sindicalismo catalán y el ambiente favorable de la ciudad para cualquier movimiento de carácter extremista. Una atenta lectura de los teóricos del sindicalismo y el convencimiento de que la verdadera revolución española había de ser realizada por el pueblo obrero, le inclinaban a considerar más importante esta colaboración que la de los mismos militares, en los cuales no había puesto nunca demasiadas esperanzas. Pero la organización sindicalista atravesaba en aquellos años de la dictadura una tremenda crisis, los jefes se encontraban encarcelados o emigrados, y Galán no podía entrar en relación directa con ellos, a pesar de las indicaciones que le enviaba Sánchez Ventura desde Zaragoza. Una casualidad, sin embargo, vino a favorecer en este aspecto sus planes.

El jefe de la prisión había autorizado a un soldado de la guarnición del castillo para que hiciese el oficio de ordenanza cerca de los presos. Este soldado era un muchacho

126 Ese plan trazado por Fermín Galán, el cual exponen a Antonio Leal en carta del 16-5-1928, incluía el llamamiento a una huelga general en Barcelona. El plan lo presentó el Comité Revolucionario de Badalona al Nacional de la CNT y fue descartado el 16 de junio de 1928. En su larga carta a Leal del 24 de julio, Galán se extiende sobre ello con resignada aceptación, pero con aceradas críticas al Comité Nacional de la CNT. (*Desde la prisión de Montjuich* 45-55).

de aspecto enfermizo que efectuaba sus faenas en silencio. Muchas veces, en la semioscuridad de la celda, Galán, abstraído durante muchas horas, no se daba cuenta de su presencia y de repente encontraba los ojos brillantes del soldado clavados en él con firmeza. Cuando Galán hablaba con Rubio, hasta discutir ambos sobre temas políticos y de la vida en general, el soldado escuchaba disimuladamente; pero sin llegar a decir nada. Un día, sin embargo, se dirigió a Galán:

—Yo ya he hablado de usted allá abajo.

—¿Allá abajo? ¿Dónde?

—En el sindicato. Les he dicho a los compañeros que usted es un amigo nuestro...

—¡Ah! Pero. ¿es que tú eres sindicalista?

—Sí, señor. De los metalúrgicos.

—¡Hombre! ¿Y cómo no me has dicho nada hasta ahora?

—Yo esperaba darme bien cuenta. Si usted, quiere, le traigo un día a Pallarés.

—Sí, hombre; encantado. ¡Con las ganas que yo tenía de entrar en contacto con la organización! Pallarés, es un compañero ¿no?

—Si –dijo en voz más baja el soldado–. Es el que lleva todos los trabajos. Vale muchísimo. También hay otro, que se llama Leal, de Badalona[127].

Convinieron una entrevista con Pallarés. Pallarés[128] era

127 Con quien trabó tan gran amistad. Poco después del fusilamiento de Galán, en 1931, Antonio Leal, junto a Juan A. Rodríguez, publicaron el libro *Para la historia: lo que no se sabía de Fermín Galán*, de intrigante título al cual no hemos logrado tener acceso, y donde se extenderían sobre el grupo anarquista de Badalona en relación con Galán, y sus diferencias con la CNT.

128 José Pallarés era uno de los más destacados anarcosindicalistas barceloneses. Se dice, aunque apenas se menciona en las cartas, que Fermín Galán, desde la prisión entró en contacto con alguno de los principales líderes anarquistas, tales como Ángel Pestaña. Francisco Ascanso, y Buenaventura Durruti, entre otros.

el tipo del revolucionario integral, con una gran cultura societaria y un conocimiento profundo de los medios obreristas. Sus conversaciones con Galán dejaron en este una fuerte impresión. Pallarés iba a Montjuich dos veces por semana burlando, naturalmente, la vigilancia de la Policía. Galán y él se pasaban las tardes hablando, no sólo sobre las posibilidades revolucionarias de Barcelona, sino acerca de los problemas más complejos de la sociedad y del espíritu. A pesar de la clarividencia intelectual de Galán, de su intuición maravillosa para comprenderlo todo, fue en aquellas entrevistas de la celda donde por primera vez notó la falta de firmeza teórica de sus convicciones. Galán había leído a Marx, a Kropotkin, a Sorel; pero desconocía los matices doctrinales de estas ideas a lo largo de la experiencia sindical. Empezó a necesitar un punto de apoyo para la acción y éste no podía ser otro que el de una concepción racional de la vida. Así comenzó a interesarse por el estudio de las ciencias naturales que había de ser base de su libro «Nueva creación». El subtítulo de la obra nació como expresión de los propósitos de Galán en el primer año de su encierro. «Política ya no es solo arte, sino ciencia». Coincidía con Bakunin en considerar la vida como una creación; pero no una creación poética, bella, pero utópica, sino que a su juicio «hay que crear de acuerdo con el conocimiento positivo, que ya es rico, lo suficientemente rico para presidirlo todo». Galán había estudiado también a Marx atentamente; pero a la concepción materialista de la Historia oponía el juego de los instintos (el individual y el colectivo) para llegar a un concepto puramente ético de la sociedad, dentro del fatalismo económico. En «Nueva creación» lo expresa diáfanamente: «Situar a los instintos individuales en su lugar y limitar el amoralismo por medio de los sociales, es la labor racional a desarrollar». La fórmula económica había de fijarla después en «Nueva creación», a base de estos tres principios; Propiedad en usufructo, individual o colectiva. A todos y cada uno, según su capacidad y su esfuerzo físico. Administración de la riqueza por la propia colectividad, organizada al efecto, en sus dos aspectos sociológico y económico.

Pero no por este deseo de encontrar un pensamiento para su obra, abandonaba Fermín Galán su misión revolucionaria. Era, preferentemente, un revolucionario y su impulso intelectual nacía de la necesidad de encontrar un programa coherente con las inquietudes del hombre de todos los tiempos. A medida que meditaba en el problema humano, el horizonte revolucionario se ensanchaba, hasta soñar con una pauta común, no para una política, sino para una civilización. Sus relaciones con el sindicalismo barcelonés eran cada día más estrechas. El proyecto de Galán de preparar desde la cárcel una sublevación civil, con interferencias militares, empezó a ser tomado en cuenta por las organizaciones proletarias. La dificultad, sin embargo, radicaba principalmente en la falta de armas. Era necesario armar a los obreros y para eso había necesidad de contar con fondos que no tenían ni Galán ni los obreros. Galán solicitó de sus amigos de Madrid que hiciesen gestiones para encontrar ese dinero. Al mismo tiempo les encargó de la formación de un comité político del que participarían Albornoz y Marcelino Domingo[129], el cual asumiría desde el primer momento la dirección del movimiento revolucionario. Galán nunca quiso llegar a las últimas consecuencias de su proyecto sino gradualmente, aplicando para ello el método posibilista. No ignoraba que la transformación de una política primero, y después de una sociedad no podía acometerse de golpe. Galán no era un demagogo ni un utopista.

129 Nuevamente, se le atribuye a Galán un papel de iniciador de un Comité, con tales nombres, el cual, nacionalmente ya estaba formado, y en el que ya figuraban Álvaro de Albornoz y Marcelino Domingo.

La actividad de Galán no pasó desapercibida, claro está, para la policía de la dictadura. Esto hizo que a los presos se les vigilase más de cerca y que la vida interior de la prisión cambiase por completo para ellos, haciéndose más dura y angustiosa. Los demás detenidos, incluso Rubio, consideraron imprudentes los trabajos de Galán porque creían más fecundo procurar la amnistía que anunciaba Primo de Rivera. Ya en libertad, podrían continuar actuando con mayor eficacia. Galán se opuso totalmente a este «statu quo» que consideraba algo así como una derrota. Su disgusto fue enorme cuando supo que sus compañeros, movidos quizá por el deseo de ser más útiles en libertad a la causa revolucionaria, habían solicitado el indulto. Galán, entonces, se encerró en su celda y no quiso ver a nadie. Esa actitud, le obligó a romper toda relación con los demás presos, hasta el extremo, de que durante una larga temporada comió el rancho de la prisión[130].

130 En su correspondencia con Antonio Leal se extiende mucho sobre tal distanciamiento, harto virulento, con sus otrora tan amigos y colaboradores, quienes disentían de sus tan radicales planes revolucionarios, tales como los de la toma del castillo, y su estrecho contacto con los anarquistas. En una de las cartas se queja de que hasta enviaron noticias al grupo de Madrid alegando que era «comunista». Como se señalo en la Introducción, no obstante, sí reconoce, en varias cartas, que cuado cayó enfermo, Rubio y Perea acudían a su celda y le cuidaban con celo y cariño.

XVI

En aquel aislamiento voluntario, batida el alma por la amargura y la soledad, Galán adquirió una consistencia interior capaz de resistir las pruebas más difíciles. Estaba casi incomunicado con sus amigos de Barcelona. Los de Madrid, perseguidos también por la policía, no lograban concertar ningún acuerdo eficaz que le proporcionase los medios de acción indispensables. Galán sentía que el olvido rodeaba su persona y su nombre, y que aún habrían de transcurrir algunos años antes de recobrar la eficacia y el albedrío. Pero, a pesar de todo, su espíritu triunfaba gallardamente del desaliento y la decepción. Rodeado de injusticia, de oscuridad y de miseria el alma de Galán brillaba más espléndida que nunca. El aspiraba, como un místico[131], a la depuración de sus instintos y proyectaba su pensamiento hacia la fraternidad y el amor. Sus lecturas y sus meditaciones le inclinaban a concebir un mundo de perfección moral que eliminase el egoísmo de las clases y diese su sentido de equidad a la obra de la Naturaleza. En esa atmósfera espiritual fue concebida, planeada y escrita «Nueva creación». A medida que escribía las cuartillas del libro, Fermín Galán se sentía contagiado del entusiasmo que emanaba su propio pensamiento[132]. En ellas el hombre

131 Lo de místico en lo que insistirán los autores-narradores también lo sacó a luz Antonio Espina en su reseña de su drama *Berta*, donde resaltaba: «La fe del místico vencía siempre en él a las dubitaciones del reflexivo. Y justamente en esa entrega absoluta a un ideal sobre-humano reside el máximo valor de su sacrificio, el sello imborrable de su grandeza». *Luz*, Madrid 22 de abril 1932, p. 6

132 Y mandaba varios capítulos de dichas cuartillas a Leal para que las distribuyera entre los anarquistas. En una de las cartas se queja de que Ángel Pestaña, líder anarquista, en una de sus publicaciones usara conceptos de

de acción encarcelado desalojaba el anhelo de lucha que era condición inseparable de su espíritu. Sentía la verdad tan cerca de su inteligencia y de su corazón que empezó a sentirse halagado por la idea de que no hiciese falta el choque brutal de la fuerza para imponer en su país un nuevo orden de cosas. «Nueva creación» podría convertirse en el evangelio de las jóvenes generaciones, y neutralizar la violencia de la guerra social que había empezado a conmover el mundo. A base de la suprema armonía entre el instinto individual y el instinto social, Galán pensaba destruir la antinomia entre el interés personal y el interés colectivo:

«Todos los esfuerzos por levantar una civilización en que los hombres no se mueven más que por la hostilidad y la ira de sus instintos individuales, en verdadero caos interno y externo, sino son vanos son, por lo menos muy problemáticos[133]. Galán no era tan ingenuo, sin embargo, que creyera ciegamente en la eficacia de su llamamiento. En un párrafo de su libro expresa con claridad esta idea, dando a entender al mismo tiempo que si su apelación no es escuchada, no habrá más remedio que recurrir a la violencia: «Habrá quien crea que hablamos ingenuamente al invitar a todos a la colaboración. Pero no; hablamos con toda sinceridad, hablamos racionalmente. Que no seamos racionalmente escuchados, es cosa que no depende de nosotros. Pero hay que hablar de esté modo, aun cuando no nos escuchen. Tiempo habrá para tomar toda clase de resoluciones, si nos fuerzan a ello».

Las grandes obras del espíritu han nacido en un ambiente de sufrimiento y de tortura. Puede la razón res-

---

sus escritos, pero sin mencionar la procedencia. Se escribe mucho sobre la influencia de los anarquista en él, cuando, por lo contrario, y con su *Nueva Creación*, era él quien aspirara a influir en los anarquistas

133 Tales pensamientos de Fermín Galán mantienen su vigencia en la actualidad en nuestro mundo tan plagado de lo que él crítica.

ponder maravillosamente a la voluntad creadora; pero el creador ha de vivir un estado psicológico de exacerbación y de fe que le traslade del puro objetivismo a la vibración honda y entrañable. Así Galán, en el fondo de su celda, vivió ese tránsito nervioso y alucinado que va de la emoción intelectual al deslumbramiento lírico. Llegó al convencimiento de que su libro podría tener tal poder de persuasión que iniciase un cambio total en la táctica de las luchas sociales. Su triste situación de encarcelado, su soledad y su abandono carecían de importancia ante la majestad ideal de «Nueva creación». Pasaba por el mismo estado anímico de Marx cuando atravesando la máxima pobreza hizo una fiesta en su casa de París para celebrar la edición rusa de «El capital»; la misma alegría inefable de Lenin preparando en un cuchitril de Londres los argumentos que habían de pulverizar a Martov[134].

Graves paréntesis le arrancaron de su trabajo: la muerte del capitán Heredia, vomitando sangre en el insano pavimento de Montjuich, mientras las golondrinas firmaban a través de sus rejas, el pésame de la primavera; su propio paludismo sufrido en el horror de la pesadilla y de la fiebre, tras cuyas nieblas encontró la espontánea solicitud de Rubio y de Perea. Cuando se puso bueno, Galán expulsó sin esfuerzo la espina de la melancolía. Pudo contemplar en las planas de los periódicos el panorama de la ya decrépita dictadura, debilitada por la emigración de Sánchez

134 Bastante exagerada tales comparaciones, expuestas, no obstante, para patentizar la propia índole revolucionaria del pensamiento de Fermín Galán.

Julius Martov (1873-1923), estuvo unido a Lenin en el Partido Obrero Social Demócrata de Rusia (POSDR), pero se dividieron al formarse las dos facciones opuestas, la menchevique, liderada por Martov, que postulaba un cambio revolucionario gradual y la de los bolcheviques, de Lenín, que apostaba por el cambio radical. Por sus palabras, Fermín Galán parece inclinarse por Lenin, aunque en su concepción también hay elementos de la posición de Martov, uniéndose a la Sanjuanada y a la sublevación de 1930, aunque aspirando a algo más allá, una trasformación radical.

Guerra, por el fracaso de la Asamblea consultiva y por la cronicidad del pleito artillero. Sobre éste, Salinas le escribía noticias, no muy halagüeñas. Salinas, no creía en la decisión revolucionaria de sus compañeros y Galán pudo confirmar bien pronto la certeza de este juicio con el episodio de Ciudad Real, donde los demás dejaron solos a un grupo de hombres dispuestos a cumplir los compromisos contraídos con la conspiración de Sánchez Guerra[135]. Galán siguió anhelante, desde la cárcel, la infortunada tentativa y ante ella llegó a la conclusión de que había faltado el organizador revolucionario con un programa concreto y tajante que ganase la confianza de las masas. El movimiento de Sánchez Guerra había sido muy parecido al de la noche de San Juan; pero desde entonces él creía haber aprendido mucho. Una minoría decidida quizá llegase a conquistar un poder precario e impopular; para ello, sin embargo, era preciso contar con una doctrina que arrastrase a las muchedumbres integrándolas en un ideal de justicia y de amor. Con su obra proyectaba Galán llevar a cabo este propósito inminente.

A los tres años y medio de prisión, Galán, como todo encarcelado, pensaba en la libertad. Pero la costumbre, insustituible domadora del hombre, había aplacado en él toda impaciencia. La vida también fluía dentro del oscuro recinto, limitada por los guardianes rutinarios, por las ventanas enrejadas, por el horario de las visitas y las noticias intermitentes de los periódicos. La vida, seca como una oblea, estaba en las páginas de los libros, en el piso enca-

---

135 Un nuevo pronunciamiento, fracasado, en Ciudad Real del primer regimiento de Artilleria y en Valencia, dirigido en el renombrado político Sánchez Guerra el 30 de enero de 1929. Sobre la «intententona de enero», se extiende Vicente Marco Mirada, quien participó en ella, en *Las conspiraciones contra la Dictadura* (1923-1930), en las págs 89-114. Fermín Galán trata críticamente de ella en cartas a Antonio Leal, destacando los motivos del fracaso, el principal, el no contar con un apoyo de masas. De ahí, que, en sus planes, él siempre priorizara la participación de las filas obreras tan politizadas en la España de entonces.

llecido de la celda, en el rumor de los soldados que vigilaban el patio. Un día, sin embargo, entró en Montjuich una gran palabra, una palabra mágica que abría impensadamente los pesados cerrojos. Amnistía. Amnistía. Libertad para media docena de hombres a quienes había encadenado el ansia de libertad. Fermín Galán, en aquellos instantes, estaba más sereno que nunca. Cuando recogía sus papeles y desdoblaba el uniforme que podría vestir de nuevo sin sonrojo, pensaba que fuera estaba la otra cárcel, la cárcel bárbara de una sociedad sin moral y sin ley. Fermín Galán sentía, como siempre, el vértigo de la justicia en su corazón. ¡A sufrir de nuevo por los hombres! ¡A devorar las tinieblas que duermen en el fondo de las almas! ¡A vivir y a morir de ansiedad cada minuto!

Barcelona, allá abajo, era al anochecer una efervescencia de luz.

XVII

Anochecer de un día del mes de febrero de 1930[136].

Salió Fernando Sierra de un comercio de la calle Barquillo y se dirigió a Correos a echar unas cartas. En el aire violáceo del crepúsculo los focos móviles del alumbrado público pintaban estelas de espuma a lo largo de la calle de Alcalá.

La hora era templada y grande la circulación urbana. La calle era como un canal de corriente humana sobre el cual los guardias, al sonido de sus pitos, colocaban las pasarelas del tránsito.

Fernando Sierra, cruzó la calle, echó sus cartas regresó por la acera del Banco de España. Fumaba un pitillo y miraba a las mujeres, a todas las mujeres que sus ojos podían abarcar, sin distinción de edades ni categorías, porque para él solo existía una mujer en el mundo: el sexo femenino íntegro.

Al pasar por la puerta de la Granja[137], pensó entrar, vaciló unos segundos y decidió seguir hasta la calle de Sevilla. Lo atraía la muchedumbre y aquella temperatura casi estival del ambiente. Llegó al Banco de Bilbao[138] y volvió por la misma acera. Se ensimismó y se puso a reflexionar. Abstraído en la meditación, se sintió turbado de súbito por unos dedos que colocados sobre sus párpados lo cegaban.

---

136 En otro salto temporal elíptico, pasamos del Castillo de Montjuich no a Barcelona, sino a Madrid, a encontrarse en el piso familiar y entre sus amistades de escritores de las mismas inclinaciones políticas y literarias.

137 El ya mencionado *Café de La Granja del H*enar, parejo al colindante *Negresco*, y con sus tertulias de políticos y literarios. Una de las más frecuentadas era la de Ramón del Valle-Inclán.

138 En el cruce de la calle de Alcalá con la de Sevilla, un magnífico gran edificio del Madrid Moderno, todavía en pie bajo otra Institución.

Alguien estaba a su espalda. Estuvo unos momentos confuso e irritado, soportando aquella broma pueril y aldeana. ¿Sería alguien de su pueblo? No. Los amigos que él tenía no eran hombres que gastasen esas bromas. ¿Algún campesino, quizá, de los que con él habían fraternizado durante su vida entre el proletariado de la tierra, recién llegado a la Corte para ingresar en un hospital donde le curasen los alifafes del hambre y la esteva[139]? Sierra descartó rápidamente esa suposición. Sus camaradas de la sierra de Grina eran hombres respetuosos y si alguno de ellos lo hubiese visto, no por la espalda y cegándolo lo hubiese saludado, sino de frente, alargándole su mano de corteza de olmo.

Al mismo tiempo que la opresión sobre los párpados, Fernando sentía junto a uno de sus oídos una sonrisa refrenada. Malhumorado cogió las muñecas del intruso apartándole las manos.

Se volvió decidido para expresar su molestia.

Fermín Galán lo aguardaba para darle un abrazo.

La ira de Sierra se transformó en una gran alegría.

En Fermín Galán no estaba mal aquella broma. No solamente no estaba mal, sino que, por el contrario era una muestra típica de su espíritu sencillo.

—¿Cuándo ha venido usted?

—Esta mañana. Ahora iba a esos cafés a ver si los encontraba a ustedes. ¿Y los amigos? A Teófilo y a Vila los he visto algunas veces en Montjuich.

—A Rodil es fácil que lo veamos en la Granja.

—Pues vamos allá.

Y cogidos del brazo se dirigieron al café[140].

---

139 Alifafes, achaques; esteva, pieza del arado para dirigir con la mano la reja y apretarla contra la tierrra. (D. R. A. E)

140 Como escribiera, en sus Memorias, Felipe Díaz Sandino: «Todos los muchachos republicanos recordarán La Granja. El Henar, de Madrid, en donde siempre podía contarse con gente incondicionalmente adicta» *De la Conspiración a la Revolución. 1929-1937* (37), en el libro, *Los estudiantes frente a la Dictadura,* también se le menciona como lugar del encuentro de dirigentes estudiantiles de la *F. U. E.* Henar, de Madrid.

Anduvieron unos minutos en silencio.

De pronto, Fernando le preguntó:

—¿Vuelven ustedes al Ejército?

—Sí, ya estamos reingresados; pero yo voy a pedir la separación. ¡No quiero ser militar!

Fernando Sierra se quedó mirándolo, contrariado:

—¿Pero habla usted en serio?

—¡Y tan en serio! He decidido dejarme el uniforme. Tengo resuelto hacer otro plan de vida.

—¡Absurdo, Galán! Está usted cambiado.

—Soy el mismo –murmuró sonriendo, dándole unos golpecitos en el hombro.

—Pero usted no puede salir del Ejército, hombre. Sería destrozarnos nuestros planes. Es imprescindible que esté usted dentro de él. ¡Usted es el único hombre que puede llevar el Ejército a la Revolución!

—Ya les hablaré a ustedes de otros proyectos que tengo. En Montjuich he pensado mucho y me parece que he logrado descubrir la verdad de muchas cosas.

—No, Galán; no me gusta oírle a usted. Temo que el mucho pensar haya anulado al formidable hombre de acción que había en usted.

—¡Ah!, desde luego. Yo soy hombre de pensamiento y de amor, y con un optimismo. Más que optimismo, seguridad en el triunfo.

—Veo que la prisión le ha transformado en un místico. ¡Qué lástima de aquel Galán napoleónico!

—No sean ustedes tontos. Las ideas tienen más fuerza que las armas. Es necesario luchar con las ideas. La clave está en encontrar las verdaderas. En la soledad de mi celda, yo he descubierto esta verdad: al mundo hay que conquistarlo convenciéndolo por el razonamiento, y no sometiéndolo por la fuerza de las armas. ¡Estoy hecho un pacifista integral, Fernando!

—¡Qué lástima!

—¿De qué?

—Lo hemos perdido a usted.

—¿Usted cree eso? –interrogó Galán, preocupado, pasándose la mano por la frente.

—Pero tengo la esperanza de que muy pronto, cuando lleve usted unos meses viviendo en libertad, en contacto con la vida, volverá usted a ser quien era.

Galán, para cambiar de tema, llamó la atención de su camarada:

—Mire usted que mujer más guapa.

—¡Ha salido usted del presidio tremendo!

—No lo crea usted. Le voy a hacer una confesión: desde los días aquellos de la noche de San Juan, no sé lo que es el calor de una mujer, y eso que ya llevo varias semanas en libertad.

—¡Montjuich le ha hecho a usted un místico perfecto! Estoy viendo que es usted hombre de monasterio.

—¡Yo qué he de ser místico! ¿Por qué? ¿Porque quiero valerme, para nuestras conquistas sociales, de la razón, en lugar de apelar a los cañones? ¿Porque le he dicho que no ha alentado una mujer a mi lado en cuatro años y pico? De lo primero lo dejará a usted convencido la lectura de mi *Nueva Creación.* Y lo otro. ¿usted se figura que a mí no me gustan ya las mujeres? ¡Más que a usted! ¡Que ya es gustar[141]! ¿Ve usted? Ahora mismo cogería a todas las que pasan y me las llevaría conmigo. Todas me gustan. A todas las deseo. Pero luego me quedo solo, me encierro en pensar, me abstraigo y se me olvida el deseo.

—¿Qué es eso de *Nueva Creación* que ha dicho usted?

—Mi libro.

—¿Qué libro?

141 El erotismo juega un papel central en las novelas de Arderíus y Díaz Fernández. Ambos están por la mujer moderna, aunque con algún toque que, hoy, podría ser visto como anti-feminista.

—*Nueva Creación* es un libro de doctrina social que he escrito en Montjuich. Ya está imprimiéndose en Barcelona. Dentro de unos días me mandarán ejemplares.

—Comunista, ¿verdad?

—No. Otra cosa.

—¿Anarcosindicalista? Ya sé la gran relación que ha tenido usted con los sindicalistas de Barcelona. ¿Ha influido algo en sus ideas la amistad con ellos?

—En absoluto. Es muy buena gente. ¡Qué hombres más sanos, más puros! Yo soy el que he influido en ellos. Pronto el sindicalismo seguirá el rumbo de mi *Nueva Creación*. Algunos que lo conocen declaran que es el evangelio del proletariado[142].

—Bueno, dígame usted entonces lo que es *Nueva Creación*.

—No quiero que hablemos ahora de ello. Después, cuando usted lo lea. ¿Entramos al café?

Al asomarse al patio, oyeron que les siseaban.

—Mire. Allí está Rodil.

Rodil se había levantado y estrechaba a Galán en un abrazo lleno de ternura.

Con Rodil estaban en la misma mesa Oteyza y Teresa de Escoriaza[143].

---

142 Aunque la crítica negativa, especialmente en los años del franquismo, le tachaban a Galán de comunista o de anarquista, aquí, como en el libro que anuncia, vemos que, por el contrario, su ideario aspiraba a superar a ambos en una relación dialéctica.

143 Reaparece Teresa de Escoriza, junto a Luis de Oteyza (1883-1961), como les habíamos visto en una cita anterior junto el general José Riquelme, con quienes estuvieran la noche de la Sanjuanada. Mantuviero gran amistad a lo largo de sus vidas. Periodista, narrador, hombre viajero, al igual que ella, y liberal, Oteyza fue director del periódico *La Libertad,* al cual ella mandara sus crónicas neoyorquinas. Pionero de la radiodifusión española, fundó la primera radio en Madrid, *la Libertad*, donde Teresa daba charlas radiofónicas alguna sobre la mujer moderna. Al igual que ella, viajó, en varias ocasiones a Nueva York, y publicó su novela de la ciudad, *Anticípolis*. Aquí les vemos junto a dos viajeras norteamericanas; en una escena parecida a alguna de en las que aparece otra viajera norteamericana en *La Venus mecánica*, y que, igualmente, remite a las dos novelas norteamericanas de Escoriaza y de Oteyza, tan conocedores del mundo neoyorquino de aquellos años.

La escritora no había visto a Galán desde la noche en que esperaban al general Blázquez para sublevarse. En la mesa estaban también dos señoritas extranjeras.

La escritora las presentó diciendo:

—Miss Mabel y miss Dorothy. El capitán Galán y el escritor Fernando Sierra.

Las extranjeras sonrieron y alargaron la mano.

—No saben ni una palabra de español –dijo la escritora–; son yanquis. Han hecho conmigo la travesía desde Nueva York. Bonitas, ¿verdad?

—Sí. Pero a mi me gusta más aquella –observó sonriendo Galán.

—A mí las dos igual –declaró Rodil.

—Y a mí todas las que hay en el café –exclamó Sierra con los ojos brillantes.

La escritora se puso a hablar con las americanas. A cada palabra que les decía ellas miraban a Galán embobadas.

—¿Qué les está usted contando? –interrogó el héroe.

—Diciéndoles quién es usted, sencillamente.

Miss Mabel abrió su bolso y sacó una cajetilla de pitillos de 0,60 céntimos. Le ofreció uno a Galán. Después repartió entre todos.

—¿Cómo fuma esta chica cigarros tan malos?– preguntó Galán.

—¡Oh!, es graciosísimo –exclamó la escritora–. Yo las tenía citadas aquí. Y cuando venían, al entrar, se les ha acercado una vendedora, de esas que hay en la puerta, ofreciéndoles tabaco. Les ha gustado la envoltura de esos pitillos y la vendedora se ha dado cuenta. Les ha dicho que eran magníficos, los mejores. ¿Y cuánto dirá usted que les ha cobrado por cada cajetilla?

—¿Cuánto?

—Seis pesetas. Ellas están encantadas. Dicen que son magníficos; el mejor tabaco que han probado.

Sonrieron todos y quedáronse atentos viéndolas a las dos cómo preparaban sus pitillos para encenderlos.

—Verán ustedes qué apuradas se van a ver para volverlos a liar. Se les derrama la mitad del tabaco y los mojan tanto de saliva que ya no arden. Están inutilizando pitillos hasta que alguien se los hace. Luis ha tenido que liárselos.

Ellas se dieron cuenta y entre risas ofrecieron sus pitillos para que se los liasen.

Galán tomó el de miss Mabel, dictándole a la escritora:

—Dígale si quiere que le cambie el papel.

—¡Oh, no, no! –exclamó la yanqui, cuando la escritora se lo hubo preguntado.

—Dice que ese papel es riquísimo. ¡Tiene la garganta de piedra!

—Y cuidado que pica este papel –advirtió Galán.

—Para ellas es lo mismo. En el tiempo que están aquí en el café con nosotros ya llevan tres wiskys.

—¿Qué clase de gente es? ¿Artistas? –inquirió Galán.

—No, no. Son unas hijas de familia. Dos burguesitas que han salido a dar una vuelta por Europa. Me parece que son judías. Aquella es hija de un comerciante riquísimo y esta de un abogado.

—¿Las conocía usted allá? –preguntó Galán.

—No. Las he visto por primera vez en el barco. Son preciosas, muy simpáticas y muy libres.

—Eso está bien.

—¡Claro! No son como estas señoritas mojigatas de aquí[144]. Ahí las tiene usted, Galán, las dos solas recorriendo el mundo. Y, sin asustarse de nada, ¿eh? Porque no se asustan de nada, de nada absolutamente.

—Son unas burguesitas que están muy bien, aunque a los papás haya que ahorcarlos.

144 En contraste con lo que dice, ella misma era una más del número de mujeres modernas y libres en las capitales españolas de los años veinte. Se echa de menos que Teresa de Escoriaza no figure en libros que tratan de dichas mujeres, tales como *Las modernas de Madrid* o *Las sin sombrero*.

—Pero cuéntenos usted algo, Fermín –saltó de pronto Rodil–. ¿Cómo le ha ido en Montjuich?

—Ya me había acostumbrado y me hubiese dado lo mismo haber estado unos cuantos años más. Leía, escribía, comía bien, de salud estaba perfectamente, iban a visitarme personas muy queridas, y créame usted que me había hecho a esa vida. Hubiese seguido en ella sin sacrificio ninguno.

—Va a publicar un libro—declaró Fernando.

—¿Sí? –interrogaron los otros.

—Dentro de unos días tendré ejemplares y les daré a ustedes.

—¿Dónde se lo están editando? –preguntó Rodil.

—En Barcelona. Pero no hablemos nada del libro. Después, cuando lo hayan leído ustedes. Les voy a adelantar una cosa: creo que convenceré con él a todos los hombres sanos de corazón y de inteligencia clara. Con mi libro hago desaparecer la necesidad de la violencia para transformar este país. Lo que habrá que hacer es difundir *Nueva Creación*. ¡Ya verán ustedes!

—¡Galán! Viene usted transformado. No le conozco –exclamó Rodil–. ¡Como no nos había dicho usted nada!

—Parece que se han puesto ustedes de acuerdo. Lo mismo me ha dicho Sierra.

—¡Tantas esperanzas que teníamos para cuando usted saliese de Montjuich! Yo creí que saldría usted más revolucionario que entró –dijo Rodil.

—Y lo soy. Lo que pasa es que tengo la seguridad de que la fuerza no es lo que convence a los hombres. A los hombres para llevarlos a su transformación social hay que convencerlos por medio de las ideas. Yo les aseguro que he descubierto la clave. La clave está en el juego de los instintos humanos. La medula del libro es eso. Pero vamos a no hablar más de esto. Ya leerán el libro.

La escritora charlaba con las americanas. Les hablaba

de Galán. De su campaña en África. De su conspiración de San Juan. Y de su vida en el castillo de Montjuich. Ellas no cesaban de abrir la boca, en gestos de admiración, mirando al héroe.

—¿Y usted qué actitud piensa tomar frente a Berenguer y su Gobierno? –le preguntó la escritora.

Galán hizo un ademán de indiferencia.

—No vayamos a creer que lo han desarmado a usted con la amnistía –bromeó la escritora.

Una risotada franca, fuerte, fue su contestación.

—¿Qué le parece a usted este Gobierno? –preguntó la escritora.

—Pues otra modalidad de la dictadura anterior. Pero aun peor. Berenguer es hombre de más cuidado que Primo de Rivera.

—¿Cree usted que es inteligente?

—¡No! ¿Qué ha de ser? Frío, muy frío. Hombre que no se le irá la fuerza en insultos como a Primo. Este, muy serio y muy correcto, va a arrear de firme. Yo lo conozco bien, de Marruecos. Y a mí me distingue bastante. Al primer militar que se mueva lo va a fusilar. No se andará con contemplaciones. Ni tampoco lo detendrá la consideración de que él es un amnistiado al que condenaron a muerte, no por revolucionario, sino por un desastre sin precedentes. Ya verán ustedes cómo hace todas las enormidades para tratar de disciplinar el Ejército, sin fijarse que él no tiene autoridad para eso. Y no tiene autoridad, por muchas razones. Entre otras, porque él es un fracasado en todos los órdenes y porque él también ha estado conspirando, hasta que lo arrestó la Dictadura. Ahora que quizá fuese obedeciendo órdenes superiores. Este Berenguer es muy tenebroso.[145]

—¿Es cierto que usted le ofreció su apoyo y el de otros

145 Está prediciendo lo que haría con él pocos meses después.

oficiales para sacarlo del castillo donde cumplía el arresto?

—Sí; una equivocación. Creíamos que este hombre conspiraba sinceramente. Tienen ustedes que desengañarse que con el Ejército es imposible hacer nada. Una revolución no se hace más que con el pueblo armado. Pero le repito que como hagamos un apostolado de *Nueva Creación,* dedicándonos a difundirlo, las armas tendrán que tirarse como hierro viejo y los cuarteles deberán cerrarse. Y el Ejército tendrá que desaparecer, como órgano atrofiado por falta de función.

—¡Está usted hecho un idealista, un poeta, un soñador! ¡Quién lo diría!

—Ya verán ustedes. ¿Pero qué hora es? –y miró su reloj de pulsera–. Cerca de las nueve. Me voy.

—Espérese un poquito. Nos vamos todos en seguida –dijo la escritora.

—¡Hombre, Galán! Ahora seguirá el trámite su laureada –dijo de pronto Oteyza.

—¡Bah! –exclamó Galán con despecho.

—¡Pero si va a pedir la separación del Ejército! –declaró Fernando Sierra.

—¿Sí? –interrogaron todos.

—Sí.

—Me parece un error, Galán –opinó Rodil.

—Dejemos esto. Ya hablaremos.

La escritora seguía hablando con sus amigas, Estas miraban a Galán, cada vez más sorprendidas.

—¿Pero qué les estará usted diciendo de mí? ¡Habrá que ver la novela que les está usted contando!

—Ninguna novela. La pura verdad. Después de explicarles bien quién es usted y de hacerles su historia, les acabo de decir que Fermín Galán se apoderará del Ejército español y lo pondrá al servicio de la revolución. ¡Que será usted un Trotsky!

—No quiero nada ni con el Ejército ni con las dictaduras[146]. Para llegar a donde es necesario iré por otros caminos.

—Usted sale desorientado, soñando; pero pronto volverá a su gran realidad de siempre.

Mientras la escritora hablaba con Galán, miss Mabel se había quitado una sortija. Cambió unas palabras con su compañera. Esta sacó un encendedor de oro con chispitas de brillantes.

Le llamaron la atención a la escritora.

—Galán, estas señoritas quieren ofrecerle a usted un recuerdo.

El héroe se puso rojo, mientras las extranjeras le alargaban los regalos.

—¡Pero, Teresa; yo no tomo esto!

—¡Hombre! No las desaire usted, porque les molestaría mucho. Acéptelo, siquiera por complacerlas, puesto que lo hacen con tanto gusto. Desprenderse de eso no es para ellas ningún sacrificio. ¡Son riquísimas! En cualquier cosa se gasta cualquiera de ellas mucho más que vale lo que le ofrecen a usted.

Galán titubeó unos segundos y, por fin, tomó sonriente lo que le daban.

—Me dicen que desearían una tarjeta con un autógrafo de usted.

—No llevo tarjetas.

—A ver si llevan ellas.

Miss Mabel abrió su bolso y miss Dorothy el suyo. De unas carteritas sacaron su tarjeta.

—¿Y qué les pongo yo? –interrogó Galán, pensativo, mirando la punta de su estilográfica, ya con las tarjetas delante para escribir algo en ellas,

146 De aquí, que en la dictadura de Franco se le atacara tanto. Y su rechazo de la dictadura del proletariado, él, a quien se le ha acusado de comunista.

Por fin le hizo correr a la pluma por la cartulina

Cuando hubo escrito las dos tarjetas se las ofreció a la escritora un poco ruborizado.

Está leyó en voz alta:

—«Tu recuerdo, encantadora Dorothy, siempre estará ardiendo en mi ideal humanitario. *Fermín Galán*». «Preciosa Mabel: Conservare tu anillo, como molde de mi voluntad, *Fermín Galán*.».

—¡Formidable! –exclamaron todos.

Las yanquis miraron, ansiosas de conocer los autógrafos.

La escritora se los leyó en inglés. A cada una le entregó el suyo.

—¡Bravo, bravo! –exclamaron las dos, dando palmadas.

Le alargaron la mano a Galán y se la estrecharon efusivamente.

Rodil y Sierra cambiaron unas palabras, entre dientes, que no oyeron los demás.

Galán sospechó que hablaban de él y sonriendo preguntó:

—¿Se están ustedes riendo de lo que he escrito? ¡Es una cursilería! Pero había que ponerles algo.

—No. Al contrario. Está muy bien. Esa es la lástima, que lo que acaba usted de escribir nos revela al poeta. ¡Qué lástima! Todas las grandes audacias, todas las heroicidades que le estaban reservadas a Fermín Galán, tendrán expansión sobre las cuartillas, quizá en páginas magníficas, pero no en acción revolucionaria. La soledad de la celda de Montjuich ha matado al hombre de acción. ¡Usted ya es un poeta!

—Es verdad –murmuró el héroe pasándose la mano por la mejilla ruborizada–. He cambiado mucho, Lo que haga de aquí en adelante no será con las armas; será con los libros.

XVIII

No hay nada que alucine tanto al ser humano como el vapor de la inspiración literaria.

Galán estaba embriagado, fascinado, con el original que había dejado en la imprenta de Barcelona, cuando recibió de manos del cartero el volante para recogerlo ya impreso, hecho libros. Tenía una lista con las personas a quienes pensaba mandárselo. En ella estaba lo más sobresaliente de la intelectualidad. Todos los periódicos de izquierda. No faltaban tampoco los políticos que habían conspirado con él. Después de hacer el reparto le quedaron dos libros de los que el editor le había enviado para propaganda.

El se reservó uno y el otro se lo llevó a sus amigos de *Nueva España*[147]. Se lo metió en el bolsillo y se dirigió a la Redacción una tarde.

Cuando llegó le dijeron que no había ido aún nadie. Bajó a los talleres para esperar. Fue recorriendo la nave

147 Resalta el capítulo, localizado en la redacción de *Nueva España*, segunda de las revistas, tras *Post-Guerra*, de los escritores de avanzada; quincenal en principio y, luego, semanal, política y literaria, iniciada el 30 de enero de 1930, con una tirada de cuarenta mil ejemplares y dirigida, en su inicio por Díaz Fernández, Antonio Espina y Adolfo Salazar, pronto reemplazado por Joaquín Arderíus. Se presenta como la revista de quienes se consideran la joven generación revolucionaria de 1930. De extrema izquierda, acogía publicaciones de los escritores españoles e hispanoamericanos de avanzada, junto a varios de los renombrados escritores y políticos liberales que habían venido actuando en contra de la Dictadura. Es de mucho interés la conversación que mantienen Rodil y Galán sobre el libro y su relación con la praxis revolucionaria.

En el plano internacional, publicaban artículos de y sobre los más destacados escritores revolucionarios de aquellos años. A poco de caer la Monarquía, ya sin mayor razón de ser, dejó de publicarse en agosto de 1931. En su tesis doctoral, Xavier Jové hace incisivas calas sobre ella, así como de *Post-Guerra*.

de las máquinas, curioseando y saludando a los obreros. Los conocía a casi todos. Quedose atento ante una máquina plana que tiraba un pliego de *Nueva España*.

Le dijo al maquinista si le podía dar uno.

Se lo dio

Lo dejó sobre un chibalete y se puso a mirar los grabados. Comenzó a leer un artículo.

Al poco tiempo llegó Rodil y le dió un golpecito en la espalda.

—¿Hace mucho que está usted aquí?

—No, un cuarto de hora, Leía esto, que es muy interesante. ¿Quién es este Gorkin que lo firma?

—Un joven español emigrado. Nuestro redactor corresponsal en París[148]. ¿Y usted no va a colaborar en la revista? Mande cosas.

—¡Claro que colaboraré! En todos los números. Pero después, cuando resuelva definitivamente mi separación del Ejército. Ahora me tiene esto muy preocupado. Sí, por mi madre. Estoy haciendo esfuerzos para convencerla. ¡Claro que yo puedo hacer lo que me dé la gana! Es cosa que quien la tiene que decidir soy yo y nadie más que yo. Pero quiero hacerlo con el asentimiento de ella, porque es una mujer que lo merece, ¿sabe usted, Rodil? Se lo merece.

---

148 Julián Gorkin, cuyo nombre verdadero era Julián Gómez García-Ribera (1901-1987), valenciano, escritor e intelectual orgánico de la clase obrera revolucionaria desde muy joven. A los 20 años, creó la Federación Comunista de Levante; pronto se exilio a París y actuando de revolucionario profesional y literato. De su vida en París, publicó la novela *Días de bohemia* (1930), y una *Antología. Nouvelles espagnoles,* con prólogo de Henri Barbusse, y dentro de la literatura de Avanzada. Ya en España publicó obras de Teatro y fue, en 1935, uno de los fundadores del Partido Obrero de Unificación Marxista (POUM), y durante la guerra el director de su diario *La Batalla*. Exiliado en México publicó *su best-seller*, *El asesinato de Trosky*. Regresado a París, se dedicó a trabajos editoriales, y sobresalió por sus escritos denunciando el comunismo stalinista. Regresó a España integrado al PSOE y en 1975 publicó sus Memorias, *El revolucionario profesional. Testimonio de un hombre de acción.* Uno de sus artículos en *Nueva España*, el 26 de diciembre 1930, fue «Los escritores de izquierdas, sobre el Congreso de Kharkov», celebrado en noviembre de 1930.

Es una mujer, y no, porque sea mi madre, digna de consideración. Yo puedo, ¿quién me lo prohíbe?, pedir ahora mismo mi separación del Ejército, sin atender en nada el dolor que esto produzca en mi madre; pero le digo a usted que no tengo derecho a ello. Y no crea que es sensiblería ni prejuicio de hijo. Yo estoy emancipado de ese y de todos los prejuicios. Es que mi madre es una mujer de alto valor moral y de tan abnegado proceder conmigo que es imposible volverle la espalda con indiferencia. Es necesario tenerla en cuenta. Pero ella es muy comprensiva, me quiere mucho y pronto la convenceré de que ya no puedo ser militar porque mi vocación ha muerto. Y como queda aún tiempo. Ahora estoy en calidad de disponible. Hasta que no me vayan a dar destino me queda tiempo. De aquí a entonces, tengo la seguridad de convencerla[149]. Creo que será para julio. Claro que, de una forma o de otra, mi resolución está tomada. Además, espero que el efecto que produzca esto le hará ver claramente que mi destino es de escritor y no de soldado –y sacó del bolsillo el libro.

—¡Hombre, *Nueva Creación*! – exclamó Rodil tomando el libro.

Enmudecieron los dos. Rodil se puso a hojearlo. Se oía el ruido de las máquinas y el de las linotipias.

Galán miraba a Rodil. Rodil seguía hojeando el libro.

—Está mucho mejor escrito de lo que yo esperaba. ¡Es un libro de un gran escritor! Cuando lo lea veré la categoría intelectual y la originalidad del pensador. Desde este

149 De sus cartas desde la prisión, 13-8-1928, una es a su madre diciendo que no sufre, como ella cree, y que se encuentra bien de salud y haciendo mucha gimnasia «como si tuviera que luchar contra Uzcudum» (el gran boxeador vasco de aquellos años) y también dice que vive apartado de los otros militares prisioneros, a los que había estado unido, Bermúdez, Segundo García, Perea y Rubio, ambos antes tan amigos suyos, y de quienes no pone ni el nombre A ellos dos, y a Segundo García les critica duramente (*Cartas politicas* 55-58). La carta, sin embargo, concluye con un pensamiento muy valioso: «Todo lo pasado nada debe ser censurado, pues ha producido el beneficio de enseñar, que siempre es de agradecer. Os quiero Fermín».

momento le adelanto que el libro está muy bien escrito.

Galán sonrió satisfecho, halagado, diciendo:

—Que esté bien escrito poco me importa. No ha sido mi deseo hacer buena prosa. Su fondo, su ideología es lo que, producirá sensación por su verdad irrefutable.

—Pero me lo ha dado usted sin dedicar, hombre. Porque supongo que este libro será para mí, ¿no?

—Sí. para que usted lo lea. Pero no tengo más que ese ejemplar y quiero que después de leerlo usted se lo dé a Fernando. Y Fernando tendrá, también, que dárselo a algún otro. A ver si me mandan más libros y les dedicaré a ustedes uno a cada uno, Me han mandado muy pocos. Ya le diré a usted a quiénes se lo he enviado, para que les recomiende que lo lean a los que sean sus amigos. A mí no me conocen en este sentido, y lo más probable es que dejen el libro sobre la mesa. Lo interesante es que lo lean, que si lo leen tengo la seguridad que...

—Vamos arriba y hablaremos –dijo Rodil interrumpiéndole.

Subieron al despacho de la Redacción de *Nueva España*.

Rodil se sentó junto a la mesa y comenzó a cortarle hojas al libro. Galán se puso a pasear a lo largo de la estancia.

Llegaba hasta ellos el ruido de las máquinas y de las linotipias.

De pronto se paró Galán delante de Rodil y le dijo:

—Difundiendo eso que tiene usted ahí en las manos, es con lo que triunfaremos. Nada de conspiraciones en el Ejército, ni en los medios obreros. Con la aparición de ese libro, la violencia ha pasado a la historia. Nuestro deber es éste: que llegue eso a todo el mundo. Lo mismo al burgués que al proletario. Con la asimilación de esas doctrinas, los hombres borrarán sus diferencias sociales, y voluntariamente, por el convencimiento, se estrecharán fraternalmente las manos y formarán una gran familia de camaradas. La clave está en los instintos. pero, en fin, usted lo verá cuando lo lea. Después de leer el libro, la Prensa más reaccionaria y la más izquierdista fraternizarán como órganos del mismo partido.

—Usted es un hombre muy noble y se figura que todo el mundo es igual. No se haga usted ilusiones. Galán. Su libro podrá ser un libro extraordinario; pero yo le aseguro que lo, leerán muy pocos, y de las pocos que lo lean, contados serán los que se entregarán a él. Usted no conoce esto de los medios literarios. Se necesita una labor fecunda y constante para poder lograr un poquito. Esto no es desanimarlo a usted. Es que mi lealtad me obliga a hablarle así. Usted está muy ilusionado y no quiero que su decepción sea tremenda. Todos sus amigos contribuiremos para que el libro logre el mayor éxito que pueda lograr un primer libro. Pero lo que usted espera no puede ser. Eso no lo ha logrado nadie, ni lo logrará.

—¡Bueno, lo emplazo para cuando lo haya leído! ¡Verá usted como me habla de otra manera!

Se abrió la puerta y apareció el regente con unas pruebas. Entró diciendo:

—Esto de la censura es insoportable.

—¿Han tachado mucho? –preguntó Rodil.

—Tres planas enteras. ¡Mire usted! –y dejó las galeradas sobre la mesa.

Las aspas del lápiz rojo cruzaban las hojas de arriba abajo.

—Está peor la censura que antes, cuando Primo de Rivera. Además, tachan en una forma loca, absurda. No tienen orientación ninguna. No saben lo que hacen. Tiran el lápiz por donde se les antoja. ¡Y es que no comprenden siquiera lo que leen! ¡De esa mentalidad depende el pensamiento de un país! ¿Cómo se puede escribir así? ¡Si se supiera que tachan tales cosas y que dejan decir tales otras! ¡Pero coge uno la pluma ciego! A lo mejor dejan pasar lo que se cree uno que es más censurable. O lo contrario. ¡Así es imposible hacer revistas, ni nada! –gritó colérico Rodil.

Galán tomó una de las planas tachadas y se puso a ojearla.

El regente le dijo a Rodil:

—Tienen que darme ustedes más original. Ya ve usted. Faltan cinco días para que salga la revista. Es necesario componer y volver a llevar a la censura, tirar los pliegos, encuadernar. todo, todo. Pero denme ustedes para que sobre y cosas que tengan la seguridad de que van a pasar.

—¿Sé yo acaso lo que va a dejar el censor? ¿Lo sabe nadie? ¡Cualquiera sabe el criterio de un bárbaro de estos! –exclamó furioso Rodil.

—Ya está usted viendo: nos obligan a hacer cada número lo menos dos veces. ¡Esto es imposible! –se lamentó el regente.

—Somos unos idiotas, porque esto de hacer revistas así, sometidos al criterio y a la autoridad de estos tiranos es un absurdo. ¡Hay que hacer el periódico clandestino!

Un chico llamó al regente.

—Me voy, hago falta en la imprenta.

—Bueno. Yo le prepararé ahora el original y avisaré para que suban por él.

Salió el regente.

Rodil se quedó mirando a Galán. El héroe seguía leyendo una plana censurada, con los labios fruncidos.

—¿De qué se sonríe usted? –preguntó Rodil.

—¡Estos «rifi-rafes» son muy graciosos! ¡Muy intencionados! Este del turismo es formidable:

«Ayer nos enseñaron una estampita religiosa. Un hermoso cristo con corona de espinas v crucificado entre dos turistas». Y éste también: «Un apellido ilustre: Turista de Guevara».

—¡Je, je, je! –rió satisfecho Rodil.

—Se meten ustedes mucho con el Turismo en todos los números. Y es que eso del Turismo debe ser una cueva de arribistas[150].

—¡Oh, es el enchufe más escandaloso de todos los enchufes que ha inventado la Monarquía!

—¡Está todo corrompido en esta España!

—¡Más de lo que usted se imagina! ¡Y todavía quiere usted arreglar las cosas por el dinamismo de las ideas! ¡Aquí es necesario arrastrar a muchos tíos y subir al patíbulo a varias docenas! ¡Siga usted en el Ejército, métase en un cuartel de esos y a sublevarlo, a ver si se emprende ya de una vez la revolución!

—Mi resolución está tomada, Rodil. Hoy no tengo fe nada más que en eso que tiene usted sobre la mesa.

—Bueno. Sé que cambiará usted, porque tengo la seguridad de que pronto verá usted claro.

—Puede estar usted seguro de que no vuelvo a entrar en el Ejército.

—¿Qué va usted a hacer entonces? ¿A qué se va usted a dedicar?

—¡Ah!, pienso ganarme la vida escribiendo. Como usted. Haré libros y escribiré en los periódicos. Ya he hablado con algunos diarios obreros de Barcelona y han aceptado mi colaboración. Y aquí en *Nueva España* supongo que también podré escribir algo.

---

150 La sátira del Turismo en la revista, y de la cual ya se dio muestras en el capítulo anterior con las «turistas» norteamericanas, es otro alegato contra la Dictadura y el dictador, quien fundara el Patronato Nacional de Turismo en los últimos meses de 1928, al cual se ataca en varios números de *Nueva España*, viéndolo como un órgano burocrático al servicio no de la nación, sino de personas y grupos asociados con la dictadura. No obstante, hay que recordar que tal Patronato inició lo de convertir edificios culturales, históricos, en Paradores de Turismo, algo que tanto se extendió, con mucho éxito, en España a partir de los años 50 y 60.

—¡Hombre, aquí lo que usted quiera[151]!

—Además, yo me arreglo con poco dinero. Mis exigencias son insignificantes. Fuera del tabaco, no tengo ningún otro gasto; aparte, como es natural, de lo imprescindible para vivir. Tengo pensado irme a Barcelona. Allí tiene uno más ambiente, más medios. He hecho gran amistad con los sindicalistas. Estoy identificado con los medios obreros.

Quedaron un rato en silencio.

Rodil se puso a buscar originales por los cajones de la mesa.

Galán miró su reloj de pulsera. Hizo un gesto de impaciencia. Comenzó a dar paseos a lo largo de la estancia.

De vez en cuando miraba la hora en su muñeca.

—Está usted impaciente, ¿qué le pasa?

—Estoy esperando a un sobrino mío. ¡Y no viene este chico! Debía haber estado aquí esperándome cuando llegué. ¡A lo mejor no ha sabido dar con esto! Se lo he explicado bien. Y él es inteligente. Me extraña. Tenía que tomar un tranvía 21 en Sol y apearse ahí en esa misma esquina.

—¿Pero no es de Madrid?

—No. De San Fernando. Lleva aquí muy pocos días. Es hijo de una hermana mía.

Rodil siguió buscando originales y Galán paseándose.

Transcurrió un cuarto de hora, durante el cual, mientras paseaba, estuvo mirando impaciente su reloj.

Rodil llamó para entregar originales y que los bajaran a la imprenta.

---

151 De hecho, publicó 4 artículos, bajo el seudónimo de C. Ferga. como señala Xavier Jové en la ya citada tesis doctoral: en el número 37, «Homenaje a Fermín Galán (25 marzo 1931), se recogieron dos de ellos, antes publicados en los números 6 y 8., «El momento histórico» y «La tiranía vigilante», y en el 43 y el 44, los otros dos. Ya el número 40, en la portada reproducía la fotografía de Fermín Galán, con la frase: «La sangre del héroe ha sido fecunda».

Paróse Galán ante la gran ventana del despacho, pegado a los cristales, mirando a la calle con impaciencia.

—¿Qué timbre es ese? –preguntó de súbito.

—El de la puerta de la calle.

Galán se dispuso a salir para abrir.

—Espere usted; está ahí el portero junto a la puerta.

A los pocos segundos apareció el portero diciendo:

—Un chico pregunta por el Sr. Galán.

—Que pase –dijeron los dos amigos al mismo tiempo.

Entró un rapaz de unos doce años, flamantemente vestido. Se veía que acababa de salir de unos almacenes de ropas hechas.

No saludó, y sus primeras palabras fueron para preguntar con voz altanera:

—¿A que no sabes de dónde vengo, Fermín?

El héroe quedose parado en el centro de la estancia, sonriente, vibrando de cordialidad, contemplándolo.

El chico era un formidable ejemplar de las nuevas generaciones rebeldes que están naciendo en la postguerra.

Llevaba una trinchera muy clara y una bufanda roja, Sus pantalones eran bombachos y cortos, por las rodillas. Calzaba calcetines de sport a grandes cuadros azules y grises, y unos zapatos de cuero avellana con recias suelas. Sin sombrero. Sus cabellos eran castaños, largos, rizados, y veíansele revueltos. Sus ojos grandes, vivos y pardos, miraban con insolencia.

—¿A que no sabes en donde he estado, Fermín? –volvió a preguntar plantado delante del héroe.

—Otra vez no te dejo solo. ¿Por qué no te has venido derecho aquí como te he dicho? ¡Hace más de una hora que debías estar aquí!

—¿No sabes que nunca hago lo que me dicen? ¡Me enfada hacer lo que me mandan! ¡Es de idiotas! ¡Y gracias que he venido a buscarte y no me he ido derecho a casa para esperarte allí! ¡Porque te quiero mucho! ¡Y para que yo quiera...! ¡A mí no me gusta querer! ¡A lo mejor te habías creído que me había perdido o que me había pillado algún auto! ¡Ja, ja, ja! ¿Y este que hay ahí sentado quien es? ¿Es amigo tuyo? ¿Es como mi padre y tú?

—Espera, hombre, voy a presentártelo. Mi fraternal amigo Rodil. Este es mi sobrino Rafael.

Rodil y el chico se estrecharon las manos.

El escritor se quedó analizando al rapaz, diciendo:

—¡Lo que se parece a usted, Galán! Tiene el pelo como usted, la misma viveza, los ojos...

—¡Ja, ja, ja! –rió el chico en la misma cara de Rodil.

¿Porqué aquella carcajada si había en realidad cierto parecido entre ellos?

—¡Ja, ja, ja! –seguía riendo el chico.

Era tan franca, tan simpática, tan acorde con aquel continente de originalidad humana, aquella carcajada, que a Rodil le penetraba por los oídos, como chorros de saludable agua, alegrándole el espíritu.

Se contagió y empezó a dar también carcajadas. El héroe los imitó.

Los tres reían alegremente.

De súbito el chico exclamó:

—Es simpático tu amigo.

—¿Ves cómo engañamos a estos novelistas, a estos que se creen que saben tanto de hombres? –interrogó Galán sonriente y en broma.

—¡Ahora somos de verdad amigos! Dame la mano. ¿Cómo dice Fermín que te llamas?

—Rodil –contestó éste.

—Dame la mano, Rodil ¡Tú no eres burgués! Si hubieses sido burgués no te hubieras reído cuando yo me he reído en tu misma cara. Si tú fueses burgués te habrías mosqueado, como se mosquea el patrono de mi padre cuando me río al pasar por su lado. ¡Los burgueses se escaman siempre que se ríe alguien a su lado! ¡Ja, ja, ja! ¡Yo siempre que veo a un burgués me río en sus mismas narices! ¡Ja, ja, ja! Pero tú no eres burgués, tú eres como nosotros, porque te ríes. ¡Fermín también se ríe de todo[152]! ¡Si tú nos vieras reímos cuando vamos por allí de paseo reventarías de risa! «Reíd, reíd, reíd»...! ¡Mecachis! –dió una patada en el suelo–. ¡Ya no me acuerdo de aquellos versos que mi padre te leyó una tarde en la celda de Montjuich! ¿Te acuerdas tú?

—No me acuerdo, Rafael –murmuró el héroe mesándole los cabellos al chico.

—Y el caso es que yo les leí muchas veces y me los aprendí de memoria. ¡Son formidables! Ahora mismo no me acuerdo, pero quieren decir que el obrero siempre debe reír, y que riendo, riendo, conquistará su vida, que se la tiene robada el burgués. Y que el burgués es el que llora y se enfada –quedose unos minutos pensando y exclamó: –¡Ya me acuerdo como terminan!; «¡Reíd, reíd, que la risa es del que triunfa!» Los obreros siempre debemos estar riéndonos. ¿Tú eres también obrero, Rodil? Fermín va a dejar de ser militar para hacerse obrero de los periódicos y de los libros.

—Rodil también es obrero de los periódicos y de los libros.

—¡Ah! –exclamó el chico.

—Y bien, Rodil ¿qué le parece a usted mi sobrino? –interrogó el héroe acariciándole el mentón al chico.

—Muy inteligente y muy simpático.

—¡Muy valiente! ¡Eso es lo que soy! ¡Muy valiente! ¿Te crees que no? ¡Pregúntaselo a Fermín! ¿A qué te

152 El capítulo, con sus risas, parece estar escrito por Arderíus, de quien Cansinos-Assens dijera que «se reía de todo». Los Ja, ja, ja, abundan en sus novelas.

crees tú que le puedo tener miedo? ¡Dímelo, veras cómo me río!

—Se ve que eres muy valiente. –reconoció Rodil.

—Oye, Fermín: ¿dices que este es también obrero como nosotros?

—Sí. De la pluma.

—Pues entonces no le engañes y dile la verdad. Dile lo que soy tuyo.

El héroe lo cogió con cariño del mentón y mirándole a los ojos le preguntó:

—¿No quieres que lo engañemos?

—No, que es obrero.

—¿No le engañamos?

—No, que es un camarada y no es un burgués.

—Bueno, voy a complacerte. Aquí Rafael no es hijo de ninguna hermana mía. Es hijo de un camarada, de un hermano con quien he fraternizado durante mi reclusión en Montjuich[153]. Me lo he traído a pasar una temporada conmigo. ¡Este es un hombre de veras! ¡Vale más que usted, más que yo, más que todos los de nuestra edad! Y no hay que hablar de los mayores. Es lo mejor que yo he conocido. ¡Es mi amigo predilecto!

—¡Menuda suerte! –exclamó el rapaz castañeteando sus dedos– ¡Ser el amigo predilecto de Fermín Galán! ¡Nada, que digamos!

—Pues como ser amigo de otro cualquier hombre –murmuró Galán mesándole los cabellos.

—¡Sí, como amigo de otro cualquiera! ¡Ja, ja, ja!

153 Como se señaló en la Introducción, se trata del adolescente, hermano menor de su gran amigo Antonio Leal, Pepito Leal, quien pasó una temporada con él en la casa familiar de Madrid, donde también vivía un adolescente sobrino de Galán, haciéndose ambos muy buenos amigos. En el epistolario, encontramos dos cartas de Fermín Galán a «Pepe Leal», una desde Madrid, el 14 de junio (190-191), y otra, la última que se recoge en *Desde la prisión Montjuich. Cartas de Fermín Galán,* el 3 de septiembre ya desde Jaca.

¡Como amigo de otro cualquiera! ¡Ja, ja, ja!

—Bueno, vámonos que ya es tarde.

Al despedirse Rodil le dijo a Galán;

—Quiero presentarle a usted a un compañero. ¡Es como usted! No hay más que ustedes dos[154].

—Estoy deseándolo.

—¿Quiere usted que quedemos citados para mañana?

—¡Encantado! ¿Dónde y a que hora le parece a usted?

—¿En Negresco a las ocho?

—Mañana a las ocho iré allá.

—Yo no, porque no me gustan los cafés –saltó el rapaz haciendo un gesto de asco.

—Hasta mañana y no se le olvide recomendar la lectura del libro a esas personas que le he dicho.

Galán y su amiguito salieron.

Ya en la calle el héroe sacó un pitillo y lo encendió.

—No se que gusto le sacáis a fumar. A mi me repugna.

—Se fuma para distraerse, para quitar el aburrimiento...

—¡Pues yo cuando estoy aburrido canto la Internacional!

Y se puso a cantarla.

—Calla, que nos van a detener.

—¡Ah! –y el rapaz enmudeció.

Había entrado la noche y los faroles públicos estaban encendidos.

Comenzaron a andar. El héroe fumaba pensativo. El chico, silencioso, miraba al cielo raso y azul, guiñándole un bajo a la luna. De pronto se paró diciendo:

—¡Ah, no te he dicho en donde he estado antes de venir a buscarte!

154 Parece ser una broma de Rodil, pues no aparecerá tal personaje, aludiendo a él mismo, al Galán revolucionario, militante, del que, ahora, Galán pretende divorciarse.

—¡Hombre, sí! ¿Dónde has estado?

—Aciértalo.

—No sé.

—Cuando he llegado a la Puerta del Sol, en vez de tomar un tranvía 21 en el sitio que me dijiste, he pensado. ¿A que no sabes que he pensado?

—No.

—Pues he pensado en ir a ver la otra cárcel que estuviste antes de que te llevaran a Montjuich. He preguntado por la prisión militar de San Francisco y he llegado hasta allí.

—¡Pero, hombre, qué capricho!

—¿Cuando estabas preso allí, iban a verte también camaradas como iban a Montjuich?

—Sí, también iban a verme allí buenos amigos.

XIX

Con su libro distribuido entre las personas que tenían que juzgarlo, Galán aguardaba las críticas haciendo una vida apartada. Leía, escribió algunos capítulos de otro libro y sus artículos en *Nueva España*, firmados con el seudónimo de *C. Ferga*.

Muchas tardes paseaba con su amiguito por los sitios solitarios.

De vez en cuando aparecía por algún café de los que frecuentaban sus amigos y por la Redacción de *Nueva España*.

Rodil había leído ya *Nueva Creación* y le había expresado su juicio en esta forma:

—Me parece un gran libro. Creo que es una aportación interesante al movimiento anarcosindicalista. Le digo sinceramente que es un libro importante. Si usted sigue escribiendo libros de esa categoría no hay duda que influirá en la ideología de ciertos sectores obreros. Mi opinión es que no debe usted dejar de escribir, pero sin dejar el Ejército. Así hace usted una labor con doble eficacia. ¡Claro que tiene usted que escribir con seudónimo, porque de otra forma sería imposible!

—¿Y dice usted que el libro es anarcosindicalista?

—A mí así me parece.

—¡Nada de eso! –y se puso a explicar las teorías de su libro.

Discutieron un rato y el héroe salió, de la Redacción contrariado, herido profundamente en las ilusiones que había concebido.

No le bastaba que su libro fuese bueno, ni aun extraordinario, comparable a los más sobresalientes de los pensadores europeos. Todo lo que no fuese reconocer que era una concepción única, de originalidad insólita, descubridora del único camino que tenía que tomar la humanidad para su bien, era no reconocerle nada al libro.

Pero los días transcurrían y los periódicos no le dedicaban ningún artículo.

De tarde en tarde aparecía alguna nota elogiosa, pero en definitiva como las que se le dedican a todas las publicaciones. Galán fue poco a poco, frecuentando las tertulias de sus amigos. Algunos le hablaban del libro en el mismo sentido que lo había hecho Rodil. Otros le decían que estaba muy bien escrito, pero que sus teorías eran totalmente equivocadas. Algunos le hablaban tan vagamente de él que se comprendía muy claro que no lo habían leído.

Siempre se le hablaba de su permanencia en el Ejército. Cada vez su negativa iba perdiendo firmeza. Hasta llegó a contestar, al decirle que contraía una gran responsabilidad si abandonaba las armas:

—Va veremos lo que resuelvo en definitiva. Aun queda tiempo –y se rascaba la mejilla pensativo.

La realidad iba apagándole al héroe la llama de la alucinación. El encandilamiento que le había provocado la hoguera de su inspiración súbita, en la celda de Montjuich, íbase apagando, y sus ojos recobraban, por momentos, la luz sana, dosificada en grado suficiente para poder ver la verdad: íbase apartando de aquel mundo de habitantes fantasmales y reencarnando en el mundo de los hombres de carne y hueso.

No; no había que soñar. Se sueña cuando se está enfermo, con fiebre, o se duerme. Y España necesitaba hombres sanos, sin fiebre y muy despiertos. Galán ansiaba ser un hombre de los que necesitaba su país. No había que soñar, pues, ni dormir.

El héroe, a medida que la realidad se le mostraba más descarnada, más severa, más se aferraba a ella con avidez. Alegre, contento, vibrando de jovialidad, como un enfermo que sale del delirio al conocimiento. Y no con la amargura necia de un vanidoso artista que ve su obra lejos de donde él la había soñado.

Su libro era un buen libro, formidable comienzo de carrera de escritor social. Rodil le había hablado con lealtad. Su libro era un gran libro; pero era imposible que produjese la eficacia que el recluso había concebido en la soledad del castillo de Montjuich. Un libro, ni veinte, ni un millón, ni todos los que se han publicado ni se publicarán en el porvenir, fundidos en uno solo, podrán hacer el milagro de unir a los hombres por las ideas para transformad la sociedad. Los libros, sí, son las chispas que le dan dinamismo a los hombres para que acometan empresas de redención social. Chispas imprescindibles, gérmenes únicos, que ponen en movimiento a los hombres. Pero se necesita la acción. Se necesita que los hombres tomen los fusiles, las bayonetas, los cañones. y que se derrame sangre. Por la mente de Galán iban volviendo a pasar, pisoteando las quimeras, los hombres armados y los mulos tirando de los cañones. El gran revolucionario social despertaba.

Una tarde su amigo Rafael quiso orientar el paseo por los alrededores de Prisiones Militares de San Francisco.

El héroe se dejó guiar.

Cuando ya estaban ante el edificio, el chico preguntó:

—¿En dónde has estado mejor, aquí o en Montjuich?

—Lo mismo; preso aquí y preso allí.

—¿Esta cárcel es para militares solamente?

—Sí, nada más que para militares.

—¿Y todos los que están presos están también por revolucionarios, como tú?

—¡Todos, no, hombre! Por eso están los menos. Hay

algunos porque han robado, otros porque han matado a alguien, otros por desobedecer a los superiores; en fin, ahí meten a todos los militares que cometen algún delito.

—La de Montjuich no es de militares solamente.

—Aquella no.

—Pues tú eres militar y te metieron allí.

—Cuando me metieron allí ya no era yo militar.

—¿Te echaron?

—¡Me echaron, sí, hombre! –afirmó el héroe sonriendo.

—¡Tampoco quieres ser tú militar!

—¡Claro!

—Porque si tú ahora quisieras, volverías a ser militar otra vez, ¿no?

—Sí; ahora me han admitido otra vez.

—Pero tú no quieres, ¿verdad?

—No sé, no sé –murmuró Galán mesándole los cabellos a su amiguito.

—¿No decías que te ibas a hacer obrero?

—Obrero, sí. Me voy a dedicar a escribir; pero eso no importa para seguir siendo militar.

—¿Pero es que vas a seguir siendo militar?

—No sé, no sé. Es cosa que es menester pensarla mucho. No sé, no sé.

—Pues ¡me decías que tú habías terminado para siempre de ser militar!

—¿Qué te parecería a ti si yo volviera a hacerme otra vez militar?

—Yo. Mira, yo soy pequeño y no me atrevo a decirte lo que debes hacer.

—¡Hombre! ¡Ja, ja, ja! ¿Cómo es eso? ¿Que no te atreves? ¡Tú que eres tan valiente! ¡Pero hombre, no te conozco! ¿En dónde se ha metido tu valentía?

Rafael se puso rojo, ruborizado. Por fin dijo:

—No puedo remediarlo: me da miedo decirte lo quee debes hacer. Soy pequeño y no sé lo que es mejor.

—¿Que tienes miedo?

-—Sí, sí; aunque le burles de mí, te digo que me da miedo eso. No puedo engañarte: me da miedo.

—¡Ya he encontrado una cosa que te dé miedo! ¿No me estabas siempre porfiando a que encontrase algo que te diera miedo? ¡Ahí tienes ya una cosa!

—Sí. –afirmó moviendo la cabeza–. ¿Y si te digo que hagas una de las dos cosas y tú la haces y luego te sale mal?

—¡En ti está mal tanta reflexión, Rafael! ¡No me gustas, no me gustas así!

—¿Te crees que me he vuelto cobarde? –interrogó nervioso, encarándose arrogante con el héroe, cerrando los puños amenazadores–. ¿Te crees que me he vuelto cobarde? ¿Quieres ver cómo le parto de una pedrada la cabeza a aquel soldado que hay junto a esa garita? ¿Quieres verlo? ¡Di! –gritó colérico, desencajado, tan dispuesto a hacer lo que decía que el héroe lo tuvo que detener por un brazo.

—No le tires la pedrada, que al que van a castigar es a mí.

El chico se refrenó y se metió las manos en los bolsillos del pantalón. Bajó la cabeza, y rígido, dominando el coraje, se puso a andar.

El héroe marchaba a su espalda.

Anduvieron unos treinta metros. La rigidez del rapaz se dobló en una sacudida de los músculos. Pareció oírse un hipo. Pero quedó contenido.

—¿Qué es eso, Rafael? ¿Qué te pasa? Vuélvete de cara a mí.

Rafael obedeció instantáneamente. Estaba pálido, con rosetas molares. Sus ojos tenían brillo, los músculos de la cara, contraídos, enmascaraban la sinceridad de una crisis.

—¿Qué te pasa?

—¡Nada! ¡Que iba a llorar! ¡Pero ya no lloro! ¡Iba a llorar porque me da rabia quererte! –dió media vuelta y siguió andando.

Galán sonrió y se puso a fumar un pitillo, siguiéndolo, en espera de que le desapareciese el enfado.

Cuando pasaron el Viaducto, Galán dijo:

—Mira, aquel es el palacio del rey.

—¡Ja, ja, ja! –gritó el rapaz, soltando en aquella carcajada toda su crisis.

—¿De qué te ríes?

—No sé. Me ha dado gana de reír –habló ya sereno, tornando a su jovialidad característica.

—¿Ya estás alegre?

—¡Mira cuánto soldado! –gritó, señalando a un batallón que venia hacia ellos.

—Espera; vamos a pararnos para verlos pasar –y Galán se paró militarmente, como obedeciendo a un mandato del instinto. Se le notaba cierta emoción. A Rafael, al lado, le brillaban los ojos. Hubiérase dicho que al chico le entusiasmaba.

El héroe preguntó con voz velada:

—¿Te gustan a ti los soldados, Rafael?

—¿Y a ti? –interrogó el rapaz tímidamente.

—Soy yo el que te pregunta a ti: ¿te gustan los soldados? Quisiera que me contestases lo que sientes.

—Sí –repuso a secas.

—¡Son bellos los soldados; lo feo es la causa que les obligan a defender!

—¿A los burgueses?

—¡No son los burgueses lo peor que defienden! ¡Hay otras cosas mucho peores!

—¿Y por qué no defienden a los obreros?

—¡Por absurdos de la vida, Rafael!

El batallón iba pasando por delante de ellos. Galán se imaginaba que era una página del infalible libro que convence a los hombres: hacer realidad los ideales. Para que tuviera eficacia la doctrina de su *Nueva Creación* tenía que sembrarla en páginas de aquellas como la que pasaba en esos momentos ante sus ojos.

Quedose sin parpadear, con las pupilas inmóviles, diento al desfile, y la franja de bayonetas desnudas sobre los hombros de los soldados le parecieron líneas de letras de una formidable galerada recién fundida en la linotipia.

Toda su sangre militar corrió ardorosa por sus venas.

—¡El Ejército es lo más bello que hay, Rafael; pero puesto al servicio de la justicia!

—¿Es que no quieren los soldados estar al servicio de la justicia?

—¡Los soldados, sí! Los que no lo quieren son los oficiales, los que mandan.

—A mí me gustan mucho los soldados. Yo, de buena gana, mandaría soldados; pero para defender a los obreros. ¡No dejaba ni un burgués!

—¿Que te parecería a ti si yo me quedara siendo militar para mandarles a los soldados que defendiesen a los obreros?

Rafael no contestó, y se quedó pensativo.

—¿Es que te sigue dando miedo responderme a eso?

—¿Y si haces lo que yo te diga y después te pasa algo malo?

—No hago lo que tú me digas. Lo que tengo que hacer lo he pensado y decidido ya, pero me gustaría saber cómo opinas tú.

—Pues. que tú hagas lo que te dé la gana, sin fijarte en nadie.

—¡Desde luego, hombre! Pero dime tu parecer.

—Pues que seas militar, para mandarles a los soldados que defiendan a los obreros.

—Me gusta, hombre. Has pensado lo mismo que tengo decidido hacer.

—¿De verdad?

—No miento.

—¿Vas a quedarte de militar?

—Sí.

—¡Qué contenta se va a poner tu madre! Ahora cuando vayamos a casa, se lo voy a decir.

—Sí, díselo, que le dará mucha alegría.

—¡Anda, vamos ahora mismo.

—Ten paciencia.

—Es para ponerla contenta, hombre.

—Tú no me has visto nunca de militar. ¡Si me vieras con mi traje del Tercio, Rafael! Es el que más me gusta.

—¿Cómo es?

—Con unas botas altas, hasta aquí, hasta las rodillas. Unos pantalones bombachos así como los tuyos...

—¿Lo tienes en casa? –interrogó el chico, interrumpiéndole.

—Sí. Con él me hirieron en esta pierna.

—¿Los moros?

—Sí. ¡Pero entonces era yo un bárbaro! ¡Me peleaba con quien no debía pelear! ¡Hoy ya sé contra quién tengo que dirigir a los soldados!

El batallón terminó de pasar y ellos se dirigieron hacia la plaza de Oriente.

Anduvieron un rato en silencio.

De pronto Galán preguntó:

—¿Cuando esté yo en un cuartel mandando soldados, irás a verme?

—¿A qué cuartel vas a ir?

—¡Oh! No sé al que me destinarán. Yo quisiera que fuese en Barcelona.

Guardaron otra vez silencio. Galán le dio una chupada al pitillo y, entornando los párpados, sonrió.

La sonrisa no se le borraba de los labios. Seguía también con los párpados entornados. Llevaba expresión de soñar.

Rafael se quedó mirándolo. De pronto le preguntó:

—¿Te estás riendo por dentro? ¿De qué te ríes? ¿Es de mí? Si es de mí, dímelo; que tú sabes que no me enfado. No soy ningún burgués. ¡Ja, ja, ja!

—No me río de nadie.

—¡Si no lo puedes ocultar!

—Me sonrío. porque estoy viendo todo lo que voy a hacer cuando esté ya en el cuartel. Mira, a ti te lo voy a decir, tú debes saberlo, porque lo que voy a hacer es para tu bien y para el de tu generación. Y para las que os sigan a vosotros. Mira, cuando yo esté en un cuartel mandando soldados. una noche. haré que todos se pongan el uniforme, se carguen sus armas y todas las municiones que haya. Yo me vestiré con mi traje del Tercio. Haremos prisioneros a todos los oficiales que no se sometan a mi mando. Y cuando yo sea el jefe supremo, ya de madrugada, nos echaremos a la calle a proclamar. –acentuó su sonrisa y enmudeció.

Rafael lo miraba con los ojos muy abiertos.

Pasados unos segundos de silencio, el héroe continuó:

—¡Ya verás! ¡Me voy a hacer el jefe de todo el Ejército de España, para ponerlo al servicio de la justicia, que es para lo que debe ser!

—¿De los obreros?

—¡No, de todos los hombres!

Volvió a callar. Chupó el pitillo. De pronto le dió una palmada en la espalda al chico y exclamó:

—¡Qué pronto me vas a ver entrar por la puerta de Alcalá, montado en un caballo, con mi camisa de! Tercio, y todos los soldados de los cuarteles de España a mis órdenes, para apoderarnos de Madrid!

—¡Entrarás con el caballo dando brincos! ¿No? –gritó entusiasmado el rapaz.

—No, no podrá el caballo dar brincos. Vendrá muy cansado de tanto andar y de tanto como habremos luchado. Entrará muy despacio, mojado de espuma y empolvado. Yo vendré también muy fatigado y cubierto de polvo. Pero él y yo amos de España, para entregársela a los hombres que se la merecen, a que la gobiernen y la conduzcan a su bien. Mi caballo llevará su cabeza casi rozando con los adoquines. Pero yo la llevaré muy alta, Rafael.

—¿De qué color va a ser tu caballo?

—Negro. ¿Te gusta negro? ¡Ya verás lo que va hacer Fermín Galán! –y le echó un brazo por el hombro a su amiguito, sonriendo ruborizado.

—Me dejarás ir junto a ti, ¿no?

—Como quieras, hombre –y le dió un tironcito de una oreja.

—¿Todos los generales no llevan un corneta? ¡Yo seré tu corneta! Pero mi caballo será blanco. Yo también iré en mangas de camisa. ¿De qué color es la camisa del Tercio?

—Kaki.

—Bueno, tú la llevarás kaki; pero yo la llevaré roja.

—¡Bien, hombre; como quieras! ¡Roja! –riéndose fuerte le acarició los cabellos.

Habían llegado en ese instante a la boca del Metro de la plaza de Isabel II[155].

—Bueno, vete ya a casa. Ya sabes donde tienes que apearte.

—¡Ya lo sé! ¿Dónde vas tú?

—A ver a mis amigos, A los cafés esos de la calle de Alcalá.

—¡Hasta luego!

Cuando había bajado unos cuantos escalones gritó:

---

155 Viviendo los ideales que Galán expresa en estas páginas, gente de la muchedumbre, según ya se señalara en la Introducción, tras la proclamación de la República el 14 de abril, cambiaron el nombre de esta plaza por el de Fermín Galán.

—¡Fermín!

—Qué.

—Le diré a tu madre que te quedas de militar.

—Sí, hombre. Pero de lo que te he dicho del cuartel, de eso de apoderarme de los soldados y entrar en Madrid. nada. De eso no vayas a decir ni una palabra, ¿eh?

—¡Ya sé que no hay que hablar de eso!

XX

En junio salió Galán para Jaca, destinado al regimiento de Galicia de aquella plaza.

Jaca era una incógnita para el oficial.

La arcaica ciudad del Pirineo guardaba toda clase de encantos para un revolucionario del tipo de Fermín Galán. El héroe penetró en Jaca como un germen de humanitarismo en una matriz fértil.

Jaca, con sus casas de portales bizantinos, con sus cuarteles, su negra Ciudadela, su campiña impresionante, sus ríos, sus selvas de pinos, sus nieves, sus montañas gigantes, sus restos de murallas seculares, su aislamiento magnífico, sus águilas y sus hombres raciales, era un volcán de espiritualismo en cuyo cráter el singular Fermín Galán puso su corazón y su talento, tintero y pluma, para trazar su plan revolucionario.

El héroe fue destinado a esta plaza al azar. Contra su deseo. Cuando decidió seguir en el Ejército estuvo gestionando, con Salinas, ir a Barcelona, animado por el afán de montar allí su andamiaje revolucionario.

Barcelona era su punto ideal, por muchas razones, para su plan. Plan que comenzó a concebir la misma tarde que vio a los soldados cerca de Palacio, cuando iba de paseo con su amiguito Rafael.

Al salir de Madrid y tomar el tren iba contrariado. La ciudad pirenaica no le seducía. Pero ni por un instante flaqueó en su espíritu la seguridad de realizar su ambición.

Él iba hacia lo desconocido, hacia un lugar que nunca había visto, con la confianza de que por muy secos de savia revolucionaria que se encontrasen los cuarteles de Jaca, él les inyectaría verdor y les haría cosechar fruto.

—¡A Jaca! –le decían los amigos en vísperas de marchar–. ¿Qué va usted a hacer en Jaca?

—No sé, no sé cómo habrá que actuar allí. Primero será necesario orientarse –murmuraba moviendo la cabeza.

—Tiene usted que hacer lo posible para que lo trasladen en seguida a Barcelona, o aquí a Madrid.

—Sí. Ha sido una lástima que no me hayan mandado a Barcelona. Esto retrasará las cosas un poco.

—En Jaca no soñará usted en hacer nada.

—¡En Jaca y en donde sea! ¡Donde esté me sublevo[156]!

Nadie habrá oído hacerle una afirmación a este hombre que después no se la haya visto realizar.

En el tren, cuando iba de camino, ya al pasar por Riglos, desde la ventanilla, quedó admirando los «mallos» colosales[157]. A medida que el tren iba internándose en los Pirineos, las abruptas montañas con pieles de selvas de pinos, los tajos inexpugnables y el río Gállego, íbanse acumulando en el espíritu del héroe, removiéndole el cerebro con concepciones estratégicas.

El campo, aquel terreno le gustaba. ¡Qué magnifico escenario para las guerrillas! El héroe, en el pasillo, en pie junto a la ventanilla con el cristal caído, corría por el Pirineo, impresionando el paisaje en su alma.

Todas sus excepcionales dotes de guerrillero, demostradas sobresalientemente en África, se le erguían en el cerebro, dándole esta conclusión rotunda: «Con un puñado de hombres me apodero de estas montañas y me estoy meses enteros, si vienen mal las cosas, presentándole batalla al Gobierno hasta diezmarlo. ¡Aquí triunfo yo, sea como sea!»

156 Frase mantra de Fermín Galán a la que consagra su vida-muerte.

157 Enormes montículos de piedra de la región y casi únicos en toda Europa

De la estación al hotel sentíase contrariado por haber caído allí.

La ciudad, a primera vista, le causó pésima impresión.

Se instaló en el hotel Mur.

Recién hecha su presentación oficial en el regimiento, entró un día en el comedor, y al ver en una mesa a algunos de sus compañeros, se fue a sentar con ellos.

Lo recibieron con frialdad. Apenas si lo saludaron. Durante el almuerzo no le dirigieron la palabra.

Muy cerca de ellos, el teniente Mendoza comía solo en una mesita. Habíase aislado voluntariamente. No quería contacto con ningún militar de los que vivían en el hotel.

Estuvo observando el desprecio con que permanecían aquellos oficiales ante Galán, a quien no conocía ni siquiera de nombre. Era la primera vez que lo veía.

Terminó Galán de comer el primero, y salió reflexivo.

Desaparecer del comedor y comenzar los oficiales a murmurar de él fue instantáneo.

—Es necesario que con nosotros no se vuelva a sentar más –dijo uno.

—¡Ah!, desde luego –exclamó otro, inflado de dignidad.

—Sí, hay que ver un medio para que no se siente aquí –añadió un tercero.

—¡Nada de miramientos! ¡Las cosas claras! Se le dice cuando se venga a sentar y nada más –dijo el teniente coronel Quiroga.

—Sí, desde luego es lo más eficaz. Tampoco el tipo merece otra cosa.

—No se preocupen ustedes –agregó Quiroga–. Yo les aseguro que no se volverá a sentar con nosotros.

Mendoza estuvo atento oyendo la conversación. Se levantó preocupado, con deseos de saber quién era aquel capitán que tanto desprecio le arrancaba a aquella mesa de militares.

Cuando salió del comedor le preguntó a una camarera:

—¿Quién es ese capitán nuevo que ha comido en la mesa del Sr. Quiroga?

—Don Fermín Galán –respondió la chica.

—¿Tú sabes de dónde es?

—No sé, pero debe ser de Madrid. De allí ha venido.

Viendo que la chica no sabía más, Mendoza se fue a la calle, deseoso de dar con alguien que le diese antecedentes de Galán, para comprender el motivo del desprecio de los oficiales.

En el Casino vió a un joven de Jaca amigo suyo, y le preguntó:

—¿Tú conoces al capitán Fermín Galán?

—Ahí está. En ese salón de al lado.

—¿Tú lo conoces?

—No. No estoy presentado a él, no le he hablado nunca. Pero sé que es un tío formidable. Es uno de los encartados en el movimiento de San Juan. De los capitanes que han estado presos en Montjuich.

En el acto vió claro Mendoza el por qué del odio hacia Galán, y le dijo a su amigo:

—¿En dónde dices que está?

—Ahí. En ese salón.

—¿Tú no conoces a nadie que nos pueda presentar?

—Sí. Pero ahora no veo por aquí a nadie –contestó buscando con la mirada.

—Bueno, vente. Vamos a sentarnos a tomar café próximos a él.

Entraron al otro salón. Estaba lleno de oficiales, que charlaban en voz alta. Unos se paseaban y otros estaban sentados en los divanes y en las sillas. El humo del tabaco enturbiaba el ambiente.

En un ángulo, Galán, sentado en un diván, con una mesita delante, tomaba café y fumaba. Solo.

Mendoza y su amigo se sentaron muy próximos a él.

Mendoza se puso a hablar alto para que Galán le oyese. Con habilidad dirigió la conversación a atacar la dictadura de Primo de Rivera. No quedaba bien parada tampoco la de Berenguer.

Galán lo miraba de vez en cuando, asintiendo con la expresión.

Mendoza exclamó:

—¡Han puesto el Ejército que da vergüenza vestir el uniforme! ¡Ya te digo, me da vergüenza vestir el uniforme! ¡No hay más remedio que hacer la revolución para arrancar este despotismo del rey y sus esbirros!

Galán se levantó como movido por un resorte, y, pálido, le alargó la mano a Mendoza, diciéndole:

—Usted perdone que me mezcle en la conversación, pero hay cosas tan grandes que no necesitan de los formulismos idiotas de la sociedad. Me pongo a su disposición para hacer la revolución. ¡Ya sabe usted donde tiene un compañero!

Los dos oficiales se estrecharon la mano. Los dos vestían el uniforme. Mendoza presentó a su amigo. Pusiéronse a hablar sobre la situación de España.

—Oiga usted, Galán –dijo de súbito Mendoza cortando la conversación.

Galán quedose mirándolo.

—Tenía un deseo grande –continuó Mendoza, tras unos segundos de silencio– de hablar con usted. Y no habiendo quien me presentara a usted en este momento, por la urgencia, he decidido sentarme aquí cerca de usted. ¿No recuerda haberme visto usted ahora, en el comedor, sentado en una mesita, solo?

—-Sí.

—Pues bien. Yo no sabía quién era usted, ni siquiera de nombre. La conducta de esos oficiales con quienes ha comido usted me ha hecho averiguarlo. He sabido por este amigo que es usted uno de los capitanes que han cumplido condena en Montjuich. ¡Y, claro, ya he comprendido perfectamente porqué esos esbirros no quieren trato con un hombre como usted!

Galán púsose pálido.

—Quisiera que me explicase...

—Precisamente para decirle a usted esto es para lo que me he sentado aquí.

—Aunque le advierto a usted que nada me extraña de nuestra oficialidad.

—No comprendía qué motivos pudiera haber...

—¿Para qué?

—Voy a explicarle. Mientras han estado ustedes comiendo he notado en ellos cierto desprecio por usted.

—¡Bah! ¡Pobres!

—Cuando usted se ha ido, se han puesto a murmurar. Les he oído decir que era necesario buscar una fórmula para que usted no se sentase en la mesa con ellos. Y el teniente coronel Quiroga ha decidido que cuando usted vuelva esta noche le dirá clara y terminantemente que no se siente con ellos. Yo he pensado en el mal rato que le harían pasar. Y después de comprender claramente los motivos que les mueve a tal infamia, he decidido decírselo a usted cuanto antes para que no se acerque a aquella mesa.

—¡Qué noble es usted, Mendoza! –y Galán le estrechó la mano, encallando sus mandíbulas–. ¿Quiere usted que me siente en su mesita?

—Venía a ofrecérsela.

—¿Usted no teme mancharse con este capitán revolucionario?

—¡No! Lo que quiero es ser su hermano.

—Yo de usted tengo la seguridad de serlo.

Pocos días transcurrieron para que estos dos hombres fueran dos camaradas fraternales.

Galán salía poco. Algunas veces sus amigos, después de grandes esfuerzos, conseguían sacarlo a pasear.

Casi siempre estaba encerrado en su habitación escribiendo o meditando[158].

Veces se pasaba horas y horas pensando[159].

Mendoza frecuentaba las visitas a su cuarto. Al entrar una tarde lo vio tumbado en la cama. Le extrañó que no le dijese nada al verlo. Quedose mirándolo. Galán parecía no advertirlo. Tenía la mirada fija en el techo y el entrecejo fruncido. Se le notaba una gran amargura.

Mendoza pensó no interrumpirle dejándolo en su abstracción. Pero le pareció que sufría y decidió llamarle para sacarlo quizá de alguna obsesión que lo martirizase.

—¿En qué piensas, Fermín? –le preguntó en voz alta, cogiéndole un brazo.

—¡Ah! ¿Eres tú?

—¿Te ha sucedido algo?

—¿A mí? ¿Por qué me lo preguntas?

—Nada. Parecía...

Galán se sentó en la cama.

—Dame un pitillo de los tuyos.

Estuvieron unos minutos fumando, sin decirse nada.

Mendoza dijo de pronto:

—Estás triste. ¿Qué te pasa? Estabas tan preocupado que no me has advertido al entrar.

—Sí. Dudo. Dudo mucho.

—¿De qué?

—Dudo si retirarme de la acción y dedicarme de lleno

---

158 Corrobora esto, la camarera del Hotel Mur, en la novela de Baroja, *Al cabo de la tormenta*, en contestación al personaje, Fermín Acha: «—Galán se pasaba el día escribiendo. No quería que cuando le hiciéramos el cuarto le tocáramos sus papeles. Era muy retraído. Saludaba a todo el mundo y hasta al cura» (27).

159 Es importante destacar. algo que se suele pasar por alto al hablar o escribir sobre él, el que Fermín Galan, aunque sin formación universitaria, era un pensador, de ahí que sus palabras tuvieran tanto impacto.

a la vida contemplativa. ¡Yo soy dos hombres! ¡Y lo peor es que soy dos hombres con personalidad! Tengo tantas cosas que decir que necesito toda mi vida para sacarlas con claridad de mi cerebro y dárselas a los demás. Pero, por otra parte, tenemos que hacer la revolución. Y sin la revolución, ¿para qué sirve lo primero? ¡Es necesario hacer la revolución! Tengo la seguridad de que si no la hago yo, no la hace nadie –y se quedó en silencio, mirando al techo.

Pasados unos segundos, Mendoza dijo:

—Sé sincero: a ti te pasa algo hoy. Dime qué te sucede.

—Pues no me sucede nada.

—Estás muy abatido.

—Sí, estoy muy abatido. ¡Destrozado!

—¿Y por qué?

—Son muchos los problemas que tengo dentro de mi espíritu, y el esfuerzo que necesito hacer para ir buscándoles solución me destroza física y anímicamente. Pero hay dos que por su urgencia no me dejan vivir materialmente: el revolucionario y el sexual. El revolucionario sé que dentro de poco lo podremos resolver. Pero. ¿y el otro? ¡Necesito mujer!

—¿Y eso es lo que te preocupa? –preguntó Mendoza sonriendo.

—No me deja vivir.

—Vente, que vas a tener cuarenta. Todas las que tú quieras –bromeó Mendoza tirándole de un brazo.

—No es eso, hombre, no es eso –murmuró echándose otra vez en la cama–. Tú sabes que es imposible arrastrarme a una casa de prostitución. No soporto una muchacha de esas.

—Es que no es menester una prostituta para poseer una mujer.

—Ya lo sé, hombre.

—¡Por eso!

—Pero, no, no. Yo no puedo entregarme a ninguna mujer sin resolver el problema sexual. ¡Pienso mucho en esto! ¡Y no puedo más! Necesito mujer. Pero no puede ser la primera que encuentre.

—¿Necesitas que haya amor? Eso no es tan difícil, Encontrar una mujer que te quiera y que tú la quieras también me parece sencillo.

—¡Una mujer! ¿Pero qué mujer?

—¡Hombre, hay chicas que están muy bien!

—Muchas.

—Y que no necesitas unirte a ellas seriamente. Las hay muy simpáticas que están dispuestas a ser unas novias excelentes.

—Todo eso lo sé. No soy ningún recién nacido. Pero hay algunos puntos que tengo que resolver dentro de mi espíritu para llegar a entenderme con alguna. En primer término, la mujer que yo elija tiene que ser de mis mismas ideas.

—Hombre, no muchas, pero hay algunas. Hay chicas con ideas muy libres[160].

—Si. Pero esa es otra de las cosas que me obliga a pensar: no puedo remediarlo; quizá incurra en una injusticia gravísima, pero creo que estas mujeres libres no obedecen a sus ideales. Creo que son mujeres sin convicciones. Que son en el fondo unas libertinas, y que alardean de libertad, de tener ideas libres, para cubrir su libertinaje. ¡Una mujer de estas no me convence! Yo quiero una chica que sea de familia burguesa, católica, muy reaccionaria, con todos los prejuicios de su clase. ¡Lo más opuesta a mí! Trabajarla yo y que venga a mí convencida, conquistada por mis ideales. ¡Esa es la clase de mujer que yo sueño!

160 Mención a que empezaba a darse la mujer moderna, libre, en las pequeñas ciudades de provincia, aunque las palabras siguientes en boca de Galán, revelan a lo que se tenían que enfrentar.

Una mujer así es un tesoro; tiene toda la pureza del alma y del ideal.

—Pues busca una chica de esas. No creo que te sea tan difícil convencerla.

—Eso creo.

—Pero mientras tanto, hombre. No es para que estés así.

—Mientras tanto no puedo irme con ninguna mujer. ¡Y mira que la necesito! ¡No puedo más!

—Me parece un absurdo, Fermín.

—¿Qué quieres? No puedo remediarlo; son exigencias de mi complexión moral. Cuando le hablo de esto a Sánchez Ventura me dice que así me deshumanizo.

—¡Claro!

—Me deshumanizo quizá, pero esto tal vez me haga ver en otros asuntos más claro. Mucho trabajo me cuesta; pero mi espíritu siempre vence al cuerpo. Ahora, cuando has entrado, eso era lo que tenía. Me perturba cuando estoy aquí solo, trabajando o pensando, que llegue a mí algo que me revele la presencia de una mujer. Me desequilibra, me aparta del trabajo o de la abstracción, y ya me es imposible volver hasta que no pasa bastante tiempo. Y esto me hace sufrir horriblemente. Hace un rato estaba escribiendo y he oído pasos de alguna que ha pasado, y me he tenido que echar en la cama. ¡Y eso era lo que tenía, Mendoza!

—Hombre, búscate una novia por ahí y no seas idiota.

—¡Pero, además, hay otra cosa! –se puso a dar paseos por la habitación–. Tengo también otro problema. Si busco una compañera, tendré hijos. Querré tanto a mis hijos que me entregaré por completo a ellos. Y entonces mi obra social se va a quedar sin mí, no voy a poder hacerla. ¡Oh, esto es otro problema! Yo no me debo a mí; me debo a mi obra. No, no; no puedo buscar una compañera, porque mis hijos me absorberían y yo quiero mucho a los hombres y deseo darles mi vida entera. ¡Yo no puedo, para satisfacer necesidades personales, crear unos nuevos seres que le roben mi amor a mis hermanos los hombres[161]!

—¿Tú eres hombre, Fermín? –preguntó Mendoza abrazándole conmovido.

Estuvieron un rato en silencio y de pronto saltó Galán:

—¡Si me uno a alguna mujer no tendré hijos! Mendoza recordó algo y una sonrisa se marcó en sus labios.

—¿De qué te ríes?

—De las bromas que gastamos con las camareras del hotel. Todas dicen que tú eres el único que tiene formalidad. El único que las respeta. Te quieren mucho[162].

Se abrió la puerta y entró Manzanares preguntando:

—Fermín, ¿está Mendoza? ¡Ah, venía buscándote!

—¿Quieres dinero?

—Hombre. verás. Mira...

—¡Hasta el martes no te doy ni un céntimo! Falta todavía cerca de medio mes y apenas si te queda una perra[163].

—Pues, mira, no tienes más remedio que darme.

—¡No te lo doy! –gritó enfadado Mendoza.

—¡Cualquiera se imaginará que te estoy dando un sablazo! ¡Lo que te pido es mío!

—Muy bien, sí que es tuyo; pero me lo has dado para que te lo administre, porque tú no tienes juicio y te lo gastas el primer día en dos juergas. Ya sabes que luego me agradeces que no sea suave para dártelo.

—¿No ves a éste, Fermín? Dile que me dé cinco duros. Nada más que cinco duros.

—¡No te doy ni un duro! El martes.

---

161 Frases como ésta, ultimadas con su sacrificio, se corresponden con el amor que por él, y su memoria, tuvieron millares de personas por toda España.

162 De nuevo, frase que corrobora lo que dijera la camarera, Maruja, en la citada novela barojiana, quien se declara «republicana y muy amiga de Galán», y afirmando que era «Muy buena persona». «Mejor que los demás» (26).

163 coloquialismos por una moneda

Galán estaba ya contento con la fraternal escena de sus dos compañeros. Sonreía y la satisfacción le irradiaba en el rostro.

—¡Toma y no me molestes! –exclamó Mendoza alargándole a Manzanares un pitillo, jovial.

—Anda, hombre, dame cinco duros.

—¡No!

—¡Bueno, bien; haz lo que quieras; el mes que viene ya no te daré mi paga! –e hizo ademán para marcharse, airado.

—Ven, hombre, no te enfades –le llamó Galán, cariñoso–. Anda, dale los cinco duros.

—Lo que queráis; pero es peor para él. Dentro de unos días ya no le quedará nada y tiene que estar hasta primero del mes que viene sin tabaco. Para esto es mejor que no me dé dinero.

—Bueno, dáselos. Los últimos días, si le hace falta algo, yo se lo daré.

—¿Estáis conspirando, chicos? –entró preguntando Sediles.

Se pusieron a charlar y a fumar.

Sediles bromeaba con un humorismo magnífico. Se reían a carcajadas de sus ocurrencias. Galán era el que se reía más.

Una de las veces exclamó Galán, cuando las carcajadas les arrancaban lágrimas de los ojos:

—Con nosotros no hay quien pueda. ¡Ganamos a todo! ¡La risa es fuente de vida[164]!

164 Es conmovedora la amistad fraternal de estos risueños jóvenes militares españoles empeñados en una revolución republicana con algo de anticipados ecos, fallidos en su caso, de la triunfal revolución de las flores de los militares portugueses en los años 70 del pasado siglo.

XXI

Fernando Sierra fue a pasar un par de días a Jaca, a últimos de agosto, para cambiar impresiones con Galán sobre sus planes revolucionarios. Planes que ellos llevaban independientemente del plan general de los políticos y de la oficialidad republicana del Ejército.

La noche del día que llegó, cuando los paseos y las calles estaban desiertos, y solitaria dormía la ciudad, Galán le dijo a Sierra al quedarse solos en el hotel:

—¿Quiere usted que salgamos y dando un paseo charlemos?

—Vamos. Hace una noche que merece gozarse. Además así veo yo esto, que es muy interesante. Los alrededores de Jaca con la luna deben ser formidables. Esta tarde al venir de la estación he quedado sorprendido.

—Sierra: he encontrado aquí un regimiento de «hombres» –murmuró Galán al oído de su amigo, al salir del hotel.

En la calle Mayor encendieron pitillos. Mientras anduvieron por la calle fueron silenciosos y pensativos.

Llegaron a la «Plazuela de las monjas». Atraídos por el vetusto rincón, quedaron parados. La luna lo iluminaba y se podía analizar su arquitectura. Sierra, enamorado de aquel rincón, estuvo un rato hablando de las puertas, las rejas, las grecas y el atrio del convento.

—¡Esto es una joya! Aquí hay monjas, ¿no?

—Sí. Una Orden antiquísima. Creo que de estas monjas quedan pocas. Ni de éstas ni de ningunas habrá pronto en el mundo. Es necesario sacar a todas estas mujeres del egoísmo absurdo de los claustros para que vivan en la vida y para la vida. Para que den utilidad a la comunidad humana y sean ellas a su vez dichosas.

Siguieron andando. Por un camino en curva descendieron hasta una cañada extramuros de la ciudad, Se pararon para tragar a pleno pulmón el aire fresco y perfumado de los pinos, que la Naturaleza les ofrecía envasado en la ubre que formaba el valle.

No hablaban. En pie, sobre el caballón[165] de una huerta, parecían extasiados. Habían tirado sus pitillos, y Sierra, con las manos metidas en el pantalón y Galán con los brazos atrás en su actitud característica, captaban la Naturaleza.

El agua de un arroyo discurría muy próxima a ellos y oían el susurro.

—No creo que haya en el mundo entero un sitio de más emoción que este que estamos viendo –indicó Galán.

—¿Le gusta a usted?

—¡Oh! Enormemente. Yo vengo aquí paseando, solo, muchas veces. ¡Y siempre le he encontrado esta misma sugestión! Lo mismo en una noche de luna como ésta, que al medio día con el sol, que de madrugada, que cuando anochece. Y por la noche, por muy a obscuras que esté, impresiona igual. Y es que este paisaje se impone a la influencia del ambiente. ¡No he visto nada tan fuerte ni tan personal!

—Veo que es usted entusiasta de él. A mí me ha sucedido lo mismo al verlo.

—¡Claro! Tiene que entusiasmarle a usted. Yo he estado aquí una noche de las más obscuras, y estas montañas y ese trozo de Jaca que se ve desde aquí lo he percibido con la misma fuerza que en pleno sol.

165 «Lomo que se dispone para contener las aguas o darles dirección de riego» (D. R. A. E)

—A mí este paisaje me parece de hierro.

—No solamente de hierro: de hierro con alma, de hierro vital.

—La vista de este trozo de Jaca sobre esas peñas da una visión apocalíptica. Con esos trozos de murallas seculares, ese convento arcaico...

—¡Qué valientes tienen que ser los hombres de aquí! –exclamó Galán, interrumpiendo a su amigo. Quedose unos segundos silencioso y pensativo contemplando el trozo de la ciudad–. ¡Parece un nido de gladiadores! Así, mirándola ahora mismo, tan solitaria y tan negra, encerrada entre estas colosales montañas, tan aparte del mundo, parece que va a surgir un puñado de héroes cara al misterio a conquistar el mundo en nombre del bien integral de los hombres.

—Dígame usted, Fermín: ¿parece que va a salir ese puñado de héroes o es que piensa usted sacarlos algún día? –interrogó malicioso Sierra.

Galán, ruborizado, le echó un brazo al cuello a su amigo, diciéndole muy quedo al oído:

—Pronto saldremos de ese nido de gladiadores unos cuantos valientes, abrasados de ideal, y nos dirigiremos a Barcelona a realizar nuestro plan. ¡El nuestro! ¡Nada más que el nuestro! ¡Esté usted tranquilo!

—¿Pronto?

—¡Pronto, sí! Antes que las nieves nos puedan estorbar. Lo verdaderamente acertado sería iniciar el movimiento a principios de primavera. Cuando empezara el deshielo en las montañas. De este modo tendríamos toda la primavera, el verano y parte del otoño por delante para guerrear. Esto en el caso que la fortuna nos fuera adversa y no nos permitiera llegar rápidamente a Barcelona. En estos montes no hay quien me venza a mí con mis guerrillas. Y en las condiciones que está hoy el espíritu español y su Ejército, unas guerrillas bien mandadas por estas montañas terminan con el régimen. Ya le digo a usted: lo discreto sería iniciar el movimiento a la entrada de la primavera, pero es imposible esperar otro año. ¡España ya no puede esperar más! ¡España, no yo! ¡No yo, idiotas! Me refiero a todos esos militares que han conspirado con nosotros, a esos que dicen que Fermín Galán es un ambicioso que tiene prisa porque quiere ser siempre el primero para destacarse[166]. ¡Desdichados, me da lástima su miseria espiritual! ¡La ambición personal, doméstica, es la de ellos! ¡Yo, yo tengo prisa, mucha prisa, pero es por mi España, porque no puedo esperar más! ¡Cada día que se retrasa es un nuevo puñal que le clavan los asesinos en medio del corazón! Y al decir «mi España» no quiere decir que yo sea uno de esos cretinos nacionalistas. ¡Nacionalista yo! ¡Es mi espíritu demasiado grande!

—¡Extraordinario, Fermín!

—No podemos dejar que acaben de matar a España, porque de ella, de su raza, tenemos que extraer virtudes originales que hay en su entraña, para sumarlas a las virtudes de otros pueblos y transformar el mundo. Pero esos desdichados dicen que soy un ambicioso, que me enloquece la fiebre de significarme. ¡Bueno! ¡Ja, ja, ja! ¡La miseria moral de estos pobres hombres me da lástima! ¿Ambición personal yo? –su párpado se le dilató más y soltando otra franca carcajada exclamó–: ¡Si yo tuviera ambición personal! ¿Me metería yo en esto? En estas cosa se meten dos clases de hombres: los hombres puros, que no tienen otra ambición que la del progreso de la vida, y los arri-

166 Es curioso que el propio Fermín Galán alegue, para defenderse, algo que se le reprochaba y que sí alíenta a lo largo de frases suyas en todo el libro, y, también en sus cartas, pero, por supuesto, eso no obedecía a egocentrismo, sino a una, tan innata, vocación de servir al bien de los demás y de la Nación, abierta al Mundo, como expresa a continuación. La crítica adversa a él, enfatiza mucho lo de verle como ambicioso, de querer ser el primero, pero sin ligarlo a sus tan humanitarios propósitos y fines.

bistas, que, no teniendo el puesto que apetecen en la sociedad se hacen revolucionarios para lograr las posiciones que sueñan. ¡Si yo quisiera someterme a esta podredumbre llegaría a todo, a lo más alto, antes de tener canas!

Enmudecieron unos minutos.

Sentíase el agua del arroyo.

De un pinar vecino llegaba el arrullo de unas tórtolas.

—¿Tiene usted ya algún plan?

—Sí –contestó el héroe.

—¿Distinto del que nos había hablado usted en Madrid?

—Desde luego la base es Barcelona. Hasta allí habrá que llegar. Allí constituiremos nuestra primera junta.

—¿Va usted a sublevarse aquí?

—¡Aquí!

—No nos ha escrito usted nada. Nosotros creíamos que usted seguía gestionando el traslado a Barcelona. ¡He hecho muy bien en venir!

—En cartas no quiero decir nada. Está esto de Jaca como no podía soñar. Ahora iba a hablarle a usted precisamente de eso, para que vayan preparándose los amigos de Madrid. Yo iré muy pronto a concretar con ustedes y con Salinas. Con la guarnición de Jaca, con lo que tenemos en Barcelona y el ansia de revolución que tiene el pueblo; con la desmoralización y la indisciplina del Ejército, triunfaremos. ¡Nos hace falta dinero, hay que sacarlo de algún sitio! Estas tres cosas nos darán el triunfo.

—Ya sabe usted que estamos conformes.

—Y si se añade que no hay un ejército enfrente para oponérsenos. Ya verá usted como en seguida que iniciemos el movimiento España entera se suma a nosotros.

—Conformes. Yo creo que bien maduradas las cosas y bien hechas, el gesto valiente y honrado de un puñado de hombres puede apresar el Poder. A los hombres vulgares les parecerá una locura, pero a los marcados por el destino para orientar a la humanidad, les dice su conciencia que no regateen sacrificio, que trabajen noche y día, que ultimen todos los resortes y se lancen hoy mejor que mañana a la empresa que les está encomendada. El pueblo español lo quiere y el mundo lo espera.

Galán abrazó a Sierra.

—¿Qué hora será? –preguntó tras un silencio el héroe.

Sierra, mirando el reloj, contestó:

—Las tres.

—¿Quiere usted que esperemos a que amanezca?

—Me gusta la idea.

Galán sacó pitillos. Fumando se pusieron a andar lentamente, cabizbajos y pensativos, uno tras otro, por el lomo del caballón, haciendo equilibrios.

A un lado y otro había hortalizas y no querían pisarlas.

Llegaron al arroyuelo. La luna lo plateaba y parecía la cola de un caballo blanco desenterrada de la, campiña al cabo de los siglos.

En un lunar de césped se sentaron.

Galán dijo, tendiéndose en la hierba:

—No hay nada que me guste tanto como la Naturaleza.

—¿Qué le parece a usted el veraneo en Jaca?

—Magnífico.

—Mejor que en cualquier playa, ¿verdad?

—A mí me gusta más el veraneo en la montaña que en el mar.

—Es más hermoso y más sano –abundó Sierra, tendiéndose.

—A mí me gusta mucho también el mar. La costa en invierno es formidable.

—A mí es cuando me gusta precisamente. El mar en invierno es un espectáculo magnífico.

Los dos, tendidos cara al cielo y las manos cruzadas tras

la nuca, charlaban de las bellezas del mar, de la tierra y del alma humana, abstraídos, con la mirada perdida en el azul del espacio.

La luna se retrataba en miniatura en las pupilas de los dos nuevos románticos.

Enmudecieron.

Seguían abstraídos. El arroyo continuaba hablando en su idioma, incomprensible para los hombres, pero quizá muy claro para los montes. Oíase una esquila gregaria y las tórtolas no cesaban de arrullarse, de barrenar con sus corazones el silencio de la noche.

La pareja de revolucionarios tenían a un lado el Oroel y a otro la vetusta orilla de Jaca.

El colosal Oroel estaba magnífico, descollando inmenso en el paisaje, como un búfalo ciclópeo que le diera cornadas a la luna, desangrándola. La luna parecía el vientre de un burgués. Los pedazos de muralla y el convento, sobre las dantescas peñas color chocolate, seguían fingiendo un nido de gladiadores.

—Hacía tiempo, desde que yo era chico quizá –saltó el héroe de súbito, sin apartar su mirada del cielo–, que no me he sentido tan agradablemente como ahora mismo.

—Ni yo.

—¿A usted no le parece que hay hombres de dos calidades, Sierra? Hombres buenos, humanos, que llevamos en nuestro tuétano la comprensión y el amor a todas las cosas, y otra clase de hombres. ¿para qué definirlos? Hombres, en fin, opuestos a nosotros. Nuestro espíritu siempre está abierto con sed insaciable para todo lo nuevo. Nuestro afán de felicidad y perfección humana nos hace caminar atraídos por la emoción de lo desconocido; porque esperamos descubrir claves que descifren el misterio de la definitiva victoria humana. Y avanzamos con nuestro ideal, dispuestos a dar nuestra vida cuando se presente.

Idolatramos la vida, no creemos más que en la vida, y, en cambio, estamos dispuestos a dar la nuestra con alegría infinita. ¿Qué importa la vida individual, qué importa la sangre del yo, si se derrama en el mar de la colectividad fraterna, para darle un impulso de felicidad? ¡La muerte del individuo no tiene importancia! ¡Además, Sierra, la muerte no existe!

—En eso sabe usted que discrepamos siempre. Nuestra conducta, nuestra actuación, nuestro fin, es el mismo, pero arrancamos de polos opuestos: para usted no hay más que vida; para mí no hay más que muerte[167].

—¡Usted es un negador espantoso! Para mí, desde luego, no hay más que vida. Vida que hay que perfeccionar, hasta que llegue al sumo; vida que lo llena todo. Lo que hay que hacer, Sierra, es aniquilar el egoísmo e identificarse con la vida de los demás. ¡Es necesario vivir en la generosidad del instinto social que cada cual lleva latente dentro de si! ¡Y que se rompa la ampolla que forma el cuerpo del individuo, eso no tiene importancia, porque se sigue viviendo en la colectividad!

—Conformes. Pero no para vivir eternamente en la humanidad, sino para estar muerto infinitamente. ¡Para no ser!

—¡Usted es un nihilista! No creo más que en una vida humana: en la de la humanidad. Y esa será feliz y eterna. ¡Y esto se conseguirá con el trabajo, la inteligencia, la conducta y las vidas humanas!

—¿Usted, Fermín, no siente escrúpulos en sacrificar vidas en aras del bien social?

---

167 En una de las descripciones de las varias que hiciera Rafael Cansinos-Assens sobre Joaquín Arderíus en *La novela de un literato*, 3, alegaba de él: «En el fondo es un nihilista, que todo lo niega y de todo se rie, a veces con verdadera gracia, su aspiración sería volar el planeta»(93). Algo de ello, se desprende del personaje Sierra que le encarna. Como ya se apuntó, los frecuentes, Ja, ja, Já que aparecen en el libro podrían venir de su pluma, y el planeta que querría volar es uno de opresión, injusticia y falta de Libertad.

—En sacrificar la mía, ninguno.

—Eso ya lo sé. No solamente que no siente usted escrúpulos, sino que está dispuesto a ir a la muerte con toda la alegría del corazón. ¿Pero por las de los demás, sí?

—Le iba a usted a contestar que tampoco. Pero quizá le mintiese. No sé. Por las vidas de mis camaradas, por la de usted, por ejemplo, y por las de los que con nosotros conscientemente comulgan en nuestros ideales y luchan a nuestro lado, tampoco.

—Entonces, ¿para quién guarda usted sus escrúpulos? ¿Para nuestros enemigos?

—¡Para esos llego yo hasta la crueldad!

—Entonces, ¿para quién?

—Quizá para nadie. No se deben tener para nadie. No sé. Si acaso. para los hombres que formen el rebaño de la lucha. Para las bestezuelas humanas que van a la fuerza, porque se les manda. ¡No sé! No puedo contestarle a usted en este instante. Hay cosas que es necesario que llegue el momento decisivo para saberlas uno mismo. Con los hombres que actúan engañados o a la fuerza, con los que no obran libremente, me cuesta trabajo hacer ciertas cosas.

Se había incorporado y sentado, miraba el agua del arroyo, pensativo.

Sierra también se sentó.

—Me apostaría que está usted sufriendo, Fermín. Tiene usted una expresión de dolor, impropia de un hombre de su temple.

—Sí que estoy sufriendo. ¡Más que, usted puede imaginarse!

—¿Está usted pensando en las vidas que tendremos que sacrificar de los que vayan engañados con nosotros o con nuestros enemigos a la pelea?

—Me repugna engañar hasta para hacer la revolución. Hay que hacer algunas cosas porque el fin las justifica, pero me amargan mucho el espíritu. Me da asco, también, luchar con todos los que van empujados por las puntas de las bayonetas. Los soldados que peleen contra nosotros así tendrán que ir. ¡Y a lo mejor entre ellos hay algunos de nuestros mismos ideales, que pelearían entusiasmados, dispuestos a dar la vida a nuestro lado[168]!

—Pero eso es inevitable, Fermín. ¡La revolución tiene que hacerse así! La revolución es el estiércol que abona a la sociedad, para que nazca la pureza de su perfección. Esto, según usted. Según yo, la revolución es el estiércol que cae sobre la sociedad, para ir ahogándola y que no aliente más.

—La revolución, es cierto, tiene que hacerse así. La revolución es estiércol, pero estiércol para la fertilización social. Pero esto no quita para que se levante en mí un problema que me roe el espíritu de manera que usted no puede sospechar.

—Si no le conociera a usted tanto y supiese que usted es una de las capacidades revolucionarias mayores de nuestro tiempo...

—¡Tal vez lo sea! –exclamó interrumpiéndole.

—Tengo la seguridad de que lo es usted. Pues bien; si no tuviese esta certezà, con lo que le acabo de oír no conspiraría más a su lado. Pero usted, además de revolucionario, es un poeta y un pensador, y esta noche está usted en el mundo de la filosofía. La filosofía es mala enemiga de la acción.

—Hay algo de lo que usted dice. No sé, no sé.

—Yo sí sé que cuando llegue el momento de actuar será usted un matemático de la revolución: sus números serán las vidas. Y las irá usted eliminando conforme le vayan ha-

168 Todas estas dudas, sobre la violencia revolucionaria y el tener que matar enemigos en la lucha, debieron flamear en el cerebro de Fermín Galán cuando se topa con tropas que creía aliadas, y resultan enemigas en Cillas, cerrándoles la entrada en Huesca.

ciendo falta, con la misma frialdad que un matemático cantidades para resolver su problema.

—Quizá.

—Dígame usted que sí,

—Le mentiría y no puedo mentir.

—Es lo mismo. Yo sé que sí y por eso le sigo a usted. ¿No es a esta hora la que usted escribe?

—Sí, trabajo de noche. Cuando me recojo a casa. ¿Por qué me lo pregunta?

—Si no estuviésemos aquí, ¿qué estaría usted haciendo ahora?

—Escribiendo en el libro que preparo.

—Esta es su hora de escritor –dijo Sierra sonriendo, dándole al héroe unos golpecitos en la espalda–. Está usted en filósofo.

—No. No es precisamente la filosofía la que enturbia mi decisión revolucionaria. Es el amor. Por amor somos revolucionarios, pero el amor algunas veces es un lastre para la revolución. El amor es una cosa muy rara, ¿verdad, Sierra?

—Es usted muy interesante siempre, Fermín, y esta noche lo está usted más; pero se contradice usted.

—Son problemas que surgen en nuestro espíritu: el pensamiento y el sentimiento están luchando ahora dentro de mí.

—El pensamiento siempre debe vencer en nosotros, Fermín.

—Debe vencer, es cierto, y vencerá. ¿Quién lo duda? Pero mientras tanto. En la lucha le hacen a uno sufrir. Que paradójico es el hombre, Sierra. El pensamiento es el que debe vencer, esto es innegable, si queremos ser eficaces. Pero el pensamiento que dimane del sentimiento puro, noble: del amor, en una palabra. ¡Qué paradójico es el hombre! El pensamiento, la razón de la revolución debe ser un tirano en nuestra obra. Pero esta razón nace precisamente del sentimiento, del amor que le tenemos a los hombres. ¡El sentimiento engendra la razón y ha de ser vencido por ella! Es un problema complejo para el hombre que va a la revolución por puro amor[169]. Porque algunos van por ambición de poder. Sin contar con los vulgares arribistas, de tipo doméstico, de los que hemos hablado antes. Esas grandes figuras revolucionarias que van a la revolución por ambición de poder, sin manchar su conducta, fieles al ideal que defienden, no siendo en el fondo los más puros, son los más eficaces. Estos, insensibles a las agonías de los que sucumben en la lucha, van directos a la conquista del Poder. Yo que ansío serle eficaz a la humanidad, desearía ser uno de estos hombres. Pero yo no voy a la revolución por ambición del Poder, para satisfacer un frenesí de tipo personal. Yo ambiciono el Poder, aborreciéndolo en el fondo, para segar con él ligaduras de esclavos y cortar cabezas de tiranos.

—Así me gusta oírlo a usted. ¡Segaremos, incendiaremos y cortaremos las cabezas que haga falta cortar!

—Claro que esto es lo que hacen también los revolucionarios que actúan por ambición de Poder. Pero lo hacen para nutrir su espíritu individualista. Porque en el fondo, por mucho bien que le hagan a la humanidad, son himalayas[170] de egolatría, de egoísmo. Y la justicia que reparten sobre el mundo no la reparten por el amor colectivo, aunque en nombre de esto digan que lo hacen, sino para nutrirse el instinto. El fin es idéntico, el de los que van por amor y los que van por egoísmo, pero el origen no puede

---

169 Son muy reveladoras tales observaciones de Galán, relacionando el amor y la revolución, por lo que dice de su carácter y propósito y, asimismo, por lo que anticipan de la exaltación del amor en los revolucionarios Mayos del 68, del siglo pasado.

170 Los enormes montes del Himalaya,con quienes se compara a los ególatras ambiciosos del Poder.

ser más distinto. Para los que vamos impulsados por el amor, las vidas que juegan en la contienda, obligadas por la fuerza o por el engaño, tienen un valor.

—¿No había dicho usted que la muerte no existe? ¿Que la vida del individuo no tiene importancia?

—Ni la de usted, ni la mía, ni las de los que son como nosotros la tiene. Y mucho menos las de los enemigos; esas no sólo que no tienen importancia, sino que es un bien extinguirlas. ¡Pero es para mí, para usted y para cuantos piensan como nosotros! ¿Pero y para los que crean que no tiene en el mundo otra cosa tanta importancia como la vida de ellos mismos? ¿Puede uno obligarles a que la pierdan por la fuerza o porque se les engañe? En pura técnica revolucionaria sí. Es más: hasta es una puerilidad plantearse este problema, aun imaginativamente. ¡Pero yo le tengo mucho amor a los hombres y no puedo robarles el mayor caudal que les ha dado la naturaleza: la vida! Luchamos precisamente para restituirles a los hombres sus derechos y sus bienes naturales. Derechos y bienes que les han sido robados. No sé, no sé, es un contrasentido todo esto que estoy diciendo. Quizá tenga usted razón, quizá esté yo ahora en mi hora de escritor buscando verdades en la metafísica.

—Tiene usted cara de estar sufriendo, Fermín.

—Sí que estoy sufriendo, porque no soy del todo el tipo de hombre que yo quisiera ser. Que yo llevo aquí metido –y se tocó la frente– ¡Pero lo seré!

—¡Lo es usted ya, hombre! Es que tenemos nuestras horas de ternura. Las tenemos todos los hombres de ideas, por muy duros que seamos. Yo creo ser duro, y si usted viera algunas veces que problemas me planteo. Es que somos muy sensibles, y cualquier cosa nos ablanda imaginativamente. Ahora, en usted, la madrugada, el paisaje y mi compañía. No en balde además de revolucionarios somos artistas. Pero no hay cuidado, nuestra dureza revolucionaria sigue intacta, porque así lo necesita nuestro ideal. ¿A usted no le ha sucedido algunas veces ser cerebralmente un hombre diferente a lo que en realidad es usted? Yo me he creído ser algunas veces un ladrón, otras un asesino, otras un borracho, en fin, mil cosas. ¡Hasta un caballo me creí ser una vez! Pero vamos, nosotros no somos ningunos pobres hombres, ningunos pobres tolstoyanos que nos creamos que con pensar las cosas tenemos la responsabilidad de haberlas hecho. Nosotros creemos que hemos hecho una cosa cuando la hemos hecho. Todo lo que pasa por nuestra frente, mientras no lo hayamos convertido en realidad, es pura fantasía. Yo le aseguro que a pesar de lo que usted ha dicho, si se presentara en este instante la ocasión, usted manejaría las vidas humanas, para el triunfo de nuestro ideal, sacrificando las que hiciera falta.

—Quizá. Ya veremos como actuamos cuando llegue el «golpecillo».

—Pues no regateando las vidas que hagan falta para el triunfo.

—Pronto lo vamos a ver.

Quedaron pensativos y en silencio.

Las tórtolas seguían arrullando.

—Hacía ya bastante tiempo que no habíamos tenido una conversación de estas.

—Bastante –contestó Sierra.

—Y siempre son hermanos nuestros pensamientos.

—Hermanos que andan como gemelos por la vida, movidos por un motor muy distinto.

—Pero el caso es que usted trabaja conmigo para mejorar la vida.

—Para mejorarla, no. Para extinguirla.

—Bueno, el caso es que usted colabora conmigo.

—¿En lo más hondo de su alma qué es usted, Fermín?

—¡Anarquista! Es necesario pasar por muchos caminos, por diversas arquitecturas sociales, pero el fin es llegar al hombre libre, sin Estado, feliz en la Naturaleza[171].

El alba comenzaba a clarear.

Ellos subían muy despacio por la cuesta, para entrar en Jaca.

171 Aunque Fermín Galán, y como aparece en el libro en varías ocasiones y en sus cartas, dijera no ser anarquista, en él sentido que lo afirma aquí, sí lo sería. Hay en el ideario anarquista ese deseo de ser libres de un Estado represor y un gran amor por la Naturaleza (este capítulo podría ser un homenaje a ello), de un hondo sentido ecológico, diríamos hoy.

XXII

Si Galán hubiera obedecido libremente a su deseo, hubiese repartido su vida entre su cuarto del hotel y el cuartel. La mesa de trabajo con las cuartillas y los libros. Donde el pensador rendía su fruto. La blanca cama, en la que caía el místico, deshecho en éxtasis de dolor o en sueño dulce de iluminado. Y el cuartel, en donde el revolucionario barrenaba los pechos humanos de los soldados.

Este hombre infatigable, todo amor, con el afán de hacer prosélitos, habíase ofrecido a sus compañeros para sustituirlos en las guardias cada vez que ellos quisieran. Su vida, pues, obedeciendo a su deseo, se hubiese repartido entre su cuarto y el cuartel.

Pero la amistad, por la que Fermín Galán hubiese llegado a dar su vida, como él con frecuencia les decía a sus íntimos, le obligaba muchas veces a sacrificar su frenesí. Para complacer a sus amigos, que siempre querían estar con él, salía a pasear, a tomar café al Casino, a los bares, y hasta algunas veces a los bailes. En éstos, mientras las parejas daban vueltas en el ambiente caldeado de lujuria, Galán permanecía apartado, sentado, fumando, soñando tal vez en la compañera ideal de sus sueños.

Cuando veía a sus camaradas con sus parejas y él comprendía que su ausencia ya no les produciría disgusto, se marchaba cauteloso a trabajar.

Un día pasó una cosa singular en uno de estos bailes.

—¡Fermín se ha vuelto loco! –exclamó el capitán Gallo[172].

---

172 Miguel Gallo Martínez (1904-1939), de familia de renombre, Porcuna (Jaén),

—¿Lo has visto? ¡Quita, chico, si parece imposible! –contestó Sediles, irradiando alegría.

—¡A mí me gusta verlo! –decía Mendoza muy contento.

—Bueno, chicos, yo estoy que me parece imposible –objetó Marín[173].

Los cuatro oficiales habíanse parado con sus parejas y formaban un corro deshaciéndose en exclamaciones de asombro por algo insólito en Fermín Galán. Era sencillamente que lo estaban viendo bailar.

El héroe danzaba rítmico, gentil, bello de líneas, risueño, respetuoso, llevando delicadamente a la mujer.

Estuvieron un rato contemplándolo, admirándolo.

De súbito enmudeció la música y las parejas quedaron inmóviles como androides[174] sin la cuerda.

Con honestidad varonil le dio las gracias a la muchacha que había bailado con él y la acompañó hasta su silla.

Sus amigos acudieron a él, preguntándole atropelladamente:

—¡Magnífico, Fermín! Pero, hombre, dinos: ¿qué te ha pasado?

—No hay que asombrarse –contestó risueño–. Nada, nada, ¿es que yo no puedo bailar?

—Claro, sí que puedes bailar, pero como no bailas nunca. ¿Qué te ha sucedido hoy para decidirte a bailar?

—Era la única chica de pueblo de entre todas las que hay aquí y por eso he bailado con ella. ¡Las demás son señoritas!

---

tras el enfrentamiento de Cillas, huyó a Francia, de donde regresó proclamada la República. Ascendido a comandante, durante la guerra estuvo al mando de tropas republicanas en distintos frentes. Al final, fue detenido en Madrid por la sublevación de Casado. Desde la prisión de Madrid, al entrar las tropas franquistas le enviaron prisionero a Valencia y fue fusilado, en Alicante, el 15 de julio de 1939.

173 El teniente Guillermo Marín, asimismo, luchó en el bando republicano durante la guerra, y yendo al exilio en México, donde falleciera en 1977 a sus 70 años.

174 Autómatas con figura humana

—¡Qué alma tan bella tienes, Fermín! –exclamó Mendoza.

El se ruborizó.

Sus amigos permanecieron unos segundos mudos e inmóviles. A él se le iban tiñendo las mejillas.

—Lo que se aprende a tu lado, Fermín –exclamó Sediles conmovido.

—¡Ahora la vamos a sacar a bailar todos!, ¿verdad? –balbuceó Mendoza.

—Esta tarde ya no bailamos más que con ella, ¿os parece? –preguntó Marín.

Galán sonrió satisfecho.

Volvió a sonar la música y Mendoza se dirigió a pedirle baile a aquella chica aldeana, que seguramente sería doméstica de alguna de las allí reunidas.

Todos bailaron con la «chica de pueblo».

En los días sucesivos cuando los camaradas de Galán lo requerían para que fuese al baile, siempre le decía Sediles en broma:

—Anda, vente, Fermín, que hay «una chica del pueblo» estupenda.

El reía franca y ruidosamente con ingenuidad y juventud.

Iba a todas partes menos a los prostíbulos. Sabían los jóvenes oficiales que esto era imposible y acabaron por no decirle ya nada.

—Don Fermín –murmuró una noche la camarera que les servía la comida en el hotel– le llaman a usted al teléfono.

Cenaba y en la mesa estaban con él Mendoza, Manzanares, Gallo y algún otro.

—¿Quién me llama? –preguntó.

—No sé, no ha dicho quien es.

Se levantó y se dirigió al teléfono.

—Fermín Galán, ¿quién lo llama? –preguntó cogiendo el auricular.

—Usted no me conoce, pero deseo hablarle si es posible –gangueó el aparato.

—Bien. Si desea hablarme venga aquí si quiere. Aquí en el hotel le espero.

—No es. discreto. que yo vaya ahí a verle...

Galán meditó unos segundos y dijo:

—¿Le urge mucho que nos veamos ahora?

—¡Hombre...! Como urgente. Como urgente no es, pero alguna vez tiene que ser. ¿Y porqué no hoy?

—Bueno, como usted quiera. ¿En dónde está usted?

—No. No, no es necesario. ¿Quiere usted una cosa?

—Dígame.

—¿Puede usted salir dentro de una media hora?

—Y antes si quiere usted.

—Gracias. ¿Quiere usted salir dentro de media hora? Yo le saldré al encuentro.

—Muy bien, muy bien; dentro de media hora saldré y haré lo que usted ha dicho.

—Me gustaría que no sospechase usted nada malo. Soy un hombre a quien creo le interesa a usted conocer.

—Nada. Muy bien, perfectamente. Hasta dentro de media hora.

—Aguarde un momento. Es mejor que vaya usted solo, ¡Ah!, espere. Y el camino que tome usted es conveniente que sea por las afueras. Interesa que no nos vean, ni ahora ni después, juntos. Es conveniente que ignoren nuestra relación.

—Muy bien –y colgó el aparato.

—¿Quien te llamaba? –le preguntaron cuando volvió a la mesa.

—Nada. Era del cuartel.

Siguieron cenando. Cuando terminaron, dijo Galán:

—Yo voy a subir a mi cuarto que tengo que escribir unas cartas. Ahora iré al paseo a buscaros.

No había finalizado el verano y salían por las noches al punto de reunión que los veraneantes tienen en Jaca. Cuando se marcharon todos, Galán subió a su cuarto.

Poco después salió a la calle. Se dirigió a la Ciudadela.

La noche era cálida, pero negra.

El volvió la cabeza y vió que una sombra lo seguía.

Continuó andando.

Oíanse pasos tras él. Pasos acelerados. Se notaba que lo seguían, ansiando alcanzarle.

Galán poco a poco iba acortando su andar.

Llegó la sombra a su lado. Dijo:

—¡Hola! Buenas noches.

—Buenas noches –contestó Galán parándose.

—Le extrañará a usted todo esto, ¿verdad?

—Hombre. no. Yo estoy acostumbrado a todo. A mi no me extraña nada de este mundo, ni cuando me tropiezo con algo bueno.

—Ya lo se, ya lo se. Lo conozco a usted bien. Usted tiene corazón y talento para no asombrarse de nada.

—No precisamente por eso. Pero en fin. Usted es quien me ha llamado por teléfono, ¿verdad?

—Yo he sido.

—Usted dirá.

—¿Quiere usted que vayamos paseando?

—Lo que usted quiera.

Despacio, echaron a andar por el prado que circunda dilatadamente la Ciudadela.

Las luces de Rapitán brillaban relampagueantes en lo alto del monte, como las pupilas de un gato centinela acostado en un túmulo.

Anduvieron unos segundos, remisos y en silencio.

El césped se quejaba bajo sus pies despiadados.

La Ciudadela, a la izquierda, se destacaba en la noche, como un inmenso ataúd tapizado de terciopelo negro en la obscuridad de una tumba.

—¿Usted fuma? –preguntó el desconocido, ofreciéndole a Galán un pitillo.

—Me apasiona el tabaco. Gracias –contestó Galán tomándolo[175].

Se pararon para encender.

—¡Cuanta gana tenía de hablar con usted, Galán! –declaró el desconocido–. Desde que está usted en Jaca estoy pensando en esta entrevista. Pero no la he creído necesaria hasta hoy. ¡Yo sé quién es usted hace ya mucho tiempo!

—¿Es usted de Barcelona, acaso?

—No, soy de Canfranc; pero me he pasado mi vida en el mundo entero.

Galán chupó el pitillo, intrigado.

—No sé qué haría yo para darle a usted las garantías de que no soy ningún. ¡ningún policía, vamos!

—Je, je, je. –Galán sonrió levemente.

—Hombre, sí. Porque no tendría nada de particular que usted sospechase de mí algo por el estilo. Esta presentación tan extraña puede dar por lo menos la sospecha de un confidente.

—¡Hay tanto de eso en estos tiempos!

—Precisamente.

—Es un régimen policíaco el que nos tiraniza.

—Hoy es policía o confidente hasta la mujer con la que va uno a pasar un rato.

—Es verdad, estamos en un régimen en el que la delación es el trabajo que más se paga y más se estima.

175 Un apasionamiento que se manifiesta a lo largo del todo el libro con Galán y quienes le rodean, sacando y fumando pitillos, continuamente. Ya al final del capítulo XVIII, el tan listo adolescente Rafael, como si estuviera en nuestros días, le reprochaba: «No sé que gusto le sacáis a fumar a mi me repugna».

—Iba a contestarle a usted una cosa pero me la callo hasta que usted tenga la seguridad de que yo no soy un canalla de esos. Mientras no sepa usted bien quien soy yo no tiene valor nada de lo que le diga. Si estuviera aquí un hombre a quien usted conoce mucho, ya le haría él saber a usted quien soy.

—¿Qué hombre es ese?

—¿Conoce usted a Ramírez?

—¿Al sargento?

—El mismo.

—¡Hombre, lo quiero entrañablemente! ¡Es de lo mejor que hay en España! Y es verdad que ha estado aquí castigado. ¿Es amigo de usted acaso?

—¡Uña y carne!

—Hombre, eso le da a usted garantía.

—Precisamente por él sé que es usted el único que hará aquí en España lo que se necesita hacer.

—Ramírez me quiere mucho.

—Por él sé lo de San Juan y todo lo que quiso usted hacer mientras estuvo en Prisiones militares y en Montjuich. Y por mí sé todo lo que está usted haciendo aquí.

—Aquí, cumplir con mis deberes militares y nada más –afirmó secamente Galán.

—Con su deber usted cumple siempre. Pero a la guarnición de Jaca la tiene usted en su puño, para soltarla en el momento que usted quiera y armar la música gorda.

—Sabe usted mucho –dijo Galán, sonriéndose confiado.

—Lo que a mí me interesa se lo aprende de memoria mi corazón y mi cabeza.

Había tal sinceridad y tanta firmeza en las palabras de aquel hombre, que en Galán desapareció toda sospecha.

—Usted es un hombre de ideas, ¿no?

—De ideas. y de acción. Para poco sirven las ideas si no

hay una voluntad y un valor que las hagan buenas –declaró el desconocido.

—Bien, bien; pues lo tendremos a usted en cuenta.

—Lo he llamado a usted precisamente para esto. Para ofrecerme a usted y que cuente conmigo para lo que haga falta.

—¿Hace tiempo que no ha visto usted a Ramírez?

—Desde que se fue de aquí. Creo que está ahora en Madrid, ¿no?

—Sí, allí está.

—¡También es un hombre!

—¡Ji, ji, ji! ¿Ese? ¿Cuántos cree usted que hay como él?

—¡Pocos!

—Él solo.

—¡Está ciego por las ideas!

—¡Ramírez será un hombre histórico! –y Galán le dio al desconocido un golpecito en un hombro.

—Eso dice él siempre de usted.

—Bien: lo seremos los dos.

—No quiero entretenerle a usted más. Lo he llamado para decirle que cuente usted conmigo para todo lo que le haga falta para su obra.

—Bien, bien.

—Tenía interés en hablar con usted, pero no quería que fuese en sitio visible. Yo estoy fichado, ¿sabe usted? Tengo una vida muy sonada. Y al vernos juntos inspiraríamos muchas sospechas. Ya sabe usted lo que son los pueblos. Si a usted, con la fama de revolucionario que tiene, lo ven conmigo, que dicen que soy un incendiario, vamos a poner la gente en guardia y no conviene. Yo le diré a usted lo que tiene que hacer cuando quiera avisarme para algo. Que no se enteren que nos conocemos siquiera, ¿eh? Yo le diré quién soy, para que usted tome los informes que quiera de mí. Usted, con cierto disimulo, pregunte por «El Esquinazao». ¡Y nada más!

—¿«El Esquinazao»?[176]

Sí, aquí me conoce todo el mundo. Cuando usted quiera avisarme lo hace a este número del teléfono –y sacó una tarjeta de la cartera–. Es un garaje, ¿sabe? Soy chófer.

—Muy bien.

—Y me cita usted siempre en sitio solitario, donde no nos vea nadie. Lo que quiero ahora es que usted se informe bien de quién es «El Esquinazao». Y cuando lo sepa usted bien, ya charlaremos. No quiero entretenerlo más.

—No tenga tanta prisa. Es muy interesante estar a su lado.

—Cuando sepa usted quien soy. Ahora no le voy a decir a usted más que una cosa.

—Dígala.

—Que soy de sus mismos pensamientos, y que cuando a usted le haga falta para la revolución un hombre que se juegue la vida, acuérdese usted de «El Esquinazao» –y le alargó la mano.

Galán se la estrechó efusivamente, diciéndole:

—¡Hay hombres en España! Lo que se necesita es buscarlos, i Y se encuentran! Ya nos estamos juntando un grupo que hará algo.

—¡Salud! Hasta que quiera usted llamarme –y «El Esquinazao» volvió a tenderle su mano–. Yo me voy por aquí.

Echó a andar y se esfumó en las sombras.

Galán permaneció parado.

—¿Dónde he visto yo a este hombre? –se quedó pensando–. ¡No, verlo lo he visto aquí mil veces! Pero con este hombre he hablado yo alguna vez. ¿En dónde he hablado

176 Hay un pequeño error ortográfico ya que en todo lo que se publica sobre tal peregrino y valiente personaje-persona, en lugar de la «o» se pone una «u»: «El Esquinazau», Antonio Beltrán (1897-1960). Peleó en la guerra por la causa republicanas y, tras ella, pasó a Rusia y, finalizada la II guerra, a Francia, marchando luego a diversos países hispanoamericanos y terminando su vida en el exilio mexicano.

yo con este hombre?. ¿Ha sido en Barcelona? ¿En Barcelona?. No, no. No recuerdo ahora mismo en dónde ha sido; pero yo he hablado alguna vez con este hombre. ¿Ha sido estando con Salinas?. ¿Con Salinas? ¿O con García Hernández? No sé; pero la imagen de este hombre me asocia las de Salinas y García Hernández. ¡Bah, a lo mejor ni siquiera lo he visto nunca! ¡Alguien que se le parece!

Encendió un pitillo y se dirigió, atravesando el prado, sin seguir ninguna senda, al paseo, a reunirse con su peña.

En la obscuridad de la noche brillaban las luces de la ciudad, y en el firmamento, las estrellas. Hubiérase dicho que alguien con una garlopa cepillaba al sol para encajarlo en el anillo del alba, y que las estrellas y las luces eran las virutas que le arrancaban.

Galán, próximo ya al paseo, volvió a interrogarse mentalmente:

—¿Pero en dónde he hablado yo con ese hombre? Qué cosa más extraña: aseguraría. que con García Hernández o con Salinas, o con los dos juntos, he hablado yo con ese hombre. Le voy a preguntar a García Hernández si lo conoce –y se dirigió por entre los grupos de gente que llenaba el paseo.

Toda la colonia veraniega de Jaca estaba allí reunida. Disfrutando de la noche.

Se paseaban hileras de jóvenes, entre una algarabía de risotadas y voces. A ambos lados, grupos de militares y paisanos charlaban y bebían cerveza. Veíanse grupos de señoras maduras y ancianas, que, murmurando, no apartaban sus ojos vigilantes de sus hijas.

Galán llegó a su peña.

Con los oficiales había dos paisanos: Sánchez Ventura y Duch[177].

177 Se trata de Luis Duch Lacasa, de una de las renombradas familias de Jaca, otro de los civiles integrado al grupo, y que fuera fusilado en el Fuerte Ra-

—¡Hola, Fermín! –exclamaron todos al verle.

—Siéntate en esta silla –le indicó Gallo.

—No, ahora. Voy a dar una vuelta con éste –y señaló a García Hernández[178].

—Cuando termine con él, tengo que hablarle a usted. Estoy muy disgustado con usted. Tengo que regañarle –dijo Sánchez Ventura.

—¡Lo tienes indignado, Fermín! –exclamó Mendoza.

—¿Por qué? –preguntó, ruborizándose el héroe.

—Ahora hablaremos –contestó Sánchez Ventura–. ¡Parece mentira, Fermín!

—Yo no le he dicho nada, ¿sabes, Fermín? –saltó riéndose Sediles–. ¡Ha sido éste! –y señaló a Mendoza.

—¿La has visto? Está ahí con las amigas –le advirtió Mendoza.

—Anda, vente y déjate a estos pelmazos— le dijo García Hernández, echándole el brazo por el cuello y llevándoselo.

—¿Es que le ha dicho Mendoza a Sánchez Ventura lo de mi novia? –preguntó Galán.

—Sí, han estado hablando de eso.

—¿Y qué le ha parecido?

---

pitán, a sus 30 años, al inicio del levantamiento militar contra la República, el 28 de julio de 1936. junto a otros 14 paisanos. Esteban Gómez describe tales crímenes con el nombre de los 15 fusilados, en su el libro *El eco de las descargas* (153-154).

178 Angel García Hernández, fusilado, tan mezquina e infundadamente, junto a Fermín Galán. Nacido en 1900 en Víctoria, salido de la Escuela Militar, en 1921 fue destinado a la guerra de Marruecos. En 1924, ingresó en el Tercio de Extranjeros (La Legión) y, según escribe Fernando Martínez De Baños Carrillo, participó en una acción militar en la que coincidió con Galán, los días 7,10, 11 y 12 de mayo de 1924, cada uno en su Bandera, ambos, bajo la dirección de Francisco Franco. Al igual que Galán, fue herido, un mes antes que él, el 2 de septiembre (163) No sabemos si coincidieron en el Hospital de Madrid, pero sí se encontraron en Jaca, estrechando una honda amistad. Como en el caso de Ramón Acín en Huelva, Fermín Galán en Jaca pasaría ratos de disfrute y esparcimiento en el hogar de García Hernández, católico devoto, casado con Carolina Carabias y padre de su adorable hijita María Esperanza.

—Se ha indignado de que te hayas puesto en relaciones con una chica tan reaccionaria y tan burguesa.

—No comprenden, no comprenden. ¡Y Sánchez Ventura que tiene tanto talento!

—Bueno, ¿qué es lo que quieres decirme?

—¿Conoces tú a un chófer que hay aquí en Jaca, que se llama «El Esquinazao»?

—Sé quién es. Pero no le conozco, ¿por qué?

—Estas cosas que se me clavan en el cerebro. Se me ha metido en la cabeza que contigo he estado yo en algún sitio hablando con ese hombre.

—Conmigo, no. No. Pero no me explico a qué viene esto ahora. Yo no he hablado nunca con ese hombre.

—No sé, no sé. si no contigo, con Salinas.

—Me has puesto inquieto, Fermín. Estás muy preocupado. ¿Qué te pasa con ese hombre para que, te preocupe tanto?

Galán le contó su entrevista con el chófer.

—¿Y qué impresión has sacado de él? –interrogó García Hernández cuando Galán hubo terminado.

—Que es un hombre formidable. ¡Un hombre de acción!

—Si quieres informarte, llamaremos a Sánchez Ventura; es fácil que le conozca.

Paseando, pasaron por delante del grupo de los amigos. Le hicieron una seña a Sánchez Ventura, llamándolo.

Este se reunió con ellos.

—Vamos andando –dijo Galán.

Recomendando un gran secreto, volvió a contar su escena con «El Esquinazao».

—Creo que sea un hombre leal. Ahora, que yo no respondo de él, Apenas si le he hablado dos veces. Creo que sí, que es un hombre decidido. Pero. espere, lo vamos a saber en seguida.

—¿Qué va usted a hacer? –preguntó Galán.

—Es que antes he visto pasar a uno que tiene que conocerlo bien. Es un chófer de Huesca –dijo Sánchez Ventura.

—No, déjelo. Ya tendremos tiempo de averiguarlo. No está bien hablarle ahora a nadie de esto, después de haberme encargado él tanta reserva.

—No tenga usted cuidado. Este que voy a llamar es mi propia persona. Es un sindicalista muy serio –dijo Sánchez Ventura.

—Bueno, haga usted lo que quiera.

—¿Me esperan ustedes aquí?

—Sí, aquí le esperamos.

Sánchez Ventura se fue en busca de su amigo.

Al poco volvió con un joven pálido, alto, desgarbado, de largo y enmarañado pelo.

—¿Y Fermín? –preguntó Sánchez Ventura, advirtiendo que no estaba presente.

—Me ha dicho que lo esperemos un momento, que viene en seguida.

—¿A dónde ha ido?

—No se lo digo, porque se va a enfadar usted.

—A ver la novia, ¿no?

García Hernández, sonrió.

—¡Qué absurdo! ¡Pero si esa chica no es para él! Es guapa y buena chica. Pero para otra clase de hombre. Para un señorito como ella. Pero para un hombre como Fermín. Es absurdo, absurdo. El debe buscar una mujer de sus ideas.

—Por ahí viene –advirtió García Hernández.

En efecto, Galán llegó.

— Es usted absurdo, Fermín.

El héroe, ruborizándose, dijo:

—Ya hablaremos, ya hablaremos. ¡Son ustedes demasiado sectarios!

—Este amigo nos dará todos los detalles que queramos de «El Esquinazao».

—¡Hola! –le saludó Galán al recién llegado, alargándole la mano.

—¿Qué tal, Galán? –le preguntó el chófer.

—¡Ah, si se conocen ustedes!

—Lo conozco de Montjuich. He estado allá a visitarlo algunas veces con Pallarés. ¿Y de Pallarés, qué sabe usted?/

—Hace unos días recibí carta de él. Él trabajando, siempre trabajando.

—¡Como todos! –exclamó el chófer.

—¡Claro! –afirmó Galán.

—Vamos hacia allá –insinuó Sánchez Ventura.

Salieron del radio de la gente para hablar más desembarazados.

—Este dice que «El Esquinazao» es persona de confianza absoluta.

—¡Formidable! –abundó el chófer.

—Ya lo suponía yo. Desde el primer momento que me lo eché a la cara. Aunque, en realidad, no era mi propósito pedir informes suyos. A mí lo único que me ha hecho preguntar por él es porque creo haberle visto en algún sitio con Salinas o con éste –y señaló a García Hernández.

—Conmigo ya te he dicho que no.

—¡Bah, es lo mismo! No merece la pena preocuparse por eso. Lo importante es que sea un hombre útil –declaró Galán.

—¡Como pocos! – afirmó el chófer–. Es hombre de ideas y de acción. ¡Tiene una vida extraordinaria! Ha corrido el mundo entero. Toda Europa. Las dos Américas. y quizá también por Asia haya trajinado algo. ¡Y como decidido, no creo que haya otro! ¡Tiene cosas, en su vida, formidables! Miren ustedes, esto les puede dar idea de lo que es: estando en América, del Norte, creo que en unas selvas, en las que se hacían unas cortas de árboles, se alistó en el Ejército yanqui. Esto era cuando la guerra europea. En una de las expediciones de soldados que mandaron los yanquis a Europa, para pelear contra los alemanes, venía también «El Esquinazao», de chófer de un camión de guerra. Un día, estando en el frente, tuvo unas palabras con un jefe y lo arrestaron. El se escapó, cogió el camión que estaba a su cargo, y vestido con su uniforme de soldado yanqui atravesó toda Francia, sin que nadie le dijese una palabra. Llegó a la frontera española, dejó abandonado el camión, por las montañas ganó la frontera y se metió en Canfranc, que es de donde es él.

—¡Hombre, formidable! –exclamaron.

—Llegó a Canfranc vestido con su uniforme yanqui. Era precisamente el carnaval. Se puso un antifaz y estuvo dándoles bromas muy pesadas a todos los vecinos. ¡Y claro, se volvían locos averiguando quién sería! Nadie se podía imaginar que era «El Esquinazao», porque hacía años y años que faltaba de allí.

—¡Enorme, enorme! –dijeron todos.

—Con un hombre así ya se puede ir a cualquier sitio –declaró Galán[179].

Estuvieron un rato comentando la personalidad de «El Esquinazao».

El chófer se despidió.

García Hernández fué a reunirse con los otros, y Galán se quedó con Sánchez Ventura.

---

179 Sobre Antonio Beltrán, contamos con el libro *El Esquinazau, perfil de un luchador*, de Ramón Ferrrous y Antonio Gascón, aunque no se le valora tanto como lo oímos aquí. y sin penetrar a fondo en tal personalidad y vida política y militar en la guerra y en el exilio. Llegó a ser teniente coronel y Jefe de la 43 división en la defensa y retiro de la Bolsa de Bielsa en la batalla del Ebro. En el exilio en Rusia, tuvo un papel directivo entre los militares españoles acogidos allí. En *El eco de las descargas*, Esteba Gómez nos da una brevísima ssmblanza de él en tales tiempos y con fotos de «los altos sitios» en que estuvo. Una de ellas, en la «Bolsa de Bielsa», junto al Presidente del Gobierno Republicano, Juan Negrín y otra, con la plana mayor de la dirección del PCE, presidiendo un mitin en 1947 en Toulouse (541-543).

Al día siguiente, al ver Galán a Mendoza, le dijo:

—Sánchez Ventura, anoche cuando me habló de mi novia, estuvo muy duro conmigo. Yo creo que no lo merezco.

XXIII

A principios de verano se encontraron en la callé de Alcalá Rodil y Salinas. Se abrazaron alegremente[180]:

—Pero ¿dónde se mete usted? Llevo más de un mes sin verle.

—Estoy en Guadalajara, destinado en el batallón Aerostático.

—¿Y vuela, usted?

—Claro, hombre.

—Pero el globo es una cosa primitiva. Me parece mejor la aviación.

—Prefiero los globos. Es un vuelo más romántico. A mí me gustan las cosas un poco arbitrarias. ¿Quiere usted que entremos en Negresco?

—Vamos.

Era la hora del vermut. Un público elegante y voraz, esmaltado de muchachas risueñas y vaporosas, bebía aperitivos rojos y desnudaba mariscos sobre los mármoles oscuros. Salinas pidió cerveza. Rodil, Oporto.

—Me siento incómodo en todos los empleos –dijo Salinas–. Y es que no tengo cariño a esto. Mi pasión son las matemáticas. Ya sabe usted que durante el conflicto de la Artillería yo he sido actuario de Seguros.

—Lo sé. Pero ¿no se había hecho usted también abogado?

—Me faltan cuatro asignaturas. Ahora quiero estudiar Economía Política. En fin, no hablemos de mí. Hablemos de Galán.

---

180 Nuevo, y último, salto de la narración al Madrid Moderno, en esta escena con Rodil en la que se manifiesta la mano literaria de Díaz Fernández.

—Se ha ido a Jaca.

—Me ha escrito ya desde allí. Está desesperado con aquel pueblo. Ese destino nos ha estropeado todos los planes. Porque nuestro propósito era que nos destinasen a Barcelona. Allí pensábamos reunirnos con Aiza. Habíamos hecho incluso un plan de sublevación de acuerdo con los sindicalistas. Nos sería fácil sublevar los regimientos, poner en pie de guerra a las fuerzas militares y civiles y hacernos dueños de la ciudad. Galán saldría sobre Madrid con una columna, por Lérida, Huesca, Zaragoza, y yo iría con otra por Tarragona, Castellón y Valencia. Aiza quedaría en Barcelona con fuerzas de reserva.

—Era demasiado hermoso el plan para que pudiese realizarse.

—¡Pues si lográsemos destino en Barcelona –dijo Salinas, exaltándose–, lo hubiésemos hecho!

—¿Y ahora? –preguntó Rodil.

—¿Ahora? No sé. Creo en Galán ciegamente y estoy dispuesto a colaborar con él en lo que sea.

—Yo también. Es un hombre extraordinario. Además, quiere para España una verdadera revolución. La primera, porque aquí nunca hubo ninguna.

Los dos amigos quedaron silenciosos. Pasaban las mujeres de dientes blancos y afilados por la gula. Salinas preguntó de pronto a Rodil:

—Usted es de Asturias, ¿verdad?

—Sí.

—¿Va usted por allá este verano?

—Voy a Gijón. Tengo que dar allí una conferencia.

Salinas quedó reflexionando.

—¿Por qué me lo pregunta usted?

—Porque yo también quiero ir a Gijón. Estoy enamorado de una paisana suya.

—Hombre, magnífico. Entonces nos pondremos de

acuerdo para coincidir en un hotel de aquellos. Yo conozco a todo el mundo allí. ¿Quién es ella?

—¡Oh! Es una mujer casada.

A los dos meses de este diálogo se encontraban en Gijón Rodil y Salinas. Paseaban una mañana por la playa. El capitán estaba desesperado por la resistencia de aquella mujer. Influían en ella la educación clerical y el temor al escándalo.

—¡Hay que reformar la sociedad! –decía Salinas–. Es estúpido que una mujer no pueda divorciarse y seguir el impulso de sus sentimientos. ¡Hay que hacer la revolución!

Es verdad. Vivir en España, no es vivir; es asesinar la vida todos los días[181].

En septiembre llegó Galán a Madrid y cambió impresiones con sus amigos. Acababa de celebrarse el mitin republicano de la plaza de toros, donde un pueblo entero se pronunciaba serenamente contra un régimen.

—Falta el instrumento revolucionario –decía Galán–. Tenemos que crearlo nosotros. No hay en España nadie más que nosotros para acabar con todo esto.

Anunció que contaba con la guarnición de Jaca quisiera sublevarse y trazó un plan a base de apoderarse de Barcelona. Su primer pensamiento fue concentrar en Jaca cien hombres civiles para unir a las fuerzas sublevadas. Estos cien hombres serían obreros barceloneses que encontrarían Pallares y Leal. Posteriormente varió el plan y convino este apoyo con un grupo de estudiantes de Madrid. Las fuerzas de Jaca se unirían a otras comprometidas en Huesca y todas juntas llegarían a Lérida para apoderarse de Barcelona. De Barcelona saldrían las dos columnas revolucionarias hacia Madrid y Levante.

181 El tema de lo «estúpido de que una mujer no pueda divorciarse», se daba ya en *La Venus mecánica,* lo que nos hace ver la pluma de Díaz Fernández en este capítulo. Además se vuelve a insinuar que Rodil es un alter ego suyo, pues Díaz Fernández creció en Asturias y estuvo tan vinculado a Gijón. Podemos ver, en esta página, un breve homenaje a su Gijón.

Aiza, Salinas y los elementos civiles quedaron de acuerdo para hacer las gestiones a base de este plan. Aiza visitó Huesca y Barcelona. Salinas estuvo en Zaragoza y Lérida y el propio Galán recorrió Calatayud, Zaragoza y Huesca, para llegar, por fin a Jaca. Los trabajos de todos estaban dando resultados excelentes. En todas partes los oficiales recibían adhesiones y promesas de apoyo. El Ejército había dejado de prestar su asistencia a la Monarquía, si bien nadie se decidía a iniciar la rebelión. Como Galán se mostraba dispuesto a ello, los requeridos extremaban su entusiasmo. De los elementos civiles recibían igualmente formales promesas de ayuda. Sánchez Ventura, en Zaragoza; Acín, en Huesca; Leal, en Barcelona, y los paisanos de Jaca y Ayerbe se ofrecían incondicionalmente a Galán, para tomar parte en el movimiento. Salinas y Aiza acudieron a Jaca varias veces para cambiar impresiones con Galán y con los restantes comprometidos.

Al perfilar el proyecto surgió la gran dificultad: la falta de dinero. Galán necesitaba fondos para movilizar a los paisanos de Madrid y atender a los gastos indispensables de la sublevación. Hubo necesidad de pensar en el Comité revolucionario republicano[182] que funcionaba en Madrid. Salinas conferenció con Marcelino Domingo, que conocía a Galán de antiguo y estaba enterado de sus altísimas cualidades. El jefe republicano acogió la oferta con alborozo y prometió trasladarla inmediatamente al Comité. Pero el Comité actuaba con desesperante lentitud. Salinas hizo algunas visitas infructuosas a Domingo, que recomendaba paciencia y calma. Mientras tanto, Galán se desesperaba viendo acumularse nieve sobre los Pirineos y llamaba por

182 Se pasa por alto que el Comité Revolucionario Nacional, era el que coordinaba el movimiento insurreccional por toda España, y del que Galán era solo el delegado de Aragón. aunque él tratara tanto, en visitas a Madrid en proponer sus planes y de adelantar la fecha.

teléfono a Salinas para que conminase a los republicanos. Éste insistió cerca de Domingo, exponiéndole diferentes razones que justificaban la urgencia: la atmósfera política, que no podía ser más favorable; la abundancia de huelgas obreras, que tendrían que resolverse contra los trabajadores por la bárbara presión del Gobierno, en cuyo caso cundiría el desaliento entre los obreros; en el Supremo de Guerra se tramitaba el pleito de escalas de la Artillería, y era sabido que trataba de resolverse a favor de los artilleros, con lo cual se perdería la colaboración de éstos; el Gobierno, además, se preparaba de tal modo para la lucha contra los revolucionarios, que a éstos les constaba que en la Marañosa se fabricaban gases asfixiantes para ser empleados por la Policía; por fin, la nieve aumentaría cada vez más y destrozaría la base del plan que era exclusivamente la rapidez, a fin de que a los sublevados de Jaca pudieran agregarse las fuerzas de Huesca y Lérida.

Por fin, Galán se presentó en Madrid para acuciar personalmente al Comité revolucionario, que señaló la fecha del 15 al 20 de diciembre. Era muy tarde; pero Galán quería realizar la sublevación a toda costa. Salinas le hizo ver que las circunstancias habían variado notablemente y estaban muy lejos de ofrecer el aspecto favorable de tres semanas antes. Berenguer había dictado algunas disposiciones que apaciguaban la excitación del Ejército; era un hecho, además, que se trataba de subir el sueldo a los militares y que el pleito de los artilleros se resolvería a favor de las aspiraciones del Cuerpo. Galán casi estaba convencido de que el panorama había variado y que sublevarse entonces representaba poner en peligro el éxito de la empresa. Salinas sostenía explícitamente este punto de vista, porque, además, algunos de los comprometidos de Huesca y Lérida declaraban sin rebozo su pesimismo. Galán estaba a punto de aplazarlo todo, cuando recibió la visita de Pinillos, Cárdenas y Rico, anunciándole que el Comité estaba dispuesto a actuar inmediatamente[183].

183 El trío del ingeniero industrial y ateneista, Fernando Cárdenas, Ramón Martínez Pinillos, parte del movimiento estudiantil y director del peiódico *Rebelión,* y José Rigo Godoy, abogado y del grupo del Ateneo, eran los adelantados de los civiles de Madrid que vendrían a participar en la sublevación. En los días antes, juegan un papel muy activo, así como cuando comienza. Cárdenas y Pnillo formaron parte del Estado Mayor. Tras el fracaso de Cillas consiguen huir en un auto, conducido por Cárdenas y alejarse. Posteriormene Rico Godoy, tratando de trasladarse a Madrid es detenido, el 23 de diciembre, y permanecerá prisionero en Jaca hasta la proclamación de la República, Cárdenas y Pinillos, lograron, a fines de enero, cruzar a Francia.

XXIV

Galán, ya con su plan concebido, estaba obsesionado con la nieve del Alto Aragón.

—¡Si comienzan las nieves!. –murmuraba constantemente–. Las nieves nos van a destrozar el movimiento, Este Comité de Madrid no se da cuenta de lo que significa para nuestra actuación la nieve. Ya se ve aumentar la nieve en las montañas.

Desde los cristales del balcón de su cuarto veía el Collarada. Ëste, sobre todas las cumbres del Pirineo, enseñaba la cadena de sus blancas cimas y aumentaba a diario su cargamento de nieve. Para Galán era un convoy de materia mortífera. Más que a un ejército, le temía él a la nieve. Contra ella no podría luchar.

Su pensamiento llegó a estar incrustado en una inmensidad nevada y sin confines. Desde su cuarto miraba el Collarada, con gesto indignado.

Casi todas las tardes se reunía con sus compañeros de conspiración, en una sala del hotel.

Solía decirles:

—Si está preparado todo, ¿por qué no acuerda el Comité que nos echemos a la calle? ¡La nieve, la nieve! ¡Ya veréis lo que nos va a hacer la nieve! ¡Va a ser preciso salir solos!

Una tarde, Mendoza le contestó:

—Tienes razón, Fermín; tienes razón. Es imposible esperar más. Yo estuve hablando hoy con un general de Artillería, que ha visitado Jaca, y me ha dicho que está dispuesto a actuar en seguida. Me ha declarado que va a sublevarse de un instante a otro en Zaragoza y que al primer aviso suyo vaya yo allí. Me ha dado un pasaporte para unas prácticas que se van á celebrar en Zuera. Tú debes venir también. Te lo presentaré y os podéis poner de acuerdo.

—No me gustan los generales. pero hay que aprovecharlo todo. Iremos a ver ese general.

A los pocos días se celebraron las prácticas de Zuera. Galán asistió también a ellas con su regimiento.

El general, al ver llegar a Mendoza, le hizo montar en su coche y le preguntó con interés:

—¿Qué ambiente revolucionario hay en la guarnición de Jaca?

—Ya le dije que hay un capitán de Infantería que está dispuesto a sublevar a su regimiento cuando se quiera.

—Deseo conocerlo –manifestó el general.

Por la tarde, en el casino de Zaragoza, se reunieron a charlar y a tomar cerveza García Hernández, Ríos, Mendoza, Sánchez Ventura y Galán.

De pronto vieron aparecer en el salón al general.

Mendoza hizo la presentación de todos y cuando llegó al héroe dijo:

—Fermín Galán, el capitán de que le he hablado a usted.

Con exageradas muestras de afecto, el general saludó a Galán:

—No me siento con ustedes porque me están esperando unos señores. He subido para tener el gusto de cruzar unas palabras con usted. Yo lo que necesito para lanzarme es una «cornetilla» –se refería al emblema de Infantería.

Galán contestó:

—Mi general, yo estoy a su disposición y saldré cuando usted quiera.

—Encantado, ya hablaremos.

Mendoza advirtió:

—Pero ha de ser pronto, mi general; porque ya hemos esperado bastante.

—Sí, hombre; sí. Ya lo haremos –manifestó el general.

—Pocos días estamos dispuestos a esperar –declaró Galán–. Hay muchas cosas que nos empujan a lanzarnos inmediatamente. Entre ellas, la nieve, la nieve. ¡Si dejamos que la nieve se apodere de las montañas, estamos perdidos!

—Por mucha impaciencia que tenga usted, más tengo yo. Hablaremos muy pronto y todo quedará resuelto– y el general le alargó la mano a Galán, despidiéndose.

Antes de regresar a Jaca, Galán convino con el capitán de Artillería Ríos una entrevista en Huesca, en cuya guarnición estaba éste destinado.

—Usted se hospedará en casa de Acín, ¿no?

—Sí; se enfada si no voy a su casa –contestó Galán[184].

Acín, que había hecho una fraternal amistad con el héroe, era el representante de los paisanos de Huesca, y estaba en contacto con el capitán Ríos.

Galán, al regreso de su viaje a Huesca, se encontró con Mendoza y le dijo filtrado de honda melancolía:

—Me maravillo cada vez que voy a casa de Acín[185]. Son ideales él, su mujer y sus niños. ¡Su casa entera! ¡Acín ha

---

184 Ramón Acín (1888-1936), autodidacta, pintor, escultor, escritor y pedagogo, tan activo en los medios artísticos y obreros de Huesca, Fue, amigo de Luis Buñuel, a quien le financió su gran documental *Las Hurdes. Tierra sin pan,* pues se lo había prometido si le tocaba la Loteria, que sí le tocó y lo hizo. Colaboró estrechamente con Fermín Galán en los planes para la sublevación de Jaca en su Huesca natal.

185 Tal maravilla de casa de Acín, su esposa, Conchita Monrás y sus dos niñas Katia y Sol, quedó horrendamente hundida a poco de la rebelión militar del 36, cuando un grupo de criminales falangistas y/o requetés, sacaron de ella a Ramón Acín, el 6 de agosto y le fusilaron, y, 17 días, después, el 23, volvieron y fusilaron a Concha Monrás. Su hija Katia Acin (1923-2004), artista como el padre, ya de mayor, estableció la Fundación Ramón y Katia Acín. Contamos con unas clarividentes páginas de Arturo Ángel Madrigal Pascual. «Ramón Acín» (II). «La dictadura y la sublevación de Jaca», en su abarcador libro *Arte y Compromiso. España 1917-1936* (156-160).

encontrado la compañera! ¡Ha tenido suerte! ¡En cambio yo!. Cuando ya la tenía casi modelada por mi pensamiento, su padre me la quita –y su párpado singular dió una sacudida como el ala quebrada de un ave.

—Es un problema este de la compañera, que tú te obstinas en no resolver. ¡Es tan rígida tu moral!

—¡No puedo cambiar! Mi vida es una bala que ya salió de su fusil. Cuando encuentre un obstáculo, me estrellaré. ¡Pero tengo la seguridad que habrá quien siga el camino que yo inicio!

El siete de diciembre salió un auto de Madrid por la carretera de Aragón. Corría a lo largo de ella como devorándola. Cada vez aceleraba más su marcha; dijérase que su cólera aumentaba porque no daba fin de ella. Contrastaba el dinamismo del coche con la inmóvil serenidad de la carretera, que, blanca y sinuosa, no se acababa nunca.

¿A dónde corría aquel auto veloz?

Carros, caballerías, camiones circulaban por la carretera, pero a ninguno se le notaba aquella ansiedad por llegar.

Gritaba constantemente con su bocina.

Le estorbaba todo.

—¡Por fin! –dijo uno de los ocupantes al que conducía, dándole una palmada en una rodilla.

—Es necesario que en Zaragoza gastemos el menor tiempo posible –habló otro desde el interior.

—Sí. Hay que llegar cuanto antes a. Jaca –indicó el que llevaba el volante, apartando con un bocinazo a un mendigo que renqueaba por el centro de la carretera.

El que iba al lado del conductor sacó pitillos.

Tres eran los viajeros.

El cielo presentaba una decoración arbitraria: sobre una estepa de turquesa unos peñones colosales, de todos los tonos del gris, se paseaban como burgueses por un bulevard. De vez en cuando dejaban caer algunas gotas de agua.

Cruzaron tres aeroplanos haciéndole trepidar al cielo, semejantes a tres águilas de hierro que tuviesen sus nidos en los grandes nubarrones grises.

Frío.

El viento enguantado de hielo daba bofetones bárbaros.

El automóvil corría sin poder tragarse la dura superficie.

Algunas veces asomaba el sol. Débil, afeitados sus rayos y apagado su fuego. Como un pedazo de espejo tirado en mitad del infinito para recoger una imagen.

Los tres hombres iban silenciosos y reflexivos, fumando.

—Ya, por nada nos harían retroceder –dijo de súbito el que ocupaba el asiento de la espalda.

—¡Je, je, je! –sonrió irónico el del volante.

—Con ellos o sin ellos. Si es necesario solos, solos. ¡Con Galán hay bastante! –declaró el de adentro.

—¡Ah!, claro –exclamó en tono sereno el del volante–. Nosotros no estamos dispuestos a dilatar la cosa; pero, aunque lo estuviésemos, a Galán ya no hay quien lo sujete; se subleva sea como sea.

—¡Y hace bien! –afirmó el que iba al lado.

La conversación siguió coreada por bocinazos nerviosos.

Muchos montes quedaban a la espalda, pero de frente aun se veían más.

Los postes de telégrafos y teléfonos, con sus cables infinitos, resaltaban en los bordes de la carretera y en las panzas de los montes, como agujas gigantes enhebradas con hilos de acero y clavadas en ovillos de tierra.

—Aquello debe ser Zaragoza –advirtió el del volante.

—Sí. Mirad el Pilar –invitó el de la espalda.

—Para lo que acostumbra, hoy en Zaragoza no hay mucho viento –dijo el de al lado del volante.

—Pero el frío es enorme.

—¡Y viento! ¡Menudo!

—Sí. Pero vosotros no sabéis lo que es hacer viento en Zaragoza.

Entró el auto en la urbe.

El Ebro.

Rodó el coche por el puente.

El agua estaba turbia, del color de la levadura del pan.

Llegaron al garaje a dejar el coche.

—Vamos a buscar a esos –dijo el que había ido al lado del conductor, que gastaba gruesas gafas de concha.

—Al Casino. Allí nos encontraremos con alguien –habló el del volante, que, a pesar de ser joven, su cabeza era de plata.

—¡Veremos a estos militares! –exclamó el tercero de ellos, que era alto, delgado y pálido.

Los tres se dirigieron al Casino.

Al día siguiente, el mismo auto corría hacia Jaca.

—La promesa ha sido algo ambigua. –dijo el del pelo blanco.

—¡Y gracias que hemos podido recabar de ellos que se comprometan a sumarse al movimiento «en la medida de sus fuerzas»! –exclamó el muchacho delgado y pálido.

—«¡En la medida de sus fuerzas!» –repitió el de las gafas.

—De estos militares no se puede esperar otra cosa –declaró el del pelo blanco.

—¡Claro!

—Con que no disparasen contra nosotros, ya nos podríamos dar por contentos –dijo el de las gafas.

—No me fío de ellos nada.

—Donde no hay ideal. ¡Bah!

—Parece mentira que de entre esa gente haya salido Galán.

—Es increíble.

—Hombre. ¿y Salinas?

—¡Salinas es formidable!

—Sí; hay algunos que acumulan las virtudes que a los otros les faltan.

—Pero pocos.

—Hay unos cuantos. Todos esos chicos que tiene Galán comprometidos son extraordinarios.

—Y Franco[186].

—¡Hombre, no olvidar a Aiza!

—Sí, sí: hay alguno.

—Pero muy pocos.

—Quizá no lleguen a diez.

Cruzaron Huesca.

Cillas.

El Santuario lo vieron a la izquierda.

El paisaje se rizaba cada vez más de montañas. Ayerbe.

Riglos.

Los colosales «mallos» descollaban en el paisaje como titanes que se hubiesen tirado del cielo. Con las cabezas clavadas en la tierra, verticales, y los pies en alto, parecían atletas pirueteando.

Algunas águilas se cernían sobre el paisaje.

El Gállego.

Anzánigo.

Obscurecía.

Jaca. Sus luces se divisaban a través del aire semiazulado como monedas de oro debajo del agua.

---

186 Se refiere al comandante Ramón Franco (1896-1938), quien fuera tan famoso por su vuelo, trasatlántico, «Plus Ultra», de Madrid a Buenos Aíres. tan opuesto a la la dictadura. Ocupó rangos de importancia en la República para luego unirse al bando de su hermano Francisco y los otros generales africanistas sublevados, muriendo en 1938, en un accidente de aviación.

Y José. Rico, Ramón Pinillos y Cárdenas entraron en Jaca a ser soldados de la revolución que capitaneaba Fermín Galán.

Cuatro horas más tarde celebraban una reunión con el Comité revolucionario local.

Poco tuvieron que discutir. Estaban totalmente de acuerdo.

Galán, vestido de uniforme, se paseaba a lo largo de la estancia, risueño, rebosando alegría, cepillándose con la mano su rizada cabeza.

Los otros, sentados en butacas de mimbre, hacían pronósticos optimistas y fumaban ávidamente.

Galán no cesaba de pasear, silencioso y soñador, cepillándose la cabeza y devorando pitillos.

De vez en cuando se detenía, y sin mirar a sus camaradas, con la expresión perdida, exclamaba sonriendo:

—¡Ya veréis! ¡Cuando entremos en Lérida nos vamos a emborrachar de pueblo! ¡El entusiasmo de las muchedumbres tiranizadas hará innecesarios los fusiles! ¡Ya veréis! ¡Nos vamos a emborrachar de pueblo!

Chupaba el pitillo y continuaba sus nerviosos paseos.

De repente uno de los reunidos se levantó de su butaca y dirigiéndose al héroe le preguntó:

—¿Entonces...?

Galán no lo dejó terminar:

—Nada, nada! El día doce a las cinco de la mañana. Respecto a este punto no hay nada más que hablar. Creo que todos estamos conformes.

—¡Naturalmente! –exclamaron todos.

—El doce a las cinco de la mañana nos sublevamos –murmuró Galán.

—Es necesario que lo comuniquemos al Comité central –observó Cárdenas.

—Sí, pero en seguida. Conviene no darles pretexto para otro nuevo aplazamiento –dijo Sediles.

—¡Ah, es que nosotros no lo aplazamos más! –dijeron los militares–. ¡Si quieres esta misma madrugada nos echamos a la calle! ¡Cuándo tú digas y como ordenes, Fermín!

—¡Oh, y nosotros! –exclamaron los llegados de Madrid–. Nosotros hemos venido aquí decididos a hacer con ustedes la revolución. ¿Es que nosotros, si el Comité central habla de aplazar el movimiento bajo cualquier pretexto, nos vamos a volver al Ateneo, con los brazos cruzados? ¡Ca, hombre[187]!

—¡Bravo, bravo! –exclamó Galán entusiasmado, repartiendo palmaditas en la espalda.

—¡Ca, hombre! –seguían diciendo los de Madrid–. ¡Nosotros hemos venido a morir en una montaña de estas o a entrar en el Ateneo con la República! ¡Y no volveremos allí como no sea con la República!

Todos se abrazaron emocionadamente.

Uno de ellos dijo:

—Si el Comité central, por cualquier circunstancia que viésemos razonable, nos pidiese que en lugar del doce fuese el trece o el catorce, ¿qué haríamos?

El héroe movió la cabeza.

—No se inquiete usted, Galán. ¿Usted tiene confianza en nosotros?

—Absoluta.

—Bueno, pues nosotros les decimos a ustedes que si viésemos que el Comité central nos pedía que esperásemos un día o dos, creemos que debiéramos esperar. ¡Lo más dos! ¡Ahora, que si usted dice que a la calle, a la calle!

—Miren ustedes—dijo Galán–. Hace cerca de siete años que quiero sublevarme. Por estos Comités revolucionarios que se están formando constantemente no he

---

187 Frase que contradice lo que expresara José Rico Godoy, décadas después, en su artículo «No pudimos convencer a Galán»

podido hacerlo aún. ¡Ya estoy harto! Son ya cerca de siete años, día tras día. ¡Y cuidado que hemos desaprovechado ocasiones magníficas! Sin contar aquélla, que nunca se me olvidará, a los dos días de abortar el movimiento de San Juan. ¡Y en San Francisco! ¡Y en Montjuich! Y todavía estamos así.

—Tiene usted razón.

—Urge comunicarle al Comité que la sublevación será el doce a las cinco de la mañana –afirmó Galán.

—En caso de que tuvieran que darnos alguna orden, que la den por medio de algún emisario. Que no haremos caso de ningún aviso postal, ni telegráfico, ni telefónico[188].

Cuando llegó el momento de la despedida, todos se abrazaron. Galán iba diciéndoles a medida que los estrechaba.

—Hasta mañana, hasta mañana.

188 Se implica que si llegara tal emisario con la orden de aplazamiento, Galán la obedecería.

XXV

Salinas se presentó una tarde en el hotel Mur. Galán estaba reunido con Sediles, García Hernández y Mendoza.

—¿Qué hay? ¿Hay alguna novedad?

—Estoy convencido, querido Fermín, que la sublevación no debe efectuarse. La Artillería está absolutamente tranquila por la resolución del Gobierno. Además acaban de decirme que el regimiento de Caballería no secundaría el movimiento.

Galán sonrió y golpeó cariñosamente la espalda de su camarada.

—No, hombre, no; la cosa está decidida. Todo está muy bien.

García Hernández, nervioso, ilusionado, apoyó:

—Bastamos nosotros. Esta vergüenza no puede continuar, Salinas. La gente de Huesca responde, y desde Lérida no hay quien nos impida llegar a Barcelona.

—No estoy de acuerdo. Creo que las circunstancias influyen mucho. Dentro de algunos días. Sediles intervino entonces:

—De modo que lo que tú crees es que el movimiento debe retrasarse.

—Eso es –respondió Salinas.

—Entonces, como las cosas no están bien; pero la sublevación ha de hacerse, que se haga lo más pronto posible.

Siguieron discutiendo. Salinas insistía en que las fuerzas de Huesca estaban vacilantes; que en Lérida faltaban algunos de los comprometidos; que la Artillería estaba dispuesta a ponerse al lado del Gobierno.

Salinas notó que los oficiales de Jaca estaban poseídos de tal entusiasmo que nada les haría retroceder. Galán le llamó aparte:

—Te agradezco mucho tus observaciones. Pero no comparto tu opinión. Dices que el momento no es el más oportuno. Pero, ¿quiere decir esto que sea inoportuno? Yo creo que a pesar de los inconvenientes que apreciáis tú, Acín y Sánchez Ventura, el triunfo está descontado[189]. Además, este mes o el que viene me trasladarán de Jaca, y no puedo abandonar esta magnífica fuerza revolucionaria.

Salinas acabó por convencerse. Galán le convencía siempre. Al día siguiente salía para Zaragoza a fin de recoger al capitán Gallo y regresar juntos a Jaca para tomar parte en la sublevación[190].

---

189 Corroborando lo dicho, Fernando Martínez de Baños Carrillo escribe que Fermín Galán tuvo un último encuentro con Acín en Huesca, el 9 de diciembre de 1930, en el que, asimismo, estaba presente Rafael Sánchez Ventura, quienes «mostraron su preocupación por la fidelidad última de las fuerzas con que se contaba para llevar adelante la operación» (*Fermín Galán Rodríguez. El capitán que sublevó Jaca*» (168-9), y en lo cual acertarían. Brevísimo capítulo, este XXV, todo un símbolo gráfico de las prisas de Galán por iniciar la sublevación.

190 Extraña, y es simbólicamente premonitorio, que en lo de la sublevación de Jaca, los autores del libro no mencionen, para nada a Isidro Rubio Paz, el primer gran amigo de Galán que aparece en el libro, y desde Marruecos, y que participara en ella, ya que, como escribiera Galán, en carta a Leal (25 de julio d 1930), desde Jaca, se había reconciliado con él y estaba haciendo un gran trabajo en Barcelona. En 1936, Isidro Rubio, condenado por su participación en lo de Jaca, y absuelto con la llegada de la República y ascendido a capitán, se escribe que entró en contacto con los generales que conspiraban para derribarla. Destinado en Alcalá de Henares, en el Batallón de ciclistas, cuando el semi-frustado golpe militar, atajado en Madrid, Barcelona y otras capitales, devino el inicio de una guerra civil, el día 20 de julio, estando las tropas formadas para salir a oponerse a las fuerzas sublevadas, que avanzaban hacia Somosierra, y el teniente coronel Monterde, al mando de las tropas, junto al otro teniente coronel Azcárate, ordenaron a los oficiales a aprestarse a salir, el capitán Juan Aguilar y el capitán Rubio se negaron. Al apoyar los superiores la orden desenfundando las pistolas, los dos capitanes sacaron las suyas, les ordenaron manos arriba, y les dispararon dejando muerto a Monterde y casi muerto a Azcárate. Junto al capitán Mohino y otros implicados, tomaron el cuartel y salieron a ocupar Alcalá de Henares; ocupación pronto vencida en un día, por tropas llegadas de Madrid. Isidro Rubio Paz, detenido y juzgado, fue fusilado, junto a los capitanes Juan Aguilar y Pedro Mohino, el 28 de

agosto de 1936, en una explanada de la Ciudad Universitaria. Pedro Corral se extiende sobre el caso, en el segundo capítulo 2 de su libro, *Eso no estaba en mi libro de la Guerra Civil*, centrándose más en el caso de Pedro Mohíno. quien apareciera en una foto, muy celebrada, el día de la proclamación de la República, en la Puerta del Sol, subido encima de un taxi enarbolando la bandera republicana.

XXVI

La estancia estaba convertida en una zorrera[191]: la humareda era intensa.

Las figuras humanas se trasveían por entre la humareda de los pitillos[192] como árboles en la niebla.

Llamaron a la puerta, y los reunidos enmudecieron.

Alguien la abrió y penetró un militar.

Era un enviado de la guarnición de Lérida.

Galán se fue hacia él, preguntándole:

—¿Qué pasa allí? ¿Es que se han sublevado ya?

—Todo lo contrario –contestó el emisario–. Vengo a decirles a ustedes que estiman poco propicio este momento para el movimiento.

—¿Ven ustedes cómo comienzan ya a pitar[193]?– preguntó Galán, irónico, a los de Madrid–. ¡Ya irán ustedes viendo! ¡No quedaremos nada más que nosotros! ¡Me conozco la lección de memoria! ¡Me la han repetido tantas veces! Con que el momento es poco propicio, ¿eh? ¿Cuándo va a llegar el momento propicio? ¡Je, je, je! La mayor parte de esos señores no tratan más que de asustar al rey para que abandone el Poder y cogerlo ellos en mitad del arroyo! ¡Bueno, que hagan lo que quieran los de Lérida! ¡Nosotros proclamaremos hoy mismo la República!

---

191 Habitación en que hay mucho humo, producido dentro de ella. (D.R.A.E.)

192 Los pitillos con su humareda, como han ido apareciendo, devienen cuasi-personajes en la narración como en las películas de Hollywood de los años 30 y 40.

193 Marcharse, irse de prisa.

—Mire usted, Galán. Yo creo que se exalta usted mucho – dijo el emisario.

—¡No todo lo que debiera!

—Le garantizo a usted, en nombre de la guarnición de Lérida, que si esperan ustedes al lunes nos sublevamos.

—¿Hasta el lunes? Dentro de unas horas estará en Jaca proclamada la República.

Al poco rato llegaron de Zaragoza Salinas y Gallo.

Uno de los de Madrid dijo:

—El Comité central no ha dado ninguna contraorden. Esto quiere decir que hoy estalla el movimiento en toda España.

—¡Claro! –exclamaron todos.

—Me he equivocado –indicó Galán–. Creí que mandarían algún recado diciendo que lo aplazásemos[194]. ¡El eterno aplazamiento! Bueno, no hay que perder tiempo. Hale, vamos al cruce de las carreteras, donde tenemos citados a los que vienen de Madrid.

Lloviznaba.

El aire era negro[195].

Marchaban por la carretera de Pamplona. Silenciosos. Con cautela.

—Allí se ven unas sombras –advirtió Salinas.

—Sí, deben ser ellos –dijo Galán–. Ese es precisamente el sitio de la cita.

—¿Se cruza allí esta carretera con la de Barcelona? –preguntó Salinas.

—Sí –contestó Galán.

Avanzaban sombras hacia ellos.

---

194 De nuevo vemos, que Galán sí estaba esperando un emisario con la orden de aplazar el inicio de la sublevación. De hecho, tales emisarios, Casares Quiroga y Graco Marsa habían llegado a Jaca pocas horas antes, pero en lugar de buscar y encontrar a Galán, se fueron a dormir.

195 A partir de aquí, las descripciones de la Naturaleza irán adquiriendo un sentido tenebroso, como una especie de coro de la Elegía en que deviene la *Biografía* en sus últimos cuatro capítulos

La emoción comenzó a brincar en los pechos. Eran los camaradas de Madrid que, puntuales a la cita, acaban de llegar a Jaca, a ser también soldados de la columna de Fermín Galán.

Se reconocieron.

Los abrazos fueron enormes[196].

Los ojos de todos brillaban en la obscuridad, formando el grupo de luces de una aldea chiquita y aislada poblada de hombres singulares.

La voz de Galán, envasada en odres de emoción, circulaba como un líquido hirviente:

—¡Valientes, valientes, valientes, valientes! Estamos viviendo unos momentos históricos.

Les tocaba los hombros. Les estrujaba los brazos. Les daba palmaditas en la espalda, y hasta les tocaba la cabeza y la cara.

Durante unos minutos no hizo más que palparlos. Quería convencerse de que no eran fantasmas.

¡No eran fantasmas!

No eran jirones de niebla abisal flotando en el ambiente negro de la noche.

No eran tampoco militares de aquellos que tantas veces se le habían esfumado entre sus manos de hierro al ir a estrecharlos en la puerta de la Revolución.

Ni eran políticos, cucos de humo de la fábrica de la charlatanería, que en tantas ocasiones se le disiparon entre sus manos al ir a dar el grito: «¡Revolución!»

Eran hombres de carne y hueso, mozos llenos de vitalidad y optimismo, que estaban allí para dar sus vidas en

---

196 Se trata de los que llegaban en coche a la hora convenida desde Madrid, todo un nuevo grupo de universitarios y del Ateneo, quienes venía a sustituir al de obreros catalanes que Galán, en un principio había propuesto deberían participar con los militares al comenzar la sublevación. Esteban Gómez, en la página 144 de su libro, *La Insurrección de Jaca*, da varios de los los nombres, entre ellos de tres estudiantes de 18 y 19 años. No pasarían de unos veinte.

una revolución que acabara con el rey y sus esbirros y trajese normas nuevas de bienestar social.

Pensó:

—¡Son mis gladiadores que van a salir conmigo del nido de Jaca!

Y se acordó de Sierra.

Siguió pensando:

—¡Sierra no es tampoco ningún fantasma! ¡Ni Rodil! Ni Sánchez Ventura, ni mis amigos de Barcelona, ni Acín. ¡Qué pareja más ideal Acín y su compañera! Ninguno de éstos está aquí, porque ocupan sus puestos para actuar en lo suyo, en el instante preciso. Los he contrastado en momentos decisivos y he visto que son de ley. ¡El puñado de hombres que tanto he soñado ya lo tengo!

De pronto dijo en voz alta:

—¡Al cuartel!

Silenciosos avanzaron hacia el cuartel.

De súbito, en la mente de Galán surgió el espectro de esta pregunta:

—«¿Usted vacilaría en sacrificar vidas para la Revolución?»

Había llegado el momento en que el revolucionario tenía que contestar con los hechos.

Ante el espectro de la pregunta, el corazón del místico dio unas revoluciones de amor como las del motor de un avión que fuese a remontarse hacia un mundo ultrahumano.

El aire parecía ya más claro y la mole del cuartel iba aclarándose con la aurora.

Cualquiera dirá: «El alba comenzaba a nacer en Jaca el día 12 de diciembre de 1930». Puede que fuese el alba, pero eran tan fuertes los ojos de los revolucionarios que apartaban las tinieblas para ver el cuartel.

Llegaron a la puerta.

La gran mole dormía como un bloque de granito. El centinela abrió sin preguntar nada.

Penetraron como un soplo de vida en un cuerpo inanimado[197].

En el zaguán, pavimentado de cemento y guijarrillos, se veían tendidos paños de luz que salían de los cuartos de los soldados de guardia.

La noche cuartelaria amasaba allí dentro un vaho viscoso.

—Vamos a ver éste –murmuró Galán metiéndose en un cuarto a la derecha.

Los oficiales del grupo lo siguieron.

—¿Quién hay ahí? –preguntó Rico a Manzanares.

—El oficial de guardia.

Tras breves palabras, Galán dijo al oficial de guardia:

—¿Sabe usted que la revolución ha estallado en España y se ha proclamado la República?

—¿La República...? ¿Qué revolución? ¿Qué estáis diciendo? –balbuceó el oficial asombrado, como si no supiese que existían tales vocablos.

—Sí. Y nosotros tenemos que proclamarla también.

El oficial de guardia quedose unos segundos meditando. Su expresión era de asombro. Paseaba la mirada, con las órbitas desencajadas, por el grupo de militares.

—Bueno, no estamos para perder tiempo. Grite usted con nosotros: ¡Viva la República!

—¡Viva! –secundaron los camaradas del héroe.

El oficial de guardia quedó silencioso. Transcurridos unos segundos, dijo, reponiéndose:

—Aquí no se proclama nada mientras no lo ordene el coronel.

197 A partir de aquí, se inicia la breve, tan sintetizada, descripción de la sublevación de Jaca y sus trágicas consecuencias, en unas 18 páginas en el original, cuando todo ello en otros libros ocupan decenas de ellas o cientos; de la 143 a la 369 en el libro de Esteban C. Gómez.

—Aquí no hay ya ningún coronel. ¡Aquí mando yo, que soy el jefe de la sublevación! –dijo Galán, tomando un continente de máxima entereza–. ¡Ahora mismo a un calabozo!

Su orden fué cumplida.

Salieron al zaguán, donde los esperaban los paisanos.

Galán les dijo:

—Venid con nosotros para ver cómo reacciona la tropa e infundirle confianza.

Entraron a los dormitorios.

Olía a antro.

Los soldados roncaban bajo sus mantas de color de cieno.

La claridad del día ya era más intensa.

—¡Soldados: se ha proclamado la República en toda España! –rugió Galán, rodeado de sus camaradas.

La masa humana, que como lingotes de sueño yacía sobre los petates cuarteleros, se estremeció, quedando sentada en las colchonetas.

Hubo un momento de, silencio.

La tropa permanecía sentada. Tenía los ojos hinchados. El pelo revuelto. Se rascaba los tórax, las cabezas, los sobacos. Algunos brazos se sepultaban bajo las mantas y se devoraban las piernas con las uñas. Tosían. Con los nudillos se labraban los párpados.

Galán contemplaba a sus soldados. Eran su obra de unos meses. No les había podido filtrar ideal porque eran ignorantes. Pero los tenía saturados de amor hacia él.

Pensó:

—¿Cómo reaccionarán? ¡Bah! ¡Me quieren mucho!

Sus camaradas, jadeando, pensaban:

—¿Es en España en dónde está sucediendo esto? ¡Galán es inverosímil!

Seguía el silencio. Silencio que sería de segundos. Pero

en la inverosimilitud del acontecimiento el tiempo había perdido también la medida que le ha señalado el hombre y daba cabida a vibraciones eternas.

—¡Soldados: se ha proclamado en España entera la República! –tornó a gritar Galán.

—¡Viva el capitán Galán! – aullaron selváticamente.

—¿Queréis seguirme?

—¡Hasta la muerte, mi capitán! ¡A donde usted nos mande! ¡Siempre con nuestro capitán! ¡Viva el capitán Galán! –declaró un sargento.

—¡Viva la República! –gritó Galán.

—¡Vivaaaa!

—¡Vivan estos jóvenes heroicos que vienen de Madrid a ser nuestros hermanos en la lucha! –exclamó Galán.

—¡Vivaaa! –contestó la tropa, febril.

—¡Vivan los soldados del capitán Galán! –gritaron los jóvenes de Madrid.

—¡Muera el rey! ¡Mueran sus ministros! ¡Mueran sus esbirros! ¡Viva España sin tirano! –gritaban.

Los «vivas» y los «mueras» volaban por las naves. La tropa, mientras se vestía, fraternizaba con los paisanos, abrazándolos.

—Vamos nosotros al cuarto de banderas a tomar café –les dijo Galán a sus amigos.

En un rincón del cuarto de banderas, sobre una vieja estufa de carbón, humeaba una olla de café con leche.

Bebieron sendas tazas con fruición.

Fumaron y charlaron un ratito.

—Venid conmigo –y Galán se los llevó al comedor.

El regimiento de Galicia estaba allí, formado de mozos vascos, aragoneses y navarros.

—¡Viva el capitán Galán –gritaron salvajemente al darse cuenta de la presencia del héroe.

Hubo unos instantes de enorme silencio.

Galán, con su gorra de plato encasquetada y enfundado en su largo gabán militar, comenzó a decir:

—Soldados: se ha proclamado la República. A estas horas nuestros hermanos de toda España se han levantado para derribar la monarquía e instaurar un régimen de menos oprobio, menos injusto. Nosotros no vamos contra el pueblo, sino con el pueblo. Por él y con él hacemos este levantamiento. Nuestra revolución no obedece a ambiciones personales. Aquí tenéis a estos luchadores nobles, a estos jóvenes heroicos que han llegado de Madrid abandonando sus estudios y sus placeres, para ayudarnos en la lucha, confraternizando con nosotros. ¡Soldados! ¿Estáis dispuestos a seguirme?

—¡Hasta la muerte! ¡Viva la República! ¡Viva el capitán Galán! ¡Vivan los de Madrid! ¡Abajo el rey! Y los soldados, ebrios, enloquecidos de entusiasmo, se atropellaban para abrazar a Galán.

—¡No hay tiempo que perder! ¡No hay tiempo que perder! ¡A organizarse, a organizarse! –gritaba el héroe, saliendo en dirección al patio.

Comenzó a dar órdenes.

Llamó a Manzanares:

—Tú vete a detener a los jefes enemigos. Pero sin violencia, ¿eh? No te manches las manos. ¡De aquí tenemos que salir con ellas limpias!

Jaca empezó a despertar al grito de: ¡Viva la República!

El aparato telefónico del cuartel, como una cabeza de potro con garganta de metal, lanzaba relinchos alegres y triunfales.

Galán constantemente acudía al auricular.

Daba órdenes. Iba y venía por todas partes. Hablaba con los soldados. Fumaba y fumaba pitillos.

Vio avanzar hacia él a Gallo, muy nervioso. Le dijo con voz seca:

—Fermín, acaban de matar al sargento de la Guardia civil.

—¿Cómo ha sucedido eso? –preguntó Galán, demudado.

—No ha habido más remedio. No cesan de hacer fuego, han herido algunos de los nuestros y están en una actitud verdaderamente feroz.

Otro llegó diciendo:

Han matado a dos carabineros[198].

—¡Es enorme, es enorme! ¿Cómo no verán claro? Habrá que convencerlos.

Se fué al teléfono y comunicó con el cuartel de la Guardia civil.

Aferrado, como un obseso de humanitarismo, permaneció con el auricular pegado al oído y desbordando por sus labios razonamientos de amor para convencer al suboficial de la Guardia civil que depusiera su actitud de resistencia.

A él nada se le resistía: logró persuadir al suboficial de la Guardia civil.

Llegó el comandante Ochoa, preguntándole:

—¿Se ha enterado usted de la muerte de los guardias civiles y los carabineros?

Galán exclamó:

—¡Lo lamento grandemente! ¡Ha sido una desgracia! ¡Pero son incidentes irremediables! Aun a costa del mayor sacrificio, si pudiera les devolvería la vida. Tengo noticias que ha sido por su intransigencia.

Alguien le tocó en el hombro. Era Graco Marsá. Galán le dió un abrazo, diciéndole:

---

198 Los primeros golpes trágicos que empiezan a mellar su utópico propósito de lograr los fines de la sublevación sin mancharse las manos y sin violencias, expresado en una frase que se dice dijera, la de que de Jaca los sublevados tenían que salir «con guante blanco». Lo que no sucedió empezando a estropear ya todo el propósito.

—¡Creí que no llegabas!

—¿Cómo os habéis adelantado[199]?

—No son momentos de hacer estas consideraciones, sino de actuar con decisión. Puede parecerte lo que quiera; me da lo mismo. Lo que me interesa es saber si vas a actuar con nosotros. Si unes tu suerte a la nuestra.

—Estoy a vuestro lado dispuesto a todo.

Galán le dio un abrazo.

Sonó el teléfono.

—Espera un momento, Graco. Voy a ver quién es.

Después de escuchar unos segundos exclamó con alegría trémula, sin soltar el aparato:

—¡Mi felicitación al primer Ayuntamiento republicano! –y colgó.

—¿Qué es? –preguntó Marsá.

—¿No lo has oído? ¡Acaba de formarse el primer Ayuntamiento republicano de España! ¿Y el delegado del Gobierno provisional ha venido?

—Sí.

—¿Casares?

—Sí.

—¿Dónde está?

—En el hotel. pero no se puede contar con él.

—¿Ah, no? En cambio, ya estará dispuesto cuando triunfemos a tomar algún cargo. Le parece inoportuno el instante, ¿verdad? ¡Je, je, je! ¡No nos hace falta para nada!

---

199 Parece, en esto y en lo que sigue, que Graco Marsa, como en el libro que escribió, quiere exculparse de la irresponsabilidad suya y de Casares Quiroga de no apurar todos lo medios para encontrar a Galán al llegar a Jaca, muy tarde por la noche e irse a dormir, sin darle la orden del Comité de aplazar unos pocos días el levantamiento. Por lo contrario, Juan-Simeón Vidarte en sus, tan valiosas memorias, *No queriamos al rey. Testimonio de un socialista español,* tras extenderse en citar la larga conversación que tuvo, poco después, en París con Graco Marsa, éste dando sus «razones» de todo lo concurrido, Vidarte concluía:»En resumidas cuentas, querido Graco, que, por dormir Casares un poco más, tuvieron que dormir Galán y García Hernández el sueño eterno» y finaliza con la breve contestación de Graco Marsa: –«Ésa es la verdad.»

—No. He tratado de convencerle, pero no hay medio. Dice que no se hace responsable del movimiento. Alega que las órdenes que tiene se han incumplido, puesto que antes de la fecha indicada se ha realizado la sublevación. Que él no está dispuesto a dar un paso más. Que el Gobierno provisional no tiene nada que ver con esto. Que no nos sigue y que se queda resueltamente aquí en Jaca a esperar a que vengan las tropas adictas a la monarquía a que lo prendan. Yo le he dicho, como tú a mí antes: que no es hora de hacer consideraciones, sino de actuar. Que la guarnición de Jaca está ya en la calle. Que yo era tan opuesto como él a que se hubiese salido hoy. Pero ante el hecho irreparable debemos lealmente con nuestra vida apoyar la Revolución. Que si hay una probabilidad de éxito tenemos la obligación de sumarnos al movimiento para lograr el triunfo.

Galán le estrechó la mano. Habló con voz clara:

—Sobre el hecho se podrá opinar como sea, pero ante él, honradamente, lealmente, no se puede más que reaccionar de una forma: ¡sumándose a él! Lo demás, Graco. ¡Je, je, je! Para tomar un cargo no habrá tanta filosofía; yo te lo aseguro.

XXVII

Pensando en la ruta de Lérida, Fermín Galán, al frente de su columna revolucionaria, dejó a la espalda la ciudad de Jaca, envuelta en jirones de niebla.

La columna avanzaba con la ligereza que le era dable a la defectuosa organización de una tropa sublevada.

A la izquierda, el Oroel.

A la derecha, el blanco Collarada.

Los dos son inmensos, de unas dimensiones gigantescas.

Combas de cumbres vestidas de pinos, forman el suelo de esas dos formidables peñas.

Quizá por la tristeza, o tal vez por el coraje de querer ser lo que no se es, este panorama pirenaico que hemos apuntado, en aquella hora soñaba con el mar.

Y quizá también, por esta misma causa, tomaba la estructura de su sueño. El Pirineo en aquella hora era un falso mar: una marina escénica. El Oroel daba la visión de un gran barco de cartón, desarbolado y encallado. El Collarada albeaba[200] en el horizonte hecho una vela de papel de barba, flotando. Y el suelo ondulado de cumbres vestidas de pinos, un mar encrespado de arpillera y pintura verde.

Por esa arbitraria decoración marchaba la columna de Fermín Galán, larga, polícroma y berreante, como una cadena flotante.

Galán, montado en su automóvil color chocolate, fumaba pitillos sin dejar de pensar:

---

200 Blanqueaba; tal descripción y con el Pirineo convertido en un falso mar, parece salir de la pluma de Arderíus, dado a tales comparaciones con la naturaleza.

—Si llegamos a Lérida. ¿Cómo «que si llegamos»? ¡Claro que llegaremos! Una vez en Lérida, el triunfo será de una fortaleza que no podrán destruir. ¡Y de Lérida, ya con un verdadero ejército de soldados y pueblo, a Barcelona! ¡Je, je, je! En un segundo voy a tener a casi todo Aragón y toda Cataluña en mis manos. ¡Je, je, je[201]! ¡Cómo ha llegado, por fin! Lo primero es constituir en Barcelona el Gobierno Provisional. ¡Nuestro Gobierno Provisional! Tengo los hombres necesarios para formarlo. Pocos días van a pasar para que se someta toda España. Es necesario entregarle al pueblo sus propios destinos para que se gobierne. España va a ser de las primeras estrellas que alumbren la nueva era de la humanidad –y acarició unos papeles que llevaba en el bolsillo.

De vez en cuando interrumpía su pensamiento para dar alguna orden.

El vaho de triunfo de su empresa había cicatrizado en él la herida que le abrieran la muerte de los guardias y los carabineros. De vez en cuando, no obstante, le daba unas punzadas. Pero entonces él tendía su vista de iluminado por el porvenir y el optimismo lo arrullaba con dulzura.

—¡Esto va muy bien! –decíale a Manzanares y Gallo con sus típicas palmaditas en las rodillas–. No hay enemigo. ¡Toda España quiere acabar con el régimen! Encarnamos la viva aspiración de nuestro pueblo. Vamos a llegar al Poder sin sangre. ¡No hay enemigo! ¡No encuentran gente!

Los oficiales de su Estado Mayor sonreían satisfechos.

Daba alguna orden y seguía soñando.

El Collarada iba quedando atrás, alejándose, como si el viento, un viento también de escenario, artificial, producido por ventiladores de hielo, lo arrumbara.

---

201 Tales eufóricos «Je, je, je», a la luz de lo que vendría después, y cuando los autores sabían lo sucedido, encierran un ominoso sentido irónico con tanto de la afirmación de Arderíus de la muerte sobre la vida.

Pero el Oroel, no.

El Oroel, como una pesadilla, no se acababa nunca. Aquel fantasma de barco desarbolado, de cartón no dejaba de ser una muralla siniestra a la izquierda de la caravana de héroes.

El cielo estaba gris y rezumaba agua.

Alimañas de niebla saltaban de unos montes a otros.

Témpanos de viento glacial se derrumbaban por doquiera, deshaciéndose contra la columna[202].

Y la columna, adelante.

Galán sacó la cabeza para mirar el cielo.

—¡Qué mal día nos ha cogido! –y volvió a arrellanarse en su asiento.

Algo singular pasaba, porque la columna quedó inmóvil.

El incidente del general Las Heras detuvo a la columna algún tiempo y la filtró de dolor, de coraje, de sangre, de lentitud y de sospechas.

Cuando volvió la columna a ponerse en marcha, aquella herida que le abrieron los cadáveres de los carabineros y guardias civiles al místico Galán, iba ya desgarrada, chorreando tristeza sin límite, por los nuevos heridos y muertos[203].

—Muy despacio, muy despacio –decía con la voz trémula–. La vanguardia que vaya a pie reconociendo el terreno.

---

202 Toda la serie de imágenes presagian ya malos augurios. Podríamos hasta suponer, como apuntamos en la Introducción, que tal visión de la Naturaleza toma el lugar del coro de las plañideras en la tragedia griega, en esta Elegia final escrita por los dos autores con la «voluntad libérrima del artista», que, según apuntaran en el prólogo, guía su libro.

203 Alusión al encuentro, que no se describe, con el general Lasheras, gobernador militar de Huesca quien salió al enfrentamiento con las columnas sublevadas solo con unos cuantos oficiales y guardias civiles. En el curso de la confrontación verbal , y con el gobernador pistola en mano, brotó un intercambio de disparos y el general resultó mortalmente herido y uno de los guardias muerto y otro gravemente herido.

Con frecuencia ordenaba parar la columna y mandaba que rehiciesen reconocimientos.

—No es verosímil que Las Heras haya salido solo con los dos o tres desdichados que llevaba. Debe haber fuerzas por ahí emboscadas. Muy despacio, muy despacio. Haced bien los reconocimientos. Es necesario evitar sangre. ¡El Gobierno, cuenta con fuerzas para combatimos! ¡Hay que evitar que se maten entre sí estúpidamente, sin eficacia, nuestros hermanos[204]!

Apenas si la columna avanzaba.

El Gállego, a la derecha, parecía la costra sanguinolenta de una cicatriz. Unos vellones de bruma blanca jugaban por el río, manchando de albayalde el aire azulino del crepúsculo.

La noche. Un telón negro, tejido de blandas tinieblas, cayó, por fin, sobre la decoración, tapándola, sin dejar ver nada de ella.

Los coches encendieron los focos, haciendo desgarraduras amarillas en el telón negro de la noche.

Galán ordenó que apagasen los focos. Era necesario avanzar con mucha cautela.

Al pasar Anzánigo volvieron los autos a encender sus focos.

La noche era larga y muy negra.

El cielo mostraba algunas estrellas muy brillantes. Parecía la mejilla de una mulata con lunares de oro.

—Al llegar a Riglos, que se detenga la columna –ordenó Galán.

Llegaron a Riglos y paró la columna.

El cielo se había limpiado de nubes y enseñaba todas sus estrellas.

---

204 Frase que es *leitmotiv* anhelado por Fermín Galán en su sublevación y que está siendo resquebrajada en la realidad de las acciones, primero ya en Jaca y, ahora, con el general Lasheras. y su grupo.

La negrura nocturna era transparente. Los «mallos», más negros que las tinieblas, levantaban sus gigantescas siluetas, semejantes a mujeres de ébano que sostuvieran el cielo con el cráneo.

La columna, parada en un recodo, resaltaba como un espinazo tirado en el campo, ya descarnado por los buitres.

—He mandado hacer alto para aguardar al tren de Cazadores.

Más inmóviles, más mudos que los mismos «mallos», los hombres de la columna aguardaban al tren de Sediles.

Ni siquiera fumaban.

Con los ojos clavados en los «mallos» y el oído en la lejanía, cada uno de aquellos soldados hacía dé su corazón una mano y le tomaba el pulso al tiempo.

El tiempo tenía fiebre.

El tiempo. ¿o las manos que lo pulsaban?

Un silbido.

Una lezna de alegría fue aquel silbido, que ensartó los oídos de los soldados.

El silbido afirmó más el silencio.

Una sombra gateó por el terraplén de la vía que se elevaba bastantes metros sobre la columna. Era Fermín Galán que con su largo abrigo subía a situarse al margen de los rieles.

La silueta quedó vertical en la orilla del terraplén.

Otro silbido.

Las cabezas de los soldados moviéronse a ambos lados, reconociéndose entre sí, con ese aire característico de los caballos de raza al agruparse en un alto de una gran jornada.

De la sombra de Galán se desprendió un jirón, que quedó horizontal en el aire. Había extendido un brazo.

De su mano salió una detonación.

Se oyó ruido de vapor. A las tinieblas les salió un bigote

de lumbre. Y sobre él un monóculo de luz. Unas mandíbulas de hierro castañeteaban bárbaramente, como por influjo de un frío intenso o de una emoción brutal.

Pensaron los soldados:

—¡El tren!

La máquina del tren comenzó a pasar por delante de Galán, sirviéndole de fondo, y su negrura borró la silueta del héroe.

Otra detonación.

—¡Viva la República! –cinceló Galán con voz clara y fuerte en aquel lingote de azabache que formaba el tren.

—¡Viva! –rugieron la columna y el tren–. ¡Viva Fermín Galán!

—¡Viva la República! –volvió a exclamar Galán.

El frío era intenso. Sobre la esclerótica de tinieblas de la noche, pasó el tren, oblicuo, con los puntos de luz de sus ventanillas, semejante a la pupila múltiple de un ojo asiático. Galán habló con Sediles, y cuando la locomotora arrancaba de nuevo, ordenó:

—En marcha. En Ayerbe nos reuniremos con ellos.

Y ansiosos de abrazarse en Ayerbe con sus hermanos emprendió la marcha la columna.

El héroe, al arrancar su automóvil, tuvo el presentimiento de una traición. Habían perdido mucho tiempo. La marcha era lenta, difícil y destruía la base del plan, que era la ligereza. Pensó:

—Vamos a la muerte. ¡No! ¡Ellos, no! ¡Yo! Con mi sangre, haré que triunfe la sublevación. ¡Presiento que nos aguardan para cazamos!

XXVIII

Llegaron a Ayerbe y allí se confundieron las dos columnas, la del tren y la de la carretera. El pueblo entero les esperaba. Galán recibía constantemente comisiones de paisanos que se unían a la columna para combatir a su lado[205].

Los soldados devoraban el pan moreno que traía el pueblo para ellos.

Galán quiso informarse de lo que pasaba en el trayecto, hasta Huesca. Un paisano se ofreció a ir en su automóvil a inspeccionar el camino. Galán no concebía que después del tiempo transcurrido y del episodio de Anzánigo, no hubiese resistencia en la carretera. Confiaba en los comprometidos de Huesca; pero murmuraba para sí:

—¡Hemos perdido demasiado tiempo!

El explorador regresó, asegurando que la carretera estaba libre. Galán no sabía qué pensar. Pero tenía el presentimiento de que su estrella revolucionaria estaba a punto de apagarse. Nadie le vio, sin embargo, un gesto de duda.

Cuando se puso en marcha la columna era más pesada todavía, porque la impedimenta hubo de aumentarse con los voluntarios de Ayerbe.

Gallo y Acín le acompañaban en el coche.

Galán aproximó su muñeca a la lumbre del pitillo, dio una chupada y miró el reloj.

---

205 Se vive en esta escena el segundo triunfo de la sublevación. El primero la proclamación desde el balcón del Ayuntamiento de Jaca, y con la bandera de la República española, la cual, allí, sólo vivió un día, pero unos meses después ondulaban por toda España. El segundo logro, la pacífica y triunfal acogida de las tropas republicanas por la población de Ayerbe, dándole a Galán la efímera euforia de que todo iba a proceder según lo anticipara.

Las tres de la madrugada.

Ninguno de los tres hablaba. En la lenta marcha seguramente pensarían los tres en el enigma de la aventura.

A los resplandores del cigarro se veía la cara de Galán. La llevaba serena y dulce. Y hasta se le adivinaba un sonrisita maliciosa del que sabe un secreto que todo el mundo ignora.

—¡Vamos a la muerte! ¡Pero no morirán ellos! –pensaba, acentuando más su sonrisa–. ¡Pero no morirán ellos! Ellos también creen que van a la muerte y ríen. ¡Son unos bravos y unos idealistas! Pero no van a la muerte. El secreto de su salvación lo llevo yo conmigo.

Se pasaba la mano por la cara y les decía a sus compañeros:

—¡Esto va muy bien! El Gobierno no tiene fuerzas para oponerlas a las nuestras. En todos los pueblos nos va a pasar como en Ayerbe.

Sus compañeros sonreían.

El continuaba pensando:

«Ellos también saben que van a la muerte y sonríen, ¡En mí está la solución de todo! ¡Veo muchos traidores! ¡Pero yo haré que no se derrame más sangre que la mía!»

Hacia ya horas que había salido la luna. Se había remontado bastante y en el azul del cielo, ovalada, parecía un huevo de avestruz.

Los montes eran ya más pequeños.

El Oroel había desaparecido.

El paisaje iluminado por la luna era de metal bruñido.

La columna marchaba lenta y jadeante, derrotada por el cansancio y por el sueño.

La llanura de Aragón.

Caballos de viento glacial relinchaban en la carretera, dando coces y bocados a la columna.

Galán volvió a iluminar con la lumbre del cigarro la esfera de su reloj.

Las cuatro de la madrugada.

Cargada de sueño, deshecha, astrada y doliente encontró el amanecer a la columna sublevada. Allá lejos, con los gemelos se divisaron las fuerzas enemigas.

Los oficiales discutieron, ¿Eran los hombres de Huesca dispuestos a sumarse a la sublevación? ¿Era el ejército del rey que- iba contra ellos?

Galán decidió que Salinas y García Hernández fuesen al encuentro de las fuerzas apostadas. El «Esquinazao» se ofreció a conducir el auto, que marchó hacia ellas con bandera blanca.

—Si dentro de media hora no regresáis –declaró Galán a los parlamentarios– iré por vosotros. Decidlo así.

La ansiedad de Galán y de los hombres de la columna sólo duró diez minutos.

—¡Tac! ¡Tac! ¡Tac! –se oyó de repente como coces de hierro sobre madera.

Los soldados corrían a guarecerse detrás de los camiones, llenos de confusión y de sorpresa.

—¿Es una ametralladora? –preguntó Acín.

Galán no dijo nada. La traición le destrozaba el pecho. Sus soldados se dispersaban, caían y se atropellaban entre las voces impotentes de Gallo, de Marín, de Mendoza. Sediles se defendía con una guerrilla.

—¡No tirar! ¿Para qué? –dijo Galán–. Ya está todo hecho[206].

Acababa de notar su fuerza rota, dispersa, enloquecida.

—¡Galán! –le gritó Sediles–. ¡Vamos a ellos!

—No hijo. Que no se derrame sangre inútil. ¡Que no se derrame más sangre que la mía!

---

206 Lacónica frase que expresa el desolador fin de la sublevación, tras haber pensado al principio que podría ser tropas afines de Huesca venidas a unirse a las revolucionarias. Al verse enfrentado, y a tiros de metralla y cañón, por una fuerza superior, en su desespero, Galán se atiene a su anhelo de «no matarse entre hermanos».

Se vió envuelto en un torbellino de pánico, mientras los hombres caían a su alrededor. Alguien le empujó a un automóvil, que se puso a correr como una bestia aterrada hacia el fracaso y la desesperanza.

XXIX

—¡Ha sido horrible! ¡Hemos tenido más de ciento cincuenta bajas[207]! –decía Galán a Manzanares y Mendoza después de separarse de Marsá, Cárdenas y Pinillos–. No quiero pasar por Ayerbe. Vamos a seguir por esta carretera de la izquierda.

Los tres oficiales caminaron a pie, llenos de honda melancolía, entibiados por un sol casi primaveral.

Iban silenciosos y pensativos. Sin voluntad. Hubiérase dicho que avanzaban impulsados por una corriente ciega y extraña a ellos.

Sin dirección marchaban. Andaban porque andaban, pero sin saber a donde. Quizá porque sus músculos sentían menos dolor con el movimiento.

Divisaron un río.

Cuando llegaron a la orilla, Galán se palpó el abrigo, sacó unos papeles y dijo:

—¡Ya de nada me servís! –y los arrojó a la corriente[208].

—¿Qué has tirado, Fermín? –le preguntó Mendoza.

—Nuestros primeros decretos de Gobierno.

Los tres se miraron.

---

207 Esta frase que se le atribuye es exageradísima, pues se escribe, y por varios autores, qne en tal corto enfrentamiento solo hubo de 3 a 5 muertos y una veintena de heridos. Lo cual invalida tales lamentaciones puestas en boca de Galán,

208 Sí arrojó esos papeles y otros efectos personales, pero no a la corriente, sino en las afueras de Biscarrués, y también abandonó el llamado maletín de Alerte, con documentos y textos suyos sobre cuestiones relacionados con una gobernación republicana, revolucionaria. Fueron encontrados y usados por Mola en su *Memorias*, así como en el juicio, en marzo de 1931, contra el resto de los militares sublevados y para inculpar a Galán y a los enjuiciados.

Estaban pálidos. Las caras las tenían descarnadas, como si unas aves rapaces hubiesen estado pastando en ellas toda la noche. Los ojos apagados. Eran ojos de ciego.

Sentáronse en la arena. A los pocos segundos se tumbaron. El aire del espacio les pesaba mucho sobre los hombros.

El sol les tejía mantas pajizas.

Los párpados de Galán se cerraron. Las aletas de su nariz temblaban. Una arruga profunda le surcaba la frente, de sien a sien. El pecho comenzó a palpitarle. Sus pálidas manos, cruzadas sobre el vientre, mostraban los cordones grises de las venas.

—¡Lo que sufre! ¿No lo ves? –murmuró Mendoza al oído de Manzanares.

Los ojos de Manzanares se escarcharon. Su cara se puso roja. Dijo en voz baja:

—¡Si pudiésemos tomar para nosotros todo su dolor! Él no es justo que sufra! ¡Él lo vale todo!

Un grano de cristal se deslizó por la mejilla de Mendoza.

—¡Ha sido horrible! ¡Cuánta sangre! ¡Hemos tenido más de ciento cincuenta bajas! ¡Cuánta sangre, cuánta sangre! –tornó a exclamar el mártir, sin abrir los párpados, ni abandonar su postura.

Una bandada de cuervos venía de jornada, crascitando[209], manchando el azul del cielo de andrajos negros.

—¡Ya están ahí! ¡Ya están ahí! ¡Han olido la sangre! –y abrió los ojos para ver la bandada de cuervos–. ¡Han sido muchos los muertos! ¡Cuánta sangre! ¿Me perdonarán[210]? ¿Qué será de los otros que han quedado vivos? –y quedose mirando lleno de tristeza a sus camaradas.

209 *Crascitar*, el graznido de los cuervos.

210 En éstas últimas páginas la *Biografía* se torna muy novelesca, poniendo en boca de él, y de los acompañantes frases posiblemente dichas en tan penosas circunstancias.

—¡No sufras tanto, Fermín! Si no te viéramos sufrir, nosotros no sufriríamos. Lo que tenemos que hacer es olvidar y pasar la frontera en seguida. ¡Y seguir tu obra!

—Si llegásemos a pasar la frontera –le dijo a Manzanares, que era el más joven–vivirás conmigo, seré para ti un padre y no tendrás que preocuparte de nada.

Enmudecieron los tres.

Sentíase el agua del río.

Galán volvió a cerrar los párpados. Unos segundos después exclamó:

—¡Yo ya no puedo vivir! ¡Sería un huido de mí mismo! ¡Ha habido mucha sangre! Yo ya no puedo vivir. Me tenía que perdonar yo, me teníais que perdonar vosotros y me tenían que perdonar los muertos. Y esto no es posible.

—¡Eso es una locura, Fermín! ¡Lo que ha sucedido se siente mucho, naturalmente, pero no es más que un contratiempo revolucionario! ¡No le hemos hecho para robar, ni para hacer ningún daño! ¡Ha sido para salvar a España!

—Como se salva España es dando yo mi vida. ¡Marchad vosotros! Yo me quedo aquí para ser fusilado. Ya que el triunfo material no lo hemos tenido, daré mi vida a la Revolución.

Manzanares y Mendoza le suplicaban con ternura.

Él estaba decidido y contestaba sin prisa:

—¡Ya lo veréis! Me daréis la razón dentro de pocos meses. Con mi vida se salva la revolución y la vida de los que ya están presos[211].

—Lo que quieras, Fermín; pero nosotros nos quedamos contigo. Correremos la misma suerte que tú.

—Quedaros, si queréis. A vosotros no os fusilarán. Sois jóvenes, el presidio enseña mucho, y podéis rehacer vuestra

---

211 Están poniendo los autores en la mente de Galán un pensamiento en diciembre de 1930, de algo que sí pasó, y era de común conocimiento, cuando se terminó de escribir el libro en 1931, ya llegada la República.

vida. Iremos a ese pueblo cercano a presentarnos a la autoridad civil, al alcalde. ¡A la autoridad militar, no! ¡A los militares los desprecio!

Se levantaron, dirigiéndose a Biscarrués[212].

Al alcalde del pueblo, humano y civil, no le pasó por la mente mandarlos a la cárcel, y los hospedó en la fonda.

Comprendió que las cárceles no se hablan hecho para Fermín Galán y sus dos camaradas.

—Esta es la última comida que hago –dijo el héroe mientras comía en la habitación del hotel–. Ahora soy el hombre más tristemente célebre de España.

Ante la proclama que el Gobierno había lanzado por medio de los aeroplanos, habló con voz dulce:

—¿Veis? El Gobierno quiere ser benévolo: El único fusilado seré yo.

—¿No te importa, Fermín? –le preguntó Mendoza.

—No, hijo. Al contrario. Voy a la muerte satisfecho. ¡Es alegre dar la vida por el ideal! Además ya conoces mi modo de pensar. Mañana no seré nada.

Cuando terminaron de comer, vestidos, se tumbaron en la cama.

La Guardia civil abrió la puerta, despertándolos.

Quedaron detenidos.

Al entrar en Ayerbe, Galán dijo:

—Hemos de pasar por el pueblo muy dignamente. ¡Podemos llevar la cabeza muy levantada!

Fueron llevados a presencia del general Dolía.

El general preguntó:

—¿El capitán Galán?

El mártir se adelantó erguido y rígido, con orgullo sublime, y dijo clara y rotundamente:

---

212 Sobre su entrega y estancia en el pueblo de Biscarrués, contamos con el libro de Inés Arias Antoraz *Fermín Galán en Biscarrués: la muerte de un hombre, el nacimiento de una leyenda*.

—¡El capitán Galán, no! ¡Fermín Galán!

—Bueno: el capitán Galán.

—¡No! Fermín Galán.

El general Dolía ordenó a un teniente de la guardia civil:

—¡Llévese usted a éste! ¡Tome muchas precauciones con él! ¡Me responde usted con la cabeza!

En los labios de Galán se marcó una sonrisa de lástima, y desapareció con su guardián.

Manzanares y Mendoza[213] no le dieron un abrazo de despedida porque tenían la esperanza de volver a verlo.

De Madrugada fue llevado Galán ante el tribunal militar para la lectura de cargos.

En presencia del tribunal el mártir detuvo su mirada severa ante uno de los jueces.

¿Era un fantasma de alucinado[214]?

Su pensamiento le dijo:

—¡No!

Su pensamiento no le mintió.

Él, a pesar de ser un presunto reo de muerte, no tenía el cerebro enfermo.

Nunca se había sentido, durante toda su vida, con tanta claridad en el pensamiento, ni había notado a su corazón marchar con ritmo tan sereno.

---

213 Eustaquio Mendoza, también parece que vivió un gran cambio. Al teminar la guerra, en junio de 1939, aprisionado en Valencia fue condenado a 20 años, pero, según escribe, Pedro Corral, algunos de la «Quinta columna», dijeron que había sido parte de la organización realizando todo tipo de sabotajes en el Taller de Precisión de Artillería, donde estaba destinado. Sea verdad o no, el caso es que pronto le rebajaron la condena a un año y en abril de 1940 puesto en libertad. Sobre ello, se extiende Pedro Corral en «Noventa años de la sublevación de Jaca: aliados por la República, enemigos en la guerra civil». Se puede ver en Internet. Sería de interés conocer cómo fue la vida de Mendoza, tras salir de la prisión y habiendo sido tan revolucionario, según aparece en este libro.

214 Tal juez, se trata del general artillero (Joaquín Gay Borras), quien saludara a Galán en Zaragoza y prometiendo que estaba listo para unirse a la sublevación.

Galán, ante el tribunal, permanecía erguido, fuerte y dominador.

Sin apartar la mirada de aquel miembro del tribunal siguió pensando:

— No creí que fuese tanta la bajeza humana!

Y se puso a rememorar. Recordó las prácticas de Zuera y su entrevista con el general en el Casino de Zaragoza. «Lo que necesito para lanzarme es una cornetilla». La frase ahora era como un puñado de cieno en el agua diáfana de una fuente. El general de Artillería que había solicitado estrechar la mano del héroe para pedirle colaboración revolucionaria, estaba convertido en juez para condenarle a muerte

por haber realizado aquello que él no supo cumplir.

¿Cuál de los dos era el verdadero juez?

Pero el asombro de Galán iba creciendo, a medida que el antiguo conspirador le impedía, con cínica brutalidad, hacer ninguna consideración sobre los cargos.

Las palabras de Galán eran, sin embargo, tan sonoras, tan firmes y tan claras, y sus conceptos tan rotundos, que el reo era el auténtico juez:

—Yo soy simplemente una ficha de las que se mueven en el tablero social para bien de los hombres. De la sublevación, yo soy el único responsable. Sería injusto que vuestra venganza recayese sobre ningún inocente. Toda la pena que queréis aplicar, debéis aplicármela a mí. No se me oculta que me vais a condenar a muerte. ¡No me importa! He soñado siempre con morir por mis ideales. Recibo alegremente la muerte, porque sé que es para bien de España y de los hombres todos.

Su palabra seguía vibrando clara y serena, repitiendo estos vocablos, en un ritornelo emocionante: «Hombres», «amor», «República», «Justicia», «porvenir», «libertad»...

Terminado el acto, Salinas, que estaba presente, pidió

autorización para reunirse con él. Le fue concedida. Les señalaron como punto de reunión el cuarto de un capitán del regimiento de Valladolid.

Los dos camaradas se abrazaron en silencio por espacio de unos minutos.

—No habéis podido pelear, ¿verdad?

—Era imposible. ¡Y a pesar de todo, ha corrido tanta sangre!

—Quisieron fusilarnos. Al parecer, sólo les detuvo el deseo de que recibiéramos los auxilios espirituales.

—Yo sospechaba la traición. Pero la Artillería. No creí que los artilleros disparasen contra nosotros. ¡Qué terribles momentos! Me ha sucedido lo más espantoso, Luis. Los soldados, mis soldados, a quien yo tanto quiero, estuvieron a punto de disparar contra mí...

—¿Por qué no pasaste la frontera? Te hubiera sido fácil.

—¡Oh, de ningún modo! Me había comprometido conmigo mismo a dar mi vida de cualquier manera a la revolución.

Hablaron largo rato, con urgencia única, porque estaban en los umbrales de la muerte.

Entró el capellán del regimiento de Artillería y les ofreció almuerzo. Sentían emoción, pero también tenían hambre. Aceptaron gustosos el ofrecimiento. Les avisaron para asistir al Consejo. No quisieron.

No les interesaba. Les interesaba más su conversación. Querían estar juntos, amasando allí sus almas heroicas y buenas. Iban a dejar de verse para siempre y querían condensar en unos instantes una vida entera.

Les visitó el capitán general. Habló largo rato con Galán. Cuando se marchó, dijo Fermín:

—Expuse al general el pensamiento que guió mi conducta. El cree sumamente impolítico el fusilamiento, sobre todo tratándose de Berenguer. Pero son muy torpes, Luis. Que me fusilen. Mi muerte dará el triunfo a nuestras ideas.

—Nos fusilarán a los tres: a García Hernández a ti y a mí.

Salinas observó que un capitán; desde fuera, le hacía señas. Acudió al llamamiento.

—Parece que la sentencia confirmará la petición fiscal. Te piden reclusión perpetua –le dijo el capitán[215].

—¿Y a Galán? –preguntó Salinas, ahogado de ansiedad.

—Muerte, y. todo Huesca pide su indulto.

Era una mentira piadosa del noble oficial. Huesca, con cruel indiferencia, recibía la noticia del asesinato de Galán y García Hernández yéndose al cine[216].

—No me han condenado a muerte –dijo con tristeza al volver junto a Galán.

—A mí, sí, ¿verdad?

—A ti..., sí –y Salinas estrechó al mártir entre sus brazos.

—No creo en ultratumba, y sé que dentro de poco seré nada. Pero voy a enseñarles a esos desgraciados como muere un hombre.

Pidió unas horas para estar a solas y vivir en comunicación íntima consigo mismo. Ni esto le concedieron. Berenguer, por teléfono, reclamaba a toda prisa la ejecución.

Antes de separarse de Salinas, le dijo:

—Para ti son las penalidades de los nuevos trabajos que tendrás que emprender; pero también será para ti la satisfacción del triunfo. Seguid la obra. Abraza a los camaradas de nuestro grupo.

---

215 Parecer ser que a Salinas no se le incluyó en la pena de muerte, gracias a la intercesión de su padre, el general Salinas, quien era Capitán General de Aragón.

216 Realidad y frase de brutal ironía, tras tanto que se creía al ir avanzado Huesca con la certeza de que la tropas y tanta de la población se unirían a la sublevación.

Hablaba impasible, como si para él no existiese la muerte. Abrazó a Salinas lleno de júbilo. Se le notaba una alegría inmensa; pero esta alegría quedó truncada al saber la sentencia de muerte de García Hernández:

—¡A mí, bien! Pero a él es espantoso. ¡Es un crimen!

Oyó la sentencia sin estremecerse.

Después de firmarla tomó el pliego entre sus manos y analizó su autógrafo.

—¿Está firme la letra? ¡Sí! ¡Está bien! Es la firma que estampo con más gusto. Estoy convencido de que mi muerte no ha de ser estéril.

El sacerdote le ofreció el último rito católico. Él amablemente lo rechazó, contestando:

—Siento muchísimo no disponer de tiempo para que discutamos sobre tema tan interesante. Pero hágame usted la justicia de no suponer que vaya a cambiar mis convicciones de toda la vida en un instante. Y, sobre todo, en un instante como este.

—¡Es un santo! –salió exclamando el sacerdote[217].

---

217 Se resumen es esta escena lo ocurrido. El capellán les ofreció darles los últimos auxilios espirituales, que, García Hernández, católico devoto aceptó y Galán, amablemente rehusó. Como en tantas ocasiones, son diversas las citas que se dan en tanto de lo escrito sobre su final y en cuanto a las frases dirigidas al capellán. Una que se repite, y hubiera venido muy bien en tal instancia, es:»Si viene usted a hablarme como amigo, venga un abrazo y cien más, pero si es como sacerdote pierde el tiempo conmigo. Yo no pudo variar las ideas de toda una vida en un momento y, por lo tanto, nada tiene tiene que hacer usted conmigo» (*1930. historia política de un año decisivo, 455)*. A la luz de esas palabras, y otras similares que se citan, las del sacerdote diciendo que es un santo, suenan dudosas, puestas para ensalzar el sentido hagiográfico de la *Biografía*.

XXX

El camión que conducía a los dos reos sentíase más humano que los hombres. Se negó a llevar a Galán y a García Hernández al escenario del crimen. Era igual. Fermín Galán marchaba camino de la historia. Por eso el mártir, el pensador, el revolucionario, el héroe, con paso firme y gesto sobrio y tranquilo, fumando sus pitillos, caminaba hacia el polvorín por el camino de Los Mártires de la Libertad.

Miró al obelisco de Los Mártires, que erguido descollaba, pálido, como encarnando la propia figura del heroico Manuel Abad[218]. Los dos, él y el espectro, se abrazaron en espíritu.

Las balas eran simiente de muerte en los fusiles de los soldados de la ejecución. Y Fermín Galán, ante los fusiles, era el artífice genial, creador de una vida inmortal, trabajada con la muerte.

¡Venga la muerte, que la muerte le servirá de materia a Fermín Galán para hacer con ella una de las figuras más excelsas de la historial

Temblaban los soldados de la ejecución. Se le nublaban los ojos al noble capitán Vallés. Olvidado de su propio ser,

218 Manuel Abad Goded con su grupo, inició un movimiento revolucionario republicano en 1848, que llegó a ocupar Huesca, pero fue pronto reprimido y él fusilado. En 1885, en memoria suya y de sus compañeros, se creó el mausoleo del obelisco a los «Martires de la Libertad» en el cementerio cercano al polvorín donde iban a ser fusilados Galán y García Hernández. Aquel terreno, quedó abandonado y con chabolas, hasta que en el 2014, fue convertido en un parque,«Nuevo Monumento de la Libertad», en memoría de las 545 personas, hombres y mujeres, de la región, y con sus nombres, fusiladas en la guerra y en la posguerra, entre julio de 1936 y enero de 1945.

el pecho de García Hernández palpitaba admirando a Fermín Galán. No volaban pájaros por el cielo. El sol, horrorizado, habíase vendado los ojos con una nube[219].

Aún encendió Galán el último pitillo:

—¿Me tiembla el pulso? ¡No! ¡Está bien –y tiró la cerilla.

Fueron a ponerle el pañuelo para taparle los ojos y lo rechazó honestamente:

—No me hace falta. Tendría valor para ver venir a mí las balas –y se irguió con belleza única.

El heroico García Hernández lo rechazó también.

—¡Fuego! –ordenó Fermín Galán, levantando su brazo.

Los dos héroes chocaron con la tierra.

—¡Un tiro de gracia! ¡Un tiro de gracia para Galán! –suplicaba Vallés, enfermo de tanto heroísmo.

Le dieron un tiro de gracia.

—Sigue moviéndose. No se muere –murmuró Vallés–. Otro tiro de gracia. ¡Es horrible, es horrible! ¡Qué vitalidad! ¡Es un gladiador! ¡Un superhombre, un superhombre[220]!

---

219 La última de la serie de tan originales prosopopeyas poéticas, y la cual sugiere lo que dijimos que, con su dolorido sentir, evocan un coro con ecos de los de la tragedia griega. y exaltado el sentido elegiaco de los últimos capítulos.

220 Palabras en que suena el eco de las dichas por el capitán Vallés, quien fuera el defensor de Galán y Garcia Hernández, ahora en el juicio de los demás acusados en marzo de 1931 por la sublevación de Jaca. Cito lo dicho sobre Fermín Galán: «...Galán delante de la muerte representa una escena épica de la Farsalia. Hace revivir el óleo del Museo de Arte Moderno dedicado por Gisbert a Torrijos y sus compañeros. Permanece en correcta posición militar, aguanta firme el impactaje, se dobla ligeramente por las sangrías, y en distinguida flexión de cintura a delante, como para ceder el paso a una dama (*¿la muerte?*), recobra dueño de sí la correctísima posición militar y cae como un gladiador...En aquella cara no hay más signo de no vivir que los ojos cerrados; aquel semblante sigue vivo reflejando el alma de temple extraordinario que el cuerpo aún al parecer, alberga: parece que no ha muerto, espectáculo terrible pero único, grandioso ... Digo de Superhombre, porque los que saben morir así, son algo más que hombres, son eso ¡Superhombres!» (*La insurrección de Jaca* (489-

Segundo tiro de gracia.

—¡Es asombroso, aún sigue moviéndose!

—No, no –habló el médico reconociéndolo–. Está completamente muerto. ¿Ven ustedes? Estas vibraciones de sus músculos no son nada más que reflejos.

No, no eran reflejos. Eran terremotos de eternidad, que recorrían triunfalmente el cuerpo juvenil de uno de los hijos más extraordinarios que ha dado a luz la tierra ibérica.

FIN

---

90). Al oír tales palabras, el resto de los acusados se pusieron, respetuosamente en pie. Con esta nota y palabras cerramos el libro, dejándolo abierto al corazón de quien lo haya leído.

www.ingramcontent.com/pod-product-compliance
Lightning Source LLC
LaVergne TN
LVHW050930080826
845145LV00001B/278

* 9 7 8 1 9 4 9 9 3 8 1 9 7 *